小天鹅幼儿园教育
系列丛书

从儿童经验生发的艺术化课程

小班

丛书主编——张小媛
分册主编——宋　睿
分册副主编——张　玲

南京师范大学出版社

图书在版编目(CIP)数据

从儿童经验生发的艺术化课程. 小班 / 宋睿主编
—南京：南京师范大学出版社，2021.12
(小天鹅幼儿园教育系列丛书 / 张小媛主编)
ISBN 978 - 7 - 5651 - 4980 - 1

Ⅰ. ①从… Ⅱ. ①宋… Ⅲ. ①艺术教育—学前教育—教学参考资料 Ⅳ. ①G613.5

中国版本图书馆 CIP 数据核字(2021)第 175794 号

丛 书 名 小天鹅幼儿园教育系列丛书
书　　名 从儿童经验生发的艺术化课程·小班
丛书主编 张小媛
分册主编 宋　睿
分册副主编 张　玲
丛书策划 张　莉
责任编辑 彭艳梅
出版发行 南京师范大学出版社
地　　址 江苏省南京市玄武区后宰门西村 9 号(邮编:210016)
电　　话 (025)83598919(总编办)　83598412(营销部)　83598312(邮购部)
网　　址 http://press.njnu.edu.cn
电子信箱 nspzbb@njnu.edu.cn
照　　排 南京开卷文化传媒有限公司
印　　刷 江苏扬中印刷有限公司
开　　本 787 毫米×1000 毫米　1/16
印　　张 18.25
字　　数 275 千
版　　次 2021 年 12 月第 1 版　2021 年 12 月第 1 次印刷
书　　号 ISBN 978 - 7 - 5651 - 4980 - 1
定　　价 39.00 元

出 版 人 张志刚

序一

让美浸润课程

幼儿园课程的根本指向是为培养体智德美劳全面发展的儿童。因此，课程的设计和实施必须关注儿童发展的各个领域，注重课程的整体性、综合性和发展性。美育作为幼儿全面发展教育的重要组成部分，必然是幼儿园课程内容不可缺少的部分。幼儿园课程应高度关注幼儿的美育，充分利用各种途径让幼儿感受美、表达美。要让幼儿经常性地欣赏各种艺术作品，感受生活中的美，环境中的美，尤其是要亲近自然，让美浸润幼儿的生活。

美育不是幼儿园课程中孤立的部分，而是课程的有机组成部分，美育与其他各育是相互渗透、有机联系的。幼儿园课程应充分反映幼儿身心发展的特点，充分反映幼儿园课程的美育特点，将美育融入幼儿园课程的方方面面，让幼儿园课程全面渗透美的气息。引导幼儿关注日常生活中的美、自然环境中的美、艺术作品中的美，让美无处不在，无时不有，真正让幼儿园课程成为美的课程，让幼儿园课程显现出美的特质，用美好的事物、美好的行为、美好的词语、美好的作品、美好的环境去塑造幼儿美好的心灵和优秀的人格，真正成为艺术化的课程。

艺术化的课程是将艺术融入整个课程体系的，是将审美融入课程实施的全过程的。艺术化课程的建设要求教师有正确的美育观，有良好的审美意识，有广泛的审美视野，有完整把握幼儿科学探索、人际交往、身体运动、语言表达和艺术创造的意识和能力，能采用综合的手段组织课程内容。因此，艺术化课程不局限于音乐、美术等艺术学科，更不只是艺术领域的课程。艺术化课程就是让幼儿园课程更具审美意义，让美的元素渗透课程的每一个角落，让幼儿的认知过程与审美过程相融合，让幼儿充分表达和表现，让幼儿的创造性与想象力得到更好的激发。

艺术化课程从本质上说是遵循儿童身心发展规律和审美特点的课程，能将幼儿的审美需求和兴趣转化并融入整个课程之中。这就要求教师能倾听幼儿的心声，感受幼儿的内心世界，努力为幼儿提供全时空的学习机会，调动幼儿多种感官，将审美与其他活动相互融合，让幼儿获得综合的经验。艺术化课程一定是为了儿童和面向幼儿的，一定是以幼儿为本的，能充分满足幼儿的审美需求，能将幼儿的审美与多样化的活动有机结合起来，让幼儿在活动中审美，在审美中活动，享受美的生活、美的教育。艺术化是幼儿园课程的一个重要特质，需要努力探索，深入实践。

南京小天鹅幼儿园一直在为艺术化的幼儿园课程而不断学习、思考和探索。他们通过课题引领，努力思考课程艺术化的路径和策略，将艺术与整个课程融合起来，让整个课程更具有艺术的气息。老师们通过对主题的畅想，拓展主题的思路和发展空间，更多地融合艺术与其他课程内容，在课程实施的进程中实现课程与整个课程内容的交融。在主题实施的具体过程中，注重审美资源的挖掘和利用，注重审美与认知、交往、运动等活动的结合，尽可能利用一切机会，融入审美，让幼儿真正感受美的世界、美的社会、美的行为、美的作品。让幼儿在行动和思考中感受美好，热爱生活，积极创造，全面发展。课程探索是一个长期的过程，相信南京小天鹅幼儿园一定会不断学习，不断改革，不断探索，在艺术化课程建设上实现新的突破。

虞永平

序二

“一个经验”:艺术化课程的生活化与审美化

我满怀兴趣读了南京小天鹅幼儿园的“从儿童经验生发的艺术化课程”,读完后是满满的喜悦、满满的感动、满满的收获。

“小天鹅”再次飞起来了,那么优雅,那么圣洁。“小天鹅”的不断飞翔、歌唱、舞蹈,显现出了不竭的力量。不竭的力量、持续飞翔的力量,来自艺术化课程长期深化的研究。科学研究好比“小天鹅”的双翼,艺术化课程成了“小天鹅”的代名词,成了“小天鹅”的文化符号,让“小天鹅”更优雅,更健美。

我们应当不断认识、发现小天鹅幼儿园。她是一所幼儿园,但她不稚嫩,也不只有感性,相反,她越来越成熟、越来越深刻。如果说她感性的话,那是灿烂的感性,因为,当感性遇到了科研,便与理性牵手,便成为黑格尔所说的:这是一种美。

说到小天鹅幼儿园必定想到幼儿艺术表演。的确如此。小天鹅幼儿园和艺术结缘,是幼儿艺术让她走向全国。但是幼儿园的老师们不止于此,而是将艺术与课程结合起来,进行艺术课程的研究、实践。这样,艺术教育课程化了,艺术教育也就得以落实并提升了。值得注意的是,他们又将艺术教育的理念、方式迁移至其他领域课程中去,将其称为“通过艺术的教育”,命名为“艺术化课程”。显然,这是一次次突破与超越。正是在突破、超越中,整个幼儿园也随之提升、发展。这样,走向全国的不仅是艺术表演,也不仅是艺术课程,还有艺术化课程,这是艺术对课程的优化与改造,是课程审美化的提升。

“小天鹅”的飞翔永远不会停止。艺术化课程的研究又一次深化了:他们将艺术化课程与幼儿的经验统一起来,将杜威关于“一个经验”的理论创造性地转化到幼儿园课程建构中。无疑,这又是一次新的突破和进步。

关于经验与艺术化课程的理解与统整,小天鹅幼儿园厘清、把握了一些基本问题。首先,关于经验。他们坚守这样的认识:生活与经验是教育的灵魂。经验是生命的一种现象,我们要让幼儿的生命与环境产生交互作用,从环境中吸收经验,又以自己的经验和行动影响环境。其次,幼儿经验产生、获得的主要来源与途径是日常生活。他们这么理解:教师与书本不再是幼儿唯一的导师,手、眼睛、耳朵以至整个身体都是知识的源泉,任何书本或地图都不能代替幼儿的经验,日常生活构成了儿童经验的基础。因此,完全可以认定,艺术化课程是植根于生活的,是基于儿童经验的。艺术化课程要回到日常生活中去。再次,对经验的梳理和筛选。杜威说,当零散的、无系统的日常经验之间发生相互联系,产生相互作用的时候,将构成相对圆满的"一个经验",许多小的"一个经验"联系在一起会变成更大、更完满的"一个经验"。当日常经验变成"一个经验"的时候就具有了审美的性质。小天鹅幼儿园就是想通过"一个经验"促使艺术化课程具有整体性、系统性、审美性,用"一个经验"让艺术化课程在日常生活中得以完整,逐步结构化,并能让幼儿发挥想象;更为重要的是,通过"一个经验"紧扣各领域学习与发展的核心经验,进一步优化教育各要素之间的相互联系,以项目活动和主题活动为载体,有效整合各类资源,创造适宜的环境,支持儿童在与环境的交互中获得"一个经验"。这是艺术化课程的核心理念和审美化的追求。这样的认知是深刻的,由这样的理念来引领,艺术化课程走上了审美境界。

可喜的是,小天鹅幼儿园不仅获得了理念认知的提高,更重要的是将其落实在艺术化课程,尤其是艺术化班本课程的建构与实施中。2015 年以来,他们生发了 150 个班本课程主题,而且这些主题在研究中被审议,并通过网络进行对比分析,再进行调整和优化,教师在其中发挥了主导作用。他们的进步离不开南京师范大学虞永平教授、王丽副教授的具体指导。再次证明,高校与幼儿园的伙伴研究多么重要。小天鹅幼儿园坚持了这么多年,他们的研究品质和方式值得大家借鉴和学习。

我想,我们应当为"小天鹅"的飞翔唱一支艺术化课程的赞歌。

成尚荣

前 言

小天鹅艺术化课程的班本开发

> 我们在所经验到的物质走完其历程而达到完满时就拥有了“一个经验”。
>
> ——杜威

小天鹅幼儿园艺术化课程迄今已走过20多个春秋，大致可分为三个阶段。“九五”期间建构单科的艺术教育课程、综合艺术课程，这让我们的教师在研究中逐步养成一种“艺术的”眼光和思维，对美具有敏感性和具有将美传递给幼儿的教育力，为艺术化课程的发展奠定了良好的基础。“十五”到“十一五”是艺术化课程研究的第二个阶段，该阶段我们对“艺术”及其与课程的关系进行了新的探索和定位，实现了从综合艺术课程向艺术化课程的转变，这是我园课程建构的重大突破。“十二五”期间，我们进一步厘清了儿童、教师与课程的关系，明确了把儿童经验作为艺术化课程建构出发点与归宿的重要理念。研究中，我们更加深刻地认识到儿童作为课程建构的主体，其个体经验对课程建构具有极其重要的意义，关注儿童经验就是关注儿童发展的可能性。课程就是要基于儿童发展的可能性促成儿童经验的主动建构。在此基础上，“十三五”成为艺术化课程的新发展期，我们展开了更加聚焦儿童个体经验的艺术化班本课程的研究。由此，我们积累了150个班本主题案例。本丛书精选了16个主题案例，完整展现了每个主题预研究、审议、实施、再审议的全过程，并突出了主题网络的前后对比、幼儿经验的分析，以及教师在主题生发过程中的感悟和提升，期望能给读者带来实践层面的借鉴和更深入的思考。

一、艺术化课程的理论基础

(一) 经验观

杜威对经验的意义和价值有着较为全面和系统的论述，他认为生活和经验是教育的灵魂。在杜威看来，有机体是活动的，经验是一种生命现象，是生命体与物理环境和社会环境之间的交流，而不仅仅是主体的一种认识事件；经验意味着我们在特定的环境下行动，外部条件影响着我们的行动，反之，我们的行为也影响着环境。这种“做”与“受”的过程，是一个生命体或者有机体与环境的交互过程，是寻求有机体与环境平衡的过程。经验不是对认知对象所发出的感觉信息的被动的接收、被动的思维活动，而是有目的、有意义、有组织的主体的行为。

杜威认为日常生活是经验的主要来源，人与人之间的交往以及感官的直接感知是获取经验的重要途径。“教师和书本不再是唯一的导师；手、眼睛、耳朵、实际上整个身体都成了知识的源泉，而教师和教科书分别成为发起者和检验者。任何书本或地图都不能代替个人的经验；它们不能取代实际的旅行。物体下落的算术公式也不能代替掷石子或把苹果从树上摇下来。”[①]所以说，日常生活经验构成了儿童经验的基础，“没有一个东西能够从无中发展出来，从粗糙的东西发展出来的只能是粗糙的东西……发展并不是指仅仅从心灵里获得某些东西的意思。它是经验的发展，发展成真正需要的经验”[②]。但并非所有来自日常生活的经验都具有教育的意义，或能成为教育的内容。

杜威提出“教育性”的经验有两个标准。第一，经验具有连续性。经验的连续性包括纵向联系和横向联系。纵向联系意味着每种经验既从过去经验中采纳了某些东西，同时又以某种方式改变未来经验的性质；而横向联系则是指儿童在自然、社区、家庭、学校等环境中的经验应具有一致性和完整性。第二，经验具有交互作用。任何经验都产生于外部客观条件和个体内

---

① [美]杜威.学校与社会·明日之学校[M].赵祥麟，等译.北京：人民教育出版社，1994：261.

② [美]杜威.学校与社会·明日之学校[M].赵祥麟，等译.北京：人民教育出版社，1994：125.

部条件的交互作用。外部的客观条件既包括外部环境刺激，也包括和成人、同伴等之间的交互作用；个体的内部条件包括个体原有经验、兴趣、情感、需求等方面。个体的经验是以自身原有经验为起点，以兴趣和需求为引导，在外部客观条件的作用下生长起来，向横向展开，往纵向延伸的。杜威把经验的连续性和经验的交互作用比喻为“经”和“纬”，两者相互制约，相互联合，密不可分，成为衡量经验的教育意义和价值的标准。①

在《艺术即经验》一书中，杜威指出，当零散的、无系统的日常经验之间发生相互联系，产生交互作用的时候，将构成相对圆满的“一个经验”，许多小的“一个经验”联系在一起会变成更大、更完满的“一个经验”。② 当日常经验变成“一个经验”的时候就具有了审美的性质。作为经验的艺术不仅恢复了与生活的密切联系，还成了一个囊括了自然美、社会美、艺术美、科学美的广阔范畴。

卢梭认为教育是一个自然的过程，大自然是儿童最好的老师，儿童的经验来自大自然，自然中的所见所闻所感都是儿童课程的内容之源。卢梭的经验观体现在以下几方面。首先，经验、知识是由感觉与观察形成的。感官是获得经验、知识的门户，感觉与观察是形成经验、知识的基础。“由于所有一切都是通过人的感官而进入人的头脑的，所以人的最初的理解是一种感性的理解，正是有了这种感性的理解做基础，理智的理解才得以形成，所以说，我们最初的哲学老师是我们的脚、我们的手和我们的眼睛。”③其次，经验是可以还原的，任何复杂的智力都能还原为各种感觉，观念的正确依赖于对感觉的正确判断。最后，真理建立在直接经验的基础之上，真理是靠主体主动发现并自行验证的，而不是接受现成的、不加验证的。

我国幼儿教育家张雪门认为幼稚园课程是给三足岁到六足岁的孩子所能够做而且欢喜做的经验的预备。④ 他提出，幼稚园的课程应该包括技能知识、兴趣、道德、体力、风俗、礼节等多种经验，应与自然环境和社会生活

---

① [美]杜威.我们怎样思维：经验与教育[M].姜文闵，译.北京：人民教育出版社，2005.
② [美]杜威.艺术即经验[M].高建平，译.北京：商务印书馆，2010.
③ [法]卢梭.爱弥儿 论教育[M].李平沤，译.北京：商务印书馆，1978.
④ 戴自俺，等.张雪门幼儿教育文集[M].北京：北京少年儿童出版社，1994.

相结合，并让幼儿实际行动，“凡扫地、抹桌、熬糖、爆米花，以及养鸡、养蚕、种玉蜀黍和各种小花，能够实在做的，都应让他们实际去做”①。这些活动都是当时幼儿的实际生活，幼儿在生活中通过行动获得了一定的直接经验，“然后可以补充想象”②，获得各种知识、技能、兴趣、习惯等。

（二）建构主义学习理论

建构主义强调，意义不是独立于我们而存在的，个体的知识是由人建构起来的。对事物的理解不是简单由事物本身决定的，人以原有的知识经验为基础来建构自己对现实世界的理解与解释。由于每个人原有经验的不同，对同一种事物理解也会不同。教学并不是把知识经验从外部装到学生的头脑中，而是要引导学生从原有的经验出发，生长建构新的经验，这一认知建构过程常常是通过参与共同体的社会互动而完成的。

以维果茨基理论基础发展起来的建构主义学习理论认为，学习是由学习者以自己的方式建构的，是积极主动的意义建构和社会互动过程。因此，建构主义学习理论非常重视教学中教师与学生、学生与学生之间的社会性相互作用，重视合作学习、交互式教学。他们认为学生并不是空着脑袋走进教室的，他们在日常生活、学习中，已经形成了丰富的经验。所以，教学不能无视学生的这些经验，而是要把学生现有的知识经验作为新知识的生长点，引导学生从原有的知识经验中“生长”出新的知识经验。

（三）相关课程理论

1. 瑞吉欧教育

瑞吉欧教育认为，真正的课程是教师与学生联合创造的经验。其课程的建立以儿童兴趣和经历为基础，以项目为主要活动形式。项目是就一个值得学习的话题或儿童感兴趣的事物、现象所开展的寻找问题答案的活动，这是瑞吉欧课程的关键点。

---

① 胡琼，喻本伐选编、校注、点评.张雪门幼儿教育论著选读下[M].武汉：长江少年儿童出版社，2014.

② 胡琼，喻本伐选编、校注、点评.张雪门幼儿教育论著选读下[M].武汉：长江少年儿童出版社，2014.

在课程的运作中，幼儿不断以符号表征来呈现任务与学习，学习表现出积极性、主动性。教师的主要职责是认真观察幼儿，并且仔细倾听幼儿的心声，以制订计划，开展工作。这体现在，在活动初期教师对未来活动和项目的方向提出预设，并做适当的课程开展准备，进而观察幼儿的活动，与幼儿一起讨论和学习。同时，瑞吉欧教育还明确父母的主要职责，认为父母作为教育项目的基本组成部分，其主要职责是参与每日的幼儿交流，参与教师、幼儿工作，讨论教育问题、特殊事件、短途旅行以及庆祝活动等。①

瑞吉欧教育强调观察并记录儿童在教育活动中的表现，评析儿童的发展状况和教育需求，以此调整教育活动方案并生成新的课程。在瑞吉欧的课程中，教师对幼儿的观察和评价在课程的组织和实施中随时进行，某种程度上我们可以说此课程做到了不断生发课程与对课程评价的一体化。

2. 高瞻课程

以皮亚杰认知发展理论为基础建构的高瞻课程，旨在针对儿童当前的发展阶段提供广泛、真实的教育经历，以促进学习建构过程的发生。高瞻课程致力于培养儿童广泛的技能，包括解决问题、处理人际关系的技能，以及在日新月异的社会中实现成功生活所必需的沟通技能。该课程通过为儿童提供学习材料、设备、时间来展开他们所选择的活动，激发儿童的创造力。一般认为，高瞻课程的开展基于三个基本原理：其一，儿童积极地参与选择、组织与评价学习活动的过程，这些都是在一定的学习环境中，由教师通过认真仔细的观察与指导来完成的，学习中心有丰富多彩的学习材料；其二，教职人员根据适应儿童身心发展规律的课程模式来制订有规律的日常计划；其三，以高瞻课程的"关键经历"为基础，为儿童设立适应身心发展的系列目标与学习材料。②

3. 认知发展课程

认知发展课程以皮亚杰的认知发展理论为基础，该理论认为"教育体系

① [美]乔治·S.莫里森.学前教育：从蒙台梭利到瑞吉欧[M].祝莉丽，等译.北京：中国人民大学出版社，2014.

② [美]乔治·S.莫里森.学前教育：从蒙台梭利到瑞吉欧[M].祝莉丽，等译.北京：中国人民大学出版社，2014.

应当去适应儿童的需要"[①]，为此要为"能有效地促进儿童发展的教育"[②]提供一种课程。该课程理论提出要使课程能有效地促进儿童发展，必须符合以下条件：一是能对儿童在某一特定发展阶段正在出现的各种能力提出挑战，并提供练习的机会；二是能鼓励和帮助儿童发展他自己独特的兴趣、才能并符合长远的目标；三是当儿童对某种学习内容处于最佳的掌握、概括和记忆期，并能把这一内容与过去已有的经验和将来的事件联系起来时，能及时给他们提供有关的学习经验。

认知发展课程以"儿童的主动学习"为中心，课程的目的在于有效地促进儿童认知能力的发展。反映儿童认知能力的近50种关键经验，共分为五类，即主动学习、语言运用、经验与表征、发展逻辑推理、理解时间和空间。这些关键经验是用来帮助教师了解人类基本的智力过程和内容的。关键经验之间有着密切的联系，在任何实际的学习活动中，它们都应该综合为一体，而不是以孤立的形式让儿童来学习和运用。也就是说，每一种经验都能通过适合儿童不同发展水平的多种活动来获得，这些活动既可以是教师设计的，也可以是儿童自发生成的。在一日活动中，教师应是儿童解决问题活动的积极鼓励者，是儿童发展的支持者，为儿童提供丰富的材料和活动，使儿童可以对材料和活动进行选择；教师明确地要求儿童运用某种方式制订计划，表明他们准备干什么、怎么干；提供问题和建议，为有关儿童的思维过程、语言发展和社会性发展的关键经验的情景安排创造条件。[③]

总之，在课程发展的历史上先后出现了众多的课程理论流派，这些课程理论流派在一定程度上都对课程问题做出了解释与回答。而不同课程理论流派和观念的选择决定了我们要建构什么样的课程、由谁来建构以及怎样建构。

经验的课程论从重视知识到重视儿童，从重视分科到重视综合，从重视

---

① [美]玛丽·霍曼，伯纳德·班纳特，戴维·P.韦卡特.活动中的幼儿 幼儿认知发展课程(幼儿园教师手册)[M].郝和平，周欣，译.北京：人民教育出版社，1995.

② [美]玛丽·霍曼，伯纳德·班纳特，戴维·P.韦卡特.活动中的幼儿 幼儿认知发展课程(幼儿园教师手册)[M].郝和平，周欣，译.北京：人民教育出版社，1995.

③ [美]玛丽·霍曼，伯纳德·班纳特，戴维·P.韦卡特.活动中的幼儿 幼儿认知发展课程(幼儿园教师手册)[M].郝和平，周欣，译.北京：人民教育出版社，1995.

理性到重视感性，从重视静态课程到重视活动课程，从重视一般到重视个别，完成了课程理论发展史上一次伟大革命。这对我园艺术化课程的建构有重要的借鉴价值。而建构主义的课程观将人的价值、人的创造性提到更高的位置，是人本主义哲学在课程领域的反映，以此为理论基础建立起来的课程更指向儿童本位，重视知识的生成意义，鼓励探究性学习和合作学习。这些都为艺术化课程提供了相应的理论基础、方法论基础和实践经验。

二、艺术化课程的内涵

“幼儿园课程是实现幼儿园教育目的的手段，是帮助幼儿获得有益的学习经验，促进身心全面和谐发展的各种活动的总和。”①艺术化课程不同于艺术课程。艺术课程是以实现艺术教育为目的的课程；而艺术化课程的宗旨是促进幼儿全面发展，其本质吸收了杜威的《艺术即经验》的精华，强调一种“大美育”的教育立场。课程的目的不再是传递固定的艺术知识和艺术技能，而是帮助儿童获得一个个完整、独特、整一的新经验，同时获得审美的愉悦体验；课程的内容不再局限于音乐、美术、戏剧等专门领域，而是一个不可分割的生活整体；课程实施的场所不仅仅是学校，更是要融入大自然、大社会之中。② 南京师范大学边霞教授也指出：“教育不应隔断儿童现在生活和过去生活以及将来生活的联系，而应在一个最为自然的过程中，将它们串连成一个整体。儿童的生活将成为完整、持续生长的艺术化过程。”③

艺术化课程也不等同于课程艺术化。艺术化课程注重的是将艺术精神融入整个课程，而并非机械地将所有课程改成艺术活动。艺术精神本质上是自由自在、想象创造、享受愉悦。艺术化课程各领域的活动是交融、渗透的，它们之间没有明确的边界，正因为有了艺术精神的融入，整个课程都有了艺术的意蕴，有了艺术的趣味，在保证基本艺术素养培养的同时促进了儿

① 王春燕.幼儿园课程概论[M].北京：高等教育出版社，2012.

② [美]杜威.艺术即经验[M].高建平，译.北京：商务印书馆，2005.

③ 边霞.儿童的艺术与艺术教育[M].南京：江苏教育出版社，2006.

童的全面发展。

综上,艺术化课程是基于儿童兴趣与成长需要,以艺术精神为引领,以培养灵性生长的完整儿童为目标,经由儿童经验整合各领域内容,富有审美意蕴与创造趣味的幼儿园综合性课程。艺术化课程具有创造性、生成性与审美性等特征,它强调从儿童经验出发,通过亲身体验、直观想象、自由创作、艺术表现等实践路径,实现儿童经验持续不断的生长,培育儿童的审美意识,陶冶儿童的审美情操,促进儿童全面而富有个性的发展。

三、艺术化课程的理念

艺术化课程强调从儿童已有经验出发生发契合儿童兴趣和发展需要的班本课程,使儿童与周围的他人、社会与环境相互联结,以获得经验的不断生长,最终成为灵性生长的完整儿童。

(一) 经验

一般认为经验既指从已发生的事件中获取知识,又指"经历"。儿童经验既指环境作用于儿童身上所实现的变化,也指儿童与环境之间交流互动的过程。儿童的发展体现在其自身经验的发展上,因此经验生长成了艺术化课程的主轴。艺术化课程关注经验的连续性、生长性、整一性等基本属性,强调以游戏为基本活动,以直接感知、实际操作、亲身体验为基本方式实现儿童经验的发展。艺术化课程中的儿童经验具体包含三个方面:一是儿童已有的日常生活经验,二是各年龄段儿童学习与发展的核心经验,三是儿童在艺术化课程中逐步发展起来的完满、整一、独特并具有审美性的新经验。

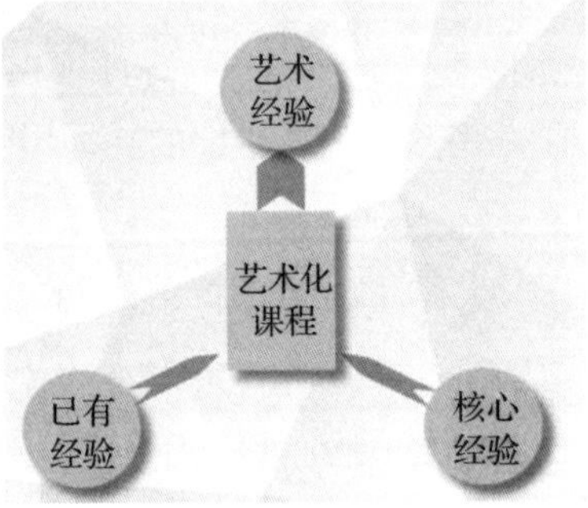

图 0-1

首先,了解儿童经验是艺术化课程的出发点。已有经验是儿童经验生发艺术化课程的触点,具体体现在儿童行为中,教师必须用科学的方法观察、理解儿童行为,感受其变化和发展,既全面把握本班儿童经验的丰富性,又关照到个体儿童经验的独特性，开放式地呈现儿童经验可能生发艺术化课程的多个触点。例如由社会活动“家乡的桥”中儿童对桥的兴趣生发了主题“小小桥梁工程师”。一开始，通过全班“头脑风暴”式的讨论活动，如“桥是什么”等，对儿童有关桥的已有经验进行了调查与归类，其中呈现出了主题的多个触点，如桥的演变、结构、功能等。已有经验为主题的开展提供了可供参照的课程生发触点。

其次，把握和分析儿童经验伴随艺术化课程建构的整个过程。儿童学习与发展的核心经验是儿童经验生发艺术化课程的重要依据。我们参照《3—6岁儿童学习与发展指南》《学前儿童语言学习与发展核心经验》《学前儿童健康学习与发展核心经验》等文件、专著及其他相关文献，以学习品质为内核，从运动与健康、交流与读写、认知与理解、表达与创造、交往与适应、习惯与态度六个方面梳理了艺术化课程中儿童学习与发展的核心经验（见附录）。在具体的主题活动开展过程中，我们通过聚焦提问式的反复调查，并结合核心经验与儿童共同设计、构建了围绕主题可能开展的活动内容和可能涉及的活动形式，预构了主题可能生发的网络图。在具体的课程实践中，网络图也随着儿童经验的变化在不断地调整。

最后，新经验是儿童已有经验经由艺术化课程的开展生长起来的，具有生成性、流畅性、整一性、审美性，这些新经验都将在儿童今后的各类活动中得到应用和再发展，呈现出持续的生命力。

（二）生长

生长有生发、发展的含义，它是有机体内部一种由内而外的向上、向外生长的本能冲动和能力。儿童正处于认知、道德、审美的生理、本能层面的萌芽阶段，这种未成熟的状态具有向上生长的无限可能。艺术化课程珍视这一特质，从儿童天性出发，承认儿童生长的潜能与个性，尊重儿童生长的时间与速度；着重创设支持、开放的生长环境，集结丰富适宜的材料资源，提供自主融合的活动与方法，为儿童的生长提供最适宜的支持。

儿童经验的生长是课程中最为重要的生长，即儿童与丰富、适宜、有层次、有意义的环境相互作用，不断生长出新的经验。提升教师的教育智慧是促成儿童经验生长的重要条件，即教师在了解儿童已有经验的基础上，遵循儿童经验生长的规律和特点，开展艺术化课程班本实践，强化自身的经验意识与课程意识。同时，艺术化课程也是不断生长完善的，其生长与儿童经验的生长是相辅相成、密不可分的。

（三）联结

美国国家艺术核心素养标准曾提出联结（connecting）这一概念，指出艺术要与个人的各种经验相联通，要与社会、文化、历史等背景相联通。在艺术化课程中，我们认为联结本质上指的是课程各要素之间的有机融合，即艺术化课程中各要素是整一存在的。

儿童的发展具有整体性，课程要在充分了解和遵循儿童自身发展节律的基础上，以活动为载体，促进影响儿童发展的各方面因素（人、社会、历史、文化）之间的联结，发展儿童经验，丰富审美性情绪情感体验，实现儿童的全面发展。课程中的联结具体包含课程联结的触点和经由联结生发的联结过程。课程中的联结触点基于儿童的生活和学习，可以是一日生活中的某个惊喜时刻，也可以是某段时间持续的一个主题活动，我们认为凡是在课程中的、为了儿童经验发展、符合儿童发展需要的内容都可以成为课程联结的触点。而联结过程则指的是艺术化课程中各要素（人、事、物）之间有机融合的过程，具有动态生成性和整一性，课程中的联结过程有个体经验的发展、个体与他人的联结、个体与社会的联结、个体与环境的联结。

艺术化课程中的联结是独特的，是艺术化课程中儿童一个愿望得以实现、一个问题得以解决……“一个经验”得以完满的重要途径。

（四）灵性

灵性，是儿童天性之下的天真烂漫、新奇好动、异想天开等特性。它表现为一种心灵需求的满足——有着无限自由的空间。儿童所经历的对事物的感受力、发现力、创造力以及“共情”都是其灵性的体现，有灵性的儿童具有自发地、愉悦地探索与发现未知的动机和能力。

艺术化课程强调儿童的灵性和游戏是紧密相连的。一直以来，儿童的游戏都被认为是最为纯粹的游戏形式，是根源于“纯粹的人的本性”的活动。

游戏是艺术化课程的基本活动形式，是从儿童人性深处流淌出来的旋律，是一种“心”的活动。儿童的灵性蕴于丰富的游戏活动中。游戏中的儿童凭借丰富的想象，表现出打破常规、不拘一格的创造性、开放性和跳跃性，尽情探求未知世界、探索生命成长。

艺术化课程中儿童的灵性，伴随在儿童“一个经验”发展的全过程，也体现在“一个经验”最终完满的状态上。基于此，我们认为儿童经验发展的过程具有灵性的美。课程为儿童提供灵性发展的自由空间，创造丰富、适宜而有意义的环境，让他们在创造性的游戏活动中，在思维飞扬和激情投入的状态中，获得惊奇、智慧和纯粹的快乐，彰显灵性之美。

四、艺术化课程的基本框架

小天鹅艺术化课程以杜威的经验观、建构主义学习理论为基础，对国内外开展的方案教学、项目教学、认知课程等实施模式加以借鉴，结合我园实际情况和实践经验不断创生发展。至今，艺术化课程已初步形成一套恒定的、独具我园特色的课程框架。

艺术化课程框架主要由五个部分组成：其一为课程理念，课程以“经验”“生长”“联结”“灵性”为核心理念；其二为课程目标，课程总目标是培养灵性生长的完整儿童，总目标下又分为运动与健康、交流与读写、认知与理解、表达与创造、交往与适应、习惯与态度六个层级目标；其三为课程内容，课程来源于儿童生活，来源于与儿童生活相关的人、自然、社会，儿童兴趣和成长需要是选定课程内容的重要依据；其四为课程实施，儿童经验是课程实施的触点，伴随课程实施的整个过程，课程实施是儿童“一个经验”得以形成，并得到不断的丰富和完善，形成具有圆满性、独特性、整一性和审美性的“艺术经验”的过程，即“源于经验、为了经验、发展经验”的过程，课程以开展各类活动，如集体活动、区域活动、生活活动等为实施途径，课程实施模式由预研究、具体实施和总结反思三阶段构成；其五为课程评价，主要体现在对幼儿的评估、教师的评价以及课程的审议。具体框架如图 0－2 所示。

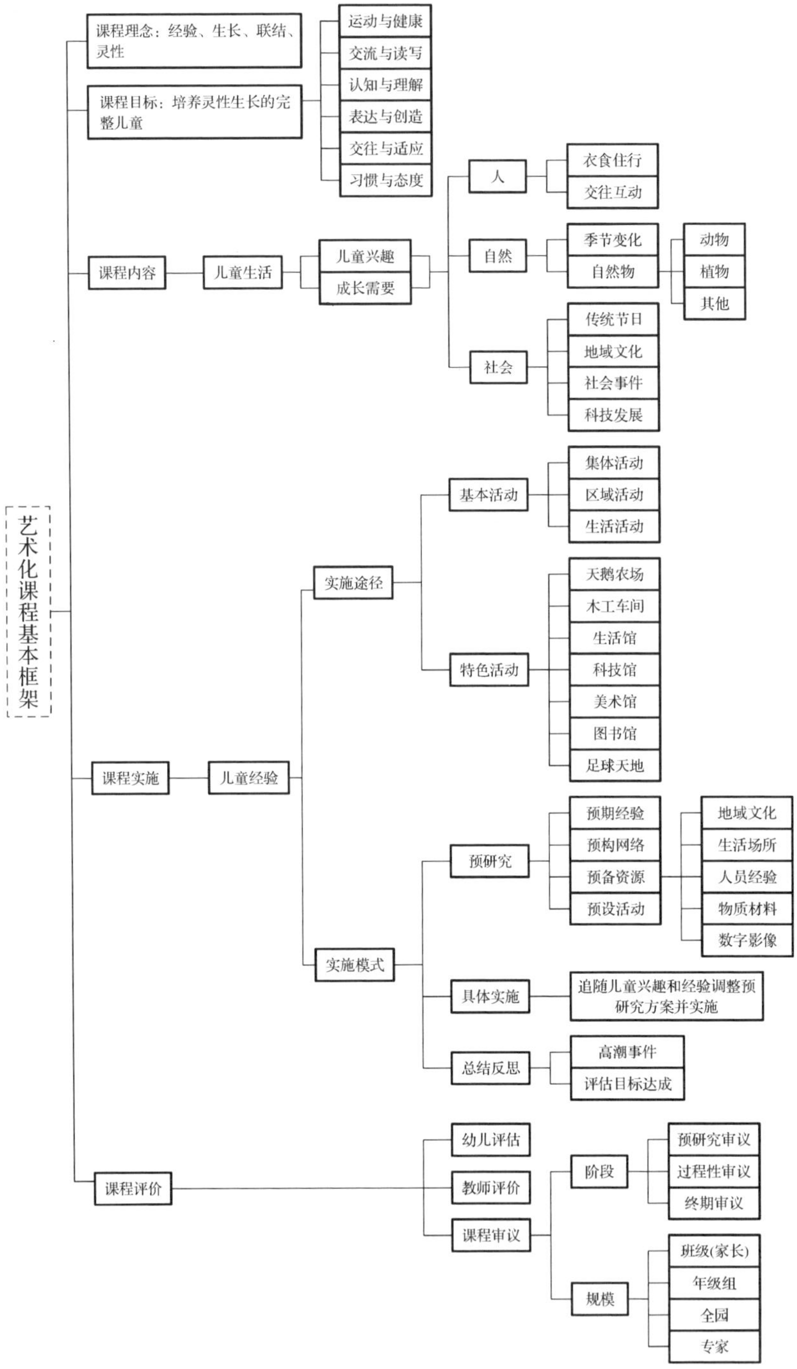
艺术化课程基本框架
课程理念：经验、生长、联结、灵性
课程目标：培养灵性生长的完整儿童
运动与健康
交流与读写
认知与理解
表达与创造
交往与适应
习惯与态度
课程内容
儿童生活
儿童兴趣
成长需要
人
衣食住行
交往互动
自然
季节变化
自然物
动物
植物
其他
社会
传统节日
地域文化
社会事件
科技发展
课程实施
儿童经验
实施途径
基本活动
集体活动
区域活动
生活活动
特色活动
天鹅农场
木工车间
生活馆
科技馆
美术馆
图书馆
足球天地
实施模式
预研究
预期经验
预构网络
预备资源
预设活动
地域文化
生活场所
人员经验
物质材料
数字影像
具体实施
追随儿童兴趣和经验调整预研究方案并实施
总结反思
高潮事件
评估目标达成
课程评价
幼儿评估
教师评价
课程审议
阶段
预研究审议
过程性审议
终期审议
规模
班级(家长)
年级组
全园
专家

图 0-2

五、艺术化课程的目标

艺术化课程以杜威经验观为理论依据，结合《幼儿园教育指导纲要（试行）》（以下简称《纲要》）和其他国家纲领性文件，将总目标定位在灵性生长的完整儿童上，即培养有灵性、有活力、有激情、有潜能的完整儿童。

我们根据艺术化课程总目标，以《3—6 岁儿童学习与发展指南》中的儿童发展目标为纲，借鉴参考了“核心经验与幼儿教师的领域教学知识丛书”、俄罗斯《幼儿园教育与教学大纲》、“高瞻课程的关键发展指标与支持性教学策略丛书”（语言、创造性艺术、数学、学习品质、社会性和情感发展等）、《学前儿童音乐教育活动设计与指导》、《通向数学：教师指导手册》等，制订了艺术化课程中儿童学习与发展的层次目标，具体分为六个方面——运动与健康、交流与读写、认知与理解、表达与创造、交往与适应、习惯与态度，并根据年龄特点进行了层级划分。

1. 运动与健康

强健的身体、健康的生活以及良好的自我照顾能力是儿童发展的重要内容，是艺术化课程的重要目标，是完整儿童发展的重要前提。“幼儿阶段是儿童身体发育和机能发展极为迅速的时期，也是形成安全感和乐观态度的重要阶段。”课程着力于促成儿童良好的身体发育、愉快的情绪、强健的体质、协调的动作、良好的生活习惯和基本生活能力的发展。

2. 交流与读写

在社会关系和有意义的活动中发展起来的儿童语言读写能力，是日后儿童在阅读理解和其他学科领域，如科学和社会领域学习成功的必要条件，对于儿童未来的学习能力培养至关重要。

3. 认知与理解

“丰富”的经验造就了“丰富”的头脑。艺术化课程旨在为儿童提供丰富和适当的认知经验，让儿童在活动中不断思考、推理和正确使用信息，帮助儿童在丰富的经验中，获取知识、了解身边的世界并做出恰当的决定。

4. 表达与创造

创造艺术形象以表征人们对世界的认识，早已是人类经验的一部分。

儿童全神贯注地表征自己世界中的爸爸、妈妈和喜爱的事物正是他们对表达创造精神的渴望。投入创造性活动给人们带来的满足感是任何事情都无法比拟的。以表达和创造作为艺术化课程的目标有利于培养儿童健康的情绪，增强其自尊和自我价值感。

5. 交往与适应

“人际交往”和“社会适应”是儿童社会性发展的重要内涵，幼儿时期充满丰富的社会学习机会。艺术化课程着力于帮助儿童发展交往与适应能力，促使他们适应新环境，与同伴、成人建立良好的互动关系。

6. 习惯与态度

《3—6岁儿童学习与发展指南》中明确指出“重视幼儿的学习品质。幼儿在活动过程中表现出的积极态度和良好行为倾向是终身学习与发展所必需的宝贵品质”。艺术化课程重视儿童学习习惯与态度的养成，旨在培养儿童成为热情、主动、投入的学习者。

各年龄段层级目标见附录。

例如我们在“表达与创造”的核心经验中提及与“设计、戏剧、文化休闲”等相关的内容，这在俄罗斯《幼儿园教育与教学大纲》中也有涉及。我们在学习借鉴与深入思考之后，结合艺术化课程的特点，调整为“对戏剧游戏有积极的兴趣，理解艺术形象，关注角色人物的发展和相互影响”。

再比如“文化休闲活动”是我国《3—6岁儿童学习与发展指南》中缺少的，但对儿童来说很重要，而且这还是艺术化课程核心经验的重要组成部分，而俄罗斯《幼儿园教育与教学大纲》却对此有非常细致的描述，这对艺术化课程的开展有很重要的借鉴意义。据此，我们提出“在空闲时间常做有趣的、有益的、丰富的活动，形成良好的休闲文化的基础(游戏、运动、阅读、绘画、泥塑、搭建、散步和参观等)”这一核心经验。

六、艺术化课程的内容

《纲要》指出：“幼儿园应与家庭、社区密切合作，与小学相互衔接，综合利用各种教育资源，共同为幼儿的发展创造良好的条件。”艺术化课程的内容来源于儿童生活，儿童在真实生活情境中发展起来的兴趣和成长需要是选定课程内容的重要前提条件。对课程内容需要密切结合与幼儿园相关的资源环境进行考量，具体有人、自然、社会等。

（一）人

幼儿园的教育说到底是人的教育问题。艺术化课程注重课程中幼儿对自我的认识，注重自我与他人、自我与社会的关系，因而艺术化课程的内容与人的生存和活动密切相关，既来源于幼儿日常生活中的衣食住行等各方面，又来源于幼儿社会交往互动的过程。一方面，幼儿作为独立的个体有基本的生存需要（衣食住行）和生存意识（自我发展）。根据全人教育理论的观点，幼儿健全的自我分为身体自我、情感自我、认知自我、社会性自我与创造性自我。因此，艺术化课程内容注重挖掘与幼儿生活密切相关的衣食住行各方面内容以及作为人的自我相关内容。另一方面，幼儿是在与环境互动的过程中逐步获得健康的体魄和对自我的理解的。因此，课程也注重幼儿与他人互动中所形成的人际关系的相关内容。以此我们生成了一些相关的主题活动，如“Hello，Baby！”“十个手指头”“饼干总动员”“面面相趣”“好玩的球”等。

（二）自然

陈鹤琴说：“大自然、大社会都是活教材。”自然环境作为幼儿园重要的课程资源，蕴藏着扩展幼儿生活和学习空间的无限可能，艺术化课程内容的选择珍视与幼儿生活相关的、幼儿感兴趣的自然内容。一方面，自然界中季节更替、阴雨晴云等自然现象都与幼儿的生活密切相关；另一方面，幼儿园、军区大院乃至周边环境（如紫金山、玄武湖、红山动物园等）中的动植物，也都是幼儿感兴趣的，这些都已逐渐被纳入我们课程内容的选择范围。比如军区大院的水杉树林是幼儿最喜欢去玩的地方，幼儿通过看、摸、闻、抱、画等多种方式观察、了解、记录水杉，由此生成了一系列的有关水杉的活动。以自然资源生成的主题活动有“我和斑鸠做邻居”“柚子熟了”“你好，小鸭子”“小土豆大世界”“蚂蚁王国趣事多”等等。

（三）社会

幼儿从一出生，便开始探索社会。幼儿的社会学习涉及对社会规范和习俗的认识，涉及对历史、人文、时事的学习，是幼儿整体学习和发展的重要组成部分，也是艺术化课程的内容组成。幼儿在成长的过程中获得关于社会人、社会角色、社会群体的理解；识别和理解周围社会环境的特征和地理方位；认知社会历史的过去、现在和未来；感知自然与社会的关系，形成初步的主人翁意识。这些都可能是艺术化课程内容的来源。我们对这部分的内容做了梳理与归纳，具体可以分为传统节日、地域文化、社会事件、科技发展等。以社会资源生成的主题活动有“小小桥梁工程师”“各种各样的伞”“跃然‘纸’上”“手机的秘密”“筷子兄弟”等。

七、艺术化课程的实施

（一）艺术化课程的实施途径

艺术化课程以主题活动或项目活动的方式开展，实施途径丰富而多样。一方面，集体活动、区域活动、生活活动等幼儿园一日生活的各环节是艺术化课程实施最为重要也最为基本的活动形式，任何一个主题的开展都借由集体活动、区域活动、生活活动得以实现。另一方面，主题活动的开放性、生成性使得资源对课程的实施途径有着越来越重要的影响。我园精心打造了天鹅农场、木工车间、生活馆、科技馆、美术馆、图书馆和足球天地等，为艺术化课程的实施提供了更加丰富的活动形式和活动实施的场域及资源。目前，这些都已纳入我园课程实施的途径加以考量，旨在用更灵活多样的、有效的活动促成儿童经验持续、完满、整一的发展。

（二）艺术化课程的实施模式

艺术化课程的实施从儿童经验出发，以“经验、生长、联结、灵性”理念为统领，具体分为三个阶段。见图 0－3。

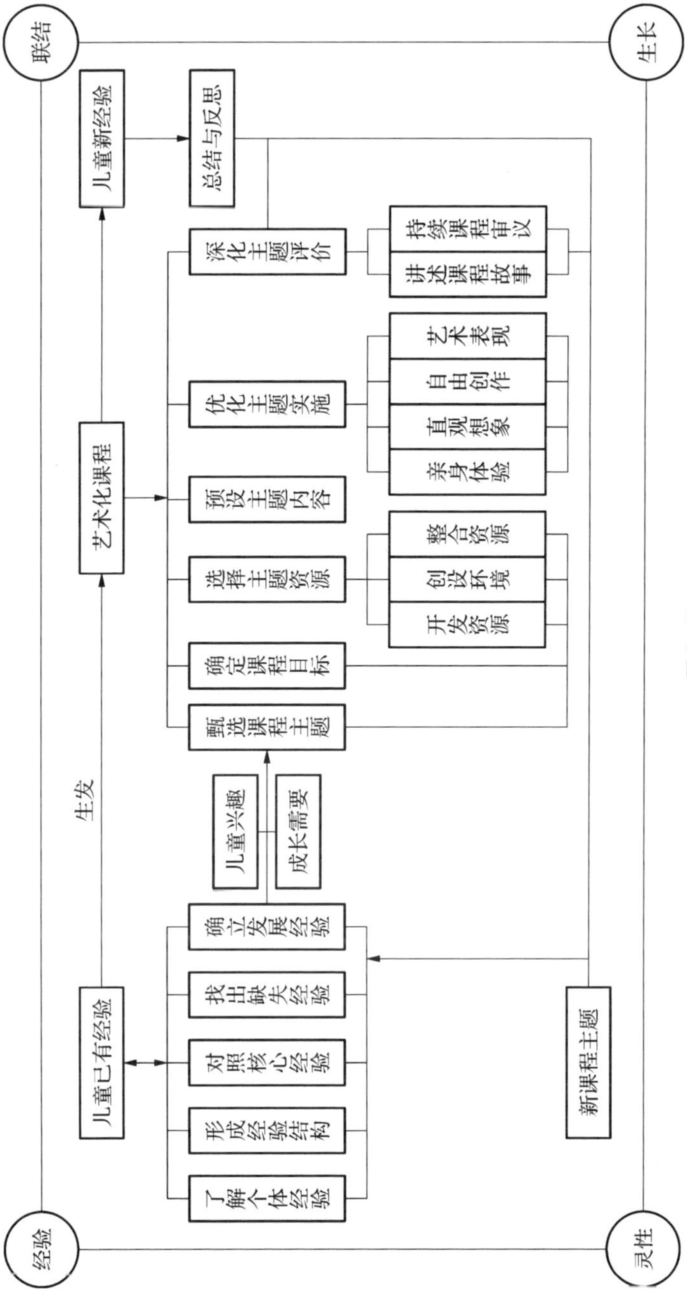
联结
生长
经验
灵性
儿童已有经验
了解个体经验
形成经验结构
对照核心经验
找出缺失经验
确立发展经验
生发
儿童兴趣
成长需要
甄选课程主题
确定课程目标
选择主题资源
开发资源
创设环境
整合资源
预设主题内容
艺术化课程
优化主题实施
亲身体验
直观想象
自由创作
艺术表现
深化主题评价
讲述课程故事
持续课程审议
儿童新经验
总结与反思
新课程主题

图 0-3

第一阶段:整体把握儿童已有经验。

环节一:了解个体经验。

艺术化课程强调以儿童经验为本,儿童的已有经验决定着儿童的最近发展区,这是课程生发的重要触点。要整体把握儿童的已有经验,必须从个体经验出发,即通过自然观察、谈话等方式了解不同家庭背景、生活体验、个人能力等的儿童的个体经验水平。

环节二:形成经验结构。

在了解儿童个体经验水平的基础上,将儿童的已有经验按照我园艺术化课程核心经验的六个维度进行归类,形成经验结构,以便于进一步分析儿童已有经验和艺术化课程学习与发展的核心经验的差距。

环节三:对照核心经验。

将全班儿童的经验结构与艺术化课程中该年龄阶段儿童学习与发展的核心经验进行对照,找出缺失的经验,而这一部分的经验正是在他们的最近发展区之内的,是儿童可以通过自身努力获得的新经验。

环节四:找出缺失经验。

将儿童的已有经验和我园艺术化课程学习与发展的核心经验对照,不足的地方即儿童的缺失经验,也是需要通过主题活动的实施帮助儿童获得的新经验。

环节五:确立发展经验。

根据找到的缺失经验整理出儿童的发展经验,这为下一阶段艺术化课程的实施提供了科学的依据。

第二阶段:实施艺术化课程。

环节一:甄选课程主题。

促进儿童经验的生长是幼儿园课程建构与完善的出发点和落脚点,通过对照儿童已有经验和艺术化课程学习与发展的核心经验而确立的儿童发展经验,是甄选课程主题的重要参照。

环节二:确定课程目标。

在确立主题生发点之后,即通过对照儿童已有经验和缺失的核心经验,制订符合该年龄阶段的目标。主题目标应具有适宜性与全面性,促进儿童在运动与健康、交流与读写、认知与理解、表达与创造、交往与适应、习惯与态度六个方面的全面发展。同时，主题目标应该具有生成性。正如杜威所说，"一个良好的目标会调查学生目前的经验状况，制订一个试验行为处理计划，并经常考虑这个计划，但是当情况发展时，就改变这个计划"，这就是根据儿童的生长需要不断生成目标的过程。

环节三：选择主题资源。

根据主题活动的目标，接下来应该充分挖掘与整合各类可利用的资源，提高资源的利用率。第一，根据艺术化课程资源地图，选择和主题密切相关的地域文化、生活场所资源。第二，从小天鹅"资源超市"选择丰富的物质材料资源、数字音像资源。第三，从小天鹅经验资源库选择适宜的家长资源、专家资源。第四，根据以上资源绘制主题资源图。

环节四：预设主题内容。

主题内容的确定与目标是紧密联系的，目标决定内容，内容反映目标。教师在主题实施前会根据儿童的兴趣、已有经验的分析和主题目标等预设主题内容。主要包括：第一，预设主题活动网络图，为儿童的经验增长和建构提供线索脉络，接下来的活动需要儿童自主探索并与老师共同生成；第二，预设可开展的活动，这里的活动可以是集体活动或小组探究活动，也可以是发展儿童个性的区域活动、日常生活活动。

环节五：优化主题实施。

主题实施是艺术化课程的中心环节，教师与儿童都是主题实施的主体，儿童可以在教师的指导下独立或小组合作对问题进行调查探究，也可以与教师共同探究。在这个过程中儿童可以通过调查、实地参观等收集资料，可以用绘画、测量等方式记录，也可以通过讲故事、讨论等分享在探究中的收获与想法并发展语言表达能力，教师始终作为观察者、协助者出现在儿童身旁。探究后教师对儿童探究的态度、方法、能力进行研究，对所探究的话题、过程、结论进行回顾、反思和改进。最后，师幼在一系列的探索反思后自然地将活动推向高潮。在整个活动中，教师充分关注每一个儿童的个性发展与经验获得，充分支持儿童的亲身体验、直观想象、自由创作和艺术表现。

环节六：深化主题评价。

主题评价主要包括：第一，讲述课程故事。教师回顾整个探究活动，总结儿童在主题活动中新经验的生长轨迹以及教师在主题活动中的支持与帮助。第二,持续课程审议,包括课程实施前初审议、课程实施中阶段性审议、课程结束时汇报总结。此外,讲述主题故事和持续课程审议是紧密结合、循环往复的过程。通过讲述主题故事,教师不断地分析儿童的已有经验和最近发展区,结合儿童的兴趣点开展深度的课程审议,为进一步深化主题活动提供依据。通过持续的课程审议,教师反思儿童经验的获得,反思主题活动是否适合本班儿童,从而获得教育智慧的提升。

第三阶段:儿童获得新经验。

本阶段的主要工作是主题总结与反思,一方面,教师要分析儿童在主题探究活动中所获得的新经验,同时发现儿童新的兴趣点,为下一个主题活动的生成奠定基础;另一方面,教师要提炼总结自己在主题活动中的有效策略,并反思自己的不足,以在下一个主题中得以改善。总之,主题总结与反思既是这一主题活动的结束,又是新的主题活动的开始。

综上所述,儿童经验生发艺术化课程的模型是一个可操作性的实践模型,构建了从儿童经验出发生成艺术化课程、儿童获得新经验的整个过程。

(三) 艺术化课程的实施策略

1. 了解儿童已有经验的策略

(1) 自然观察策略

自然观察策略是通过观察儿童生活中自然发生的、与主题相关的事件,捕捉儿童的个体经验,并对个体经验进行调查与汇总归类,从而了解全班儿童经验的倾向性。同时,通过自然观察策略,将个体兴趣引发成群体兴趣,为主题的生发及主题活动脉络的预设提供支持。如当一个儿童对蚂蚁产生兴趣时,教师有意识地引导儿童为蚂蚁提供食物并进一步观察,让全班儿童产生“蚂蚁能搬动多重多大的食物”的探究兴趣,小蚂蚁的探究活动就自然而然生成了。

(2) 情境观察策略

教师通过创设问题情境,引发儿童对主题更深入的思考,不但可以更有针对性地了解儿童的已有经验,还能够将个体经验升华为班级的群体经验,助推主题的深入。当儿童对萝卜为什么会裂开产生兴趣时,教师及时抓住这个兴趣点,提出一系列的问题:“萝卜成熟时会不会发生炸裂的现象?其他蔬菜成熟时是什么样的呢？也会炸开吗？”教师在其中把握的儿童已有经验为后续课程的开展奠定了基础。

总之，在艺术化课程的开展中，既要注意避免经验的简单重复，又要注意避免经验的遗漏。因此，准确把握儿童的已有经验是开展艺术化课程的重中之重。为了准确把握儿童的已有经验，教师既要在一日生活中保持敏锐的洞察力，及时捕捉儿童对于新生事物的兴趣点，又要适时地创设问题情境，全面把握儿童经验。

2. 整合利用资源的策略

资源在艺术化课程的实施中起着不可或缺的作用，因此要逐步建立资源意识，开发利用周围的各种资源。我们将资源分为地域文化资源、生活场所资源、数字影像资源、物质材料资源与人员经验资源等 5 大类别，形成了多样化的整合策略，具体如下。

(1) 绘制了资源地图

为了大力开发地域文化资源和生活场所资源，我们从儿童经验出发，充分发掘与利用周围的地域文化资源和生活场所资源，以小天鹅幼儿园为中心，3 千米左右为半径，绘制了我园独特的网络资源地图。在课程的开发与实施中，教师可以根据课程的需要，查阅幼儿园资源地图，寻找可以使用的资源。资源地图也在使用中得以不断更新与完善。

(2) 建立了“资源超市”

我们建立了小天鹅“资源超市”，有效整合了物质材料资源、数字影像资源。物质材料资源分为教学挂图、家居用品、废旧物品、自然物等 8 大类，有 70 余种物品。对于数字影像资源，目前主要整理了教学课件，其中白板课件 34 个，PPT 课件 51 个，教师原创的获奖微课 43 个。“资源超市”可供教师和儿童在各主题开展时根据需要“选购”资源，形成主题下的课程“资源包”。主题开展时，教师可进一步展开调查，与儿童共同挖掘新资源进行补充；主题结束后“资源包”归档，新的资源推进了“资源超市”的更新。因此，每一次主题活动的开展都是对“资源超市”的补充与丰富。可见，儿童经验生发的艺术化课程“资源超市”是动态的、不断扩充的。

(3) 建立了经验资源库

为充分利用幼儿园的人员经验资源，包括幼儿家长资源、教师资源、专家资源与社区资源，我们梳理并建立了经验资源库。其中，家长资源是一种重要的课程资源，它是动态的、不断更新的，我们应当充分利用。2020 年最新的家长资源有文化、教育、交通、医疗、安全、金融、建筑、其他共 8 大类，由于家长资源 60%是军人资源，所以没有将其囊括其中。专家资源包括舞蹈、音乐等方面的艺术家，物理、天文、植物等方面的科学家，剪纸、花灯等非物质文化遗产传承人等。教师资源除有丰富教学经验的教师外，还有舞蹈、美术、足球、科学、种植等方面的专职教师。

在实施艺术化课程时，教师会通过资源地图、“资源超市”以及经验资源库进行选择，选取并补充自己需要的课程资源，助力课程的实施。

3. 课程的实施策略

(1) 以多通道感知支持亲身体验

多通道感知是一种通过视、听、闻、触等多种感官来亲身感知与体验，达到主体与客体相互作用，从而构成一种新的意义关系，实现主体对客体的认知。学前儿童处于前运算阶段，多种感官的刺激符合儿童无意记忆、无意想象的心理发展特点，从而促进其思维、记忆、想象力的发展。例如让儿童通过拍照感受水杉树林在不同视角下的形态美，倾听水杉树林里的各种声音，闻一闻不同天气条件下水杉树林的独特气味，通过拥抱测量水杉的“腰围”，通过放气球测量水杉的“身高”……儿童通过视、听、闻、触、拍照、拓印、测量、绘画等多种方式得到全方位多维度的艺术体验，丰富审美经验。

(2) 以开放环境支持直观想象

儿童的想象力往往不受认知的制约，具有夸张性、外显性、独特性的特点。民主、自由、开放的环境中，教师不设好坏标准，不给出唯一答案，不限制儿童的思维，不扼杀儿童想象的天性，让儿童发挥想象力，自由阐释艺术、表现生活，有效支持儿童的直观想象。比如，南京市正在进行垃圾分类，大家都在谈论垃圾分类、学习垃圾分类，幼儿园也开展了垃圾分类的主题活动。当教师询问儿童想发明什么来进行垃圾分类时，由于他们的生活环境、审美期待和审美心境各不相同，且较少受到思维定式的影响，其直观想象就各不相同，回答中有“能力强大的垃圾机器人”，也有“凶狠的垃圾怪兽”。儿童这种独特、充满个性，有时甚至怪诞的艺术想象与表现，正是他们艺术潜能的发挥，教师都以开放的态度给予了支持。

(3) 以情感投射支持自由创作

幼儿的自由创作往往具有自然天成的稚拙、纯朴与超乎寻常的想象力和创造力的特点。他们创作的过程就是情感投射的过程,是情感记录的过程,是审美体验的过程,也是经验不断丰富的过程。针对这样的特点,教师采用情感投射的策略,让幼儿以自己的视角和想象去自由创作,"主观"地表现事物。比如,当小班幼儿刚认识乌龟时,大部分幼儿只画了一个大大的圆来表示乌龟,而随着教师的引导和主题的深入实施,幼儿和小乌龟成为朋友后,他们的创作就更加自由、大胆而独特了。画面上,出现了小乌龟的朋友、小乌龟的家、无数大大小小的乌龟蛋等。

(4) 以多元统整支持艺术表现

幼儿的艺术表达具有多元、多样、整合的特点,多元统整的策略正顺应了幼儿的这种特点,加强了各种艺术表现手法的相互联系和有机结合,有效支持了幼儿的艺术表达。当对幼儿园新种植的树进行主题探究,积累了丰富的经验后,幼儿决定用戏剧表达在探索中获得的经验。融合音乐、舞蹈、儿歌等多种艺术形式,以显性形式带动隐性形式,可帮助幼儿进行感知、体验、表现和创造,使幼儿经验得以丰富、拓展和提升,而这些经验又能迁移并运用在日后真实的生活情境之中。

八、艺术化课程的评价

艺术化课程的评价以过程性评价和形成性评价为主。我们通过对幼儿的评估、教师的评价和相应的课程审议,对课程中幼儿的学习情况、教师支持情况和课程的开展情况进行持续的追踪和反思。评价侧重实践指导性,指向促成幼儿经验的发展,评价采用多种方式,同时注重评价主体的多元化,旨在调整相应的课程策略,促成在课程中幼儿经验连续、整一的发展。

(一) 对幼儿的评估

对幼儿的评估是对幼儿在课程中的动态发展进行的评估,观察评价是艺术化课程中对幼儿发展评估的重要手段。艺术化课程实施的过程中,教师对幼儿一日生活和学习活动中某个特殊时间内的某个典型事件进行观察,可以是借由观察表格的正式的观察,也可以是简单的轶事记录的非正式的观察,并定期梳理观察记录,这些观察和评价为调整活动方案、促成幼儿经验的发展提供了事实依据。同时,制作幼儿成长档案,科学而及时地分析幼儿在课程中的行为表现和发展水平也是艺术化课程评估幼儿经验发展水平的重要方式。总之,艺术化课程中对幼儿的评估是落实"为了经验、依据经验、发展经验"的重要支撑,是教师把握幼儿在课程活动中的最近发展区和调整相应活动策略的重要依据。

(二)对教师的评价

对教师的评价集中体现在课程中教师的自我反思评价上。教师的自我反思能力是教师课程力的体现,在主题活动中有效总结活动、反思经验、评估幼儿,对教师顺利开展有效活动起着决定性的作用。艺术化课程中,一方面,教师会在主题中的各个活动结束后,对具体活动开展的情况进行反思;另一方面,在整个主题结束后,教师会对整个主题活动的目标达成情况进行梳理,并提炼相应的课程策略,为下一次的课程实践做好准备。艺术化课程正是在教师这种不断反思和评价中趋于完善的。

同时,幼儿园层面也会对教师进行相关的评价,如园部进班,了解教师开展课程的情况,并给出相应的指导策略。这样的方式可以有效提高教师对课程开展的理解、评估及践行能力。

(三)对课程的审议

课程审议是我园评价课程的重要形式,艺术化课程正是在不断审议、调整中得以完善的。一方面,我们初步建立了以儿童为中心,教师、家长及课程专家共同参与的多元课程审议主体;另一方面,我们完善了相关的课程审议制度,如课程开展前的预研究审议、课程开展中的过程性审议、课程结束时的终期审议的审议流程,以及班级、年级组、全园等层面的审议。课程审议有利于明确和调整课程目标,筛选和确定主题内容,发展多样化的主题活动形式,为满足儿童"一个经验"的发展提供适宜的课程土壤。

成静　李雪

目 录

你好，小鸭子

杨　静　吴　旋

一、主题畅想

（一）活动缘起

2018 年 10 月的一天清晨，一只小刺猬闯入了我们小一班，孩子们非常喜欢这只小刺猬，他们争先恐后地想着办法照顾它，但是小刺猬在班级里一整天都不吃不喝，孩子们急坏了。经过了解，大家知道野生刺猬是国家二级保护动物，不能家养。孩子们只好依依不舍地把小刺猬放回了大自然。但是孩子们饲养小动物的热情并没有因小刺猬的离开而减退。

孩子们渴望饲养一种小动物，那么饲养什么小动物好呢？鼯鼠？仓鼠？乌龟？小兔子？小鸭子？……经过投票选择，小鸭子以 18 票的高分获得胜利，最终大家决定饲养小鸭子。由此，4 只可爱的小鸭子加入了小一班的大家庭。

（二）活动可能的发展脉络图

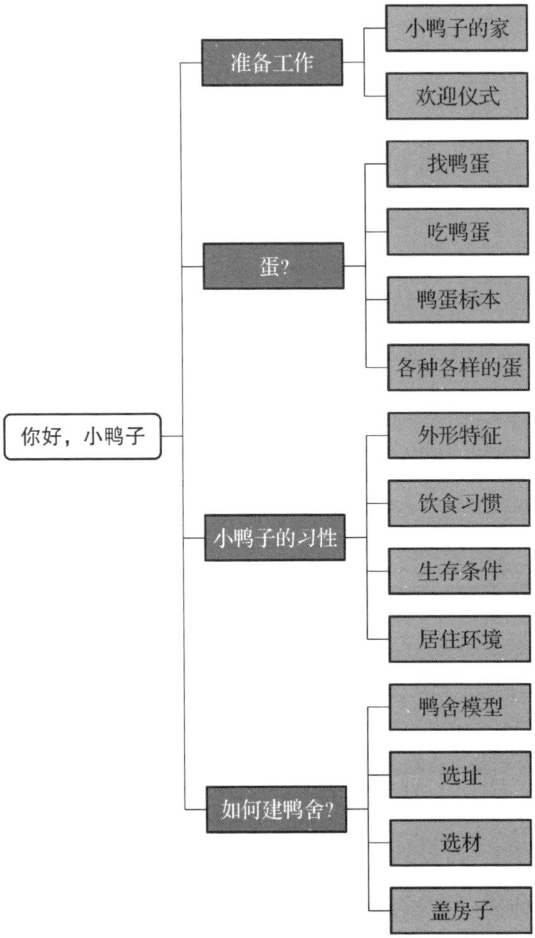

（三）幼儿可能获得的经验图

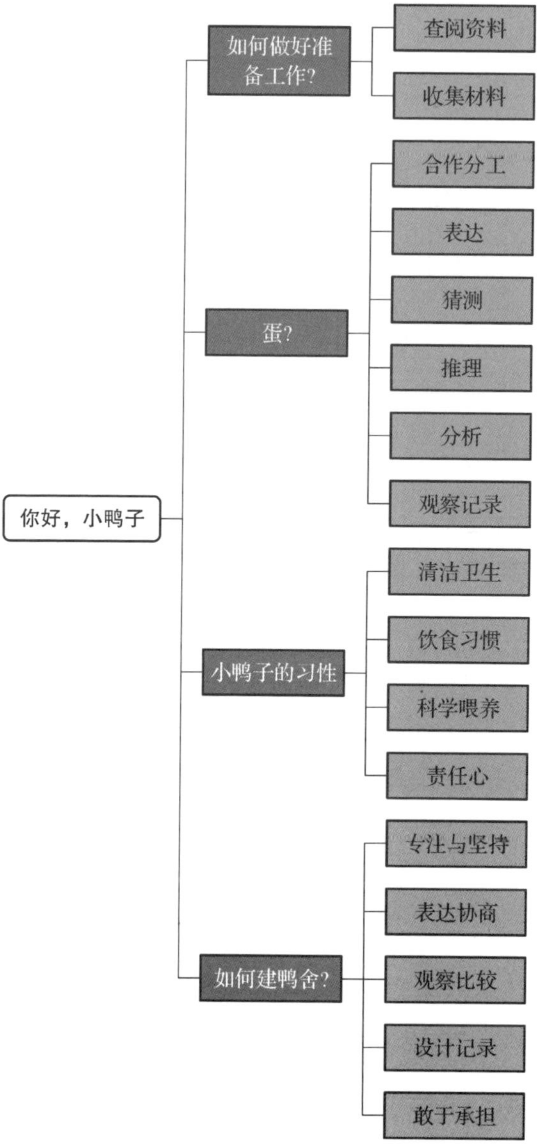

（四）主题可能涉及的资源图

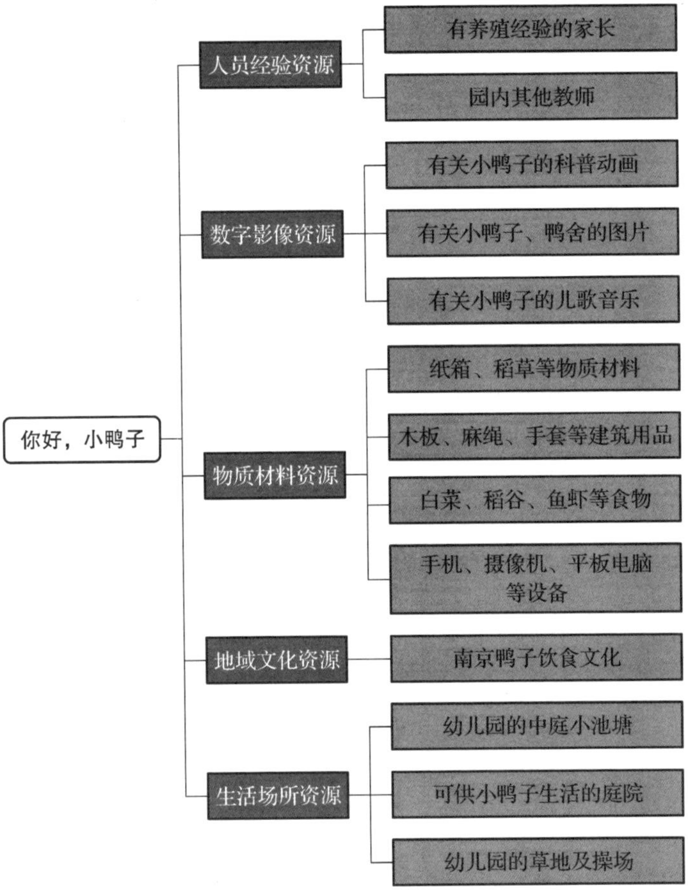

专家点评

幼儿喜爱小动物，饲养主题在幼儿园也比较常见，例如饲养小兔子、小乌龟等。每一种动物都有其自身独有的特质，教师除了带领幼儿开展小鸭子饲养活动外，还可以从小鸭子身上挖掘其特有的教育价值。对于小班幼儿而言，小鸭子不只是动物，更是他们的小伙伴，是小一班大家庭的一员。孩子们与小鸭子共同成长。相信孩子们在与小鸭子的相处中会发生很多有趣的故事，教师可以引导幼儿及时记录故事，并鼓励他们使用多种方式进行记录。在活动开展过程中，教师要密切关注幼儿的兴趣发生了怎样的变化，随着小鸭子的长大，幼儿又有哪些变化，将关注点着重放在幼儿经验的成长上。相信通过与小鸭子共同生活，幼儿一定会有很多意想不到的收获。

二、主题开展

(一) 期待你的出现

自从大家决定饲养小鸭子,我就把这个消息告诉了家长,并得到了家长的支持。家长朋友们在农场里预定了 4 只小鸭子。因为小鸭子们刚出生,需要打疫苗,所以要过几天才可以带到幼儿园来。在等待的日子里,关于小鸭子的猜想也多了起来:

真真说:"小鸭子长什么样?"

博博说:"小鸭子一定很可爱吧!"

天天说:"真希望小鸭子可以快点出现……"

小鸭子虽然还没来到班级,但是已经成了孩子们心中的老朋友了,我真切地感受到他们对小鸭子的期待。除了语言,孩子们还可以怎样表达自己对小鸭子的期盼和欢迎呢?"我记得我们刚入园时,哥哥姐姐们手里拿着欢迎的牌子,那我们也做一个欢迎小鸭子的牌子吧!"真真小朋友建议道。孩子们回忆起自己入园时被欢迎的场景,决定使用同样的方式来欢迎小鸭子们。

1. 准备工作 1:制作欢迎牌

小朋友们行动起来了,元宝和天天画起了欢迎牌的设计图,小安和小瑾去美工区找材料,小朋友们将美工区的硬纸板作为底板,用蜡笔画上一只小鸭子,使用揉贴的方法把皱纹纸装饰在上面,再请老师写上"欢迎你,小鸭子!"几个字,承载着小朋友们满心期待的欢迎牌就做好了。欢迎牌挂在班级门口,因为孩子们认为"把欢迎牌挂在门口,小鸭子一进门就可以看到"。

图 1－1

图 1－2

对于素未谋面的小鸭子，孩子们有着很多憧憬和幻想，活动中他们迁移自己的已有经验，从“被欢迎”转换成“欢迎别人”，角色的转换给他们带来不一样的感受。他们运用自己熟悉的美术材料和创作方式，通过制作欢迎牌来表达自己对小鸭子的友好之情。除此以外，孩子们还意识到可以通过表演、绘画、语言等多种方式表达自己内心的情感。

2. 准备工作 2：为小鸭子准备一个新家

“小鸭子来到班级，住在哪里呢?”孩子们遇到了难题。我组织孩子们进行讨论，小朋友们建议给小鸭子做一个既温暖又舒适的新家，这样小鸭子就可以在活动室里安心地住下了。那做小鸭子的家需要什么材料呢? 孩子们开始讨论。

熙熙说：“小鸭子可以住在纸箱里。”

翔翔说：“给它们一些玩具，让它们玩。”

铮铮说：“纸箱里面还要放枕头、被子、饭碗，这样小鸭子睡觉的时候很温暖。”

…………

孩子们讨论的这些材料里有很多是幼儿园没有的。于是，孩子们主动在家里搜寻这些生活材料，并放到班级门口的材料收纳箱里。

孩子们从家里带来了 3 个纸箱，如何区分这 3 个纸箱? 小安建议给 3 个纸箱分别做上标记。如何做标记？

真真说：“我们可以用蜡笔和水彩笔在纸箱上写上数字1、2、3。”

徐徐说：“我们可以在纸箱上贴出小圆点，比如，1个小圆点，2个小圆点，3个小圆点。”

老师问：“真真和徐徐的方法都很好，你们愿意用谁的方法呢？”

在小宝的建议下大家举手表决，结果愿意用徐徐那种方法的人多一些。

老师问：“可是，我们现在没有小圆点，怎么办呢？”

小七说：“我知道，美术馆有，我在美术馆玩游戏时玩过小圆点的。”

小七去美术馆借来了圆点标记贴，大家可开心啦！现在可以给纸箱做标记了。天天在一个纸箱上贴上1个小圆点，真真在另一个纸箱上贴上2个小圆点，安安在最后一个纸箱上贴上3个小圆点。现在能很清楚地区分出这3个不同的纸箱了。

老师问：“小鸭子适合住在几号纸箱里？”

博博说：“我想选2号纸箱，因为它高。”

“纸箱高，小鸭子住在里面不害怕吗？”小瑾对博博的话产生了疑问。

“不会呀，我会站在它们身边保护它们。”博博立刻回答。

小伟说：“我想选1号纸箱，因为它很长，小鸭子住在里面可以玩游戏。”

小宝说：“我选3号纸箱，纸箱不大不小，刚刚好，1号纸箱太矮了，小鸭子住在里面不安全。”

图1-3

孩子们纷纷表达自己的想法，如何决定呢？在我的建议下，孩子们用给纸箱贴点子的方式来投票：喜欢几号纸箱，就把手里的小圆点贴在纸箱的侧面。

孩子们完成了投票，大家一起来唱票，结果1号和3号纸箱都是9票，2号纸箱是7票。

图 1-4

图 1-5

天天说："1 号和 3 号纸箱的票数一样，这可怎么办呢？"

真真说："那我们来点兵点将吧，点兵点将，点到谁，谁就是小鸭子的家！"

孩子们齐说："呀，是这个，1 号纸箱。"

老师问："你们同意吗？"

孩子们齐声说："同意！"

1 号纸箱是最好的选择，因为"大大的纸箱正适合四只小鸭子居住"。孩子们在纸箱里面铺上棉被和枕头，让小鸭子睡一个美美的觉；又在纸箱里面放了一些玩具，给小鸭子玩；再放一个碗，给小鸭子吃饭用。

他们在材料堆里面发现了一种特殊的布，即使水洒在上面也不会湿，老师告诉他们那是防水布，可以防水，"那就铺在上面吧，这样就不怕小鸭子尿床了。"

教师的思考

在这个活动中，幼儿开始从平行游戏向合作游戏过渡。例如，他们将大筐材料从门口搬到活动室，一个人搬不动，大家就合作一起抬，这样还省力气。幼儿体验到合作带来的愉悦，初步建立了合作的意识。

选择哪个纸箱作为小鸭子的"家"？在这个活动中我们自然融入了数学领域的内容。幼儿用多种方式对纸箱进行标记。大部分幼儿选择贴圆点标记贴的方式进行标记，能力强的幼儿则在纸箱上直接写出了阿拉伯数字 1、2、3，他们还把写出的数字"2"形容成闪电、电纹。从中可以看出，幼儿能从生活和游戏中感受事物的数量关系并体验到数学的重要和有趣，学习了用简单的数学方法去解决生活和游戏中遇到的问题。

为了迎接小鸭子的到来，幼儿制作欢迎牌，给小鸭子准备纸箱做的家，可以看出他们已经在心理上和行动上做好了充足的准备，相信幼儿现在如此的期待一定会化作将来的无比珍惜。

(二) 美好的相遇

2018 年 11 月 19 日，在大家的期待下，四只毛茸茸的小鸭子终于来到了小一班。小鸭子的一举一动时刻吸引着孩子们的目光。

1. 和小鸭子的第一次见面

用眼睛看一看——“它们的个头都是小小的。”“有三只是黄颜色的，一只是黑颜色的……”

用耳朵听一听——“小鸭子的叫声真好听，像唱歌一样。”“小鸭子一定在说你好呀，你好呀!”“鸭宝宝的叫声不是嘎嘎嘎的声音……”

用手摸一摸——“它的身体软软的，像小婴儿一样，摸的时候要小心一点，千万不要弄伤它们。”“它的脚掌滑滑的。”

图 1-6

图 1-7

图 1-8

教师的思考

孩子们通过看、听、摸，多感官地了解到四只小鸭子的外形特征，知道了小鸭子身体很小、鸭宝宝的声音不是“嘎嘎嘎”的声音、小鸭子的身体很软很软。在与小鸭子的互动中，他们建立起了关于小鸭子的初步认知。大部分孩子在此之前没有接触过活的小鸭子，他们的经验只是来源于绘本、动画片或者故事书，有关小鸭子的印象也只是扁嘴巴、大脚掌和“嘎嘎嘎”的叫声。通过本次活动，孩子们切实地感受到小鸭子的真实存在，甚至对小鸭子产生了怜爱，此刻孩子们在小鸭子面前是保护者和守护者的角色。

2. 如何分清小鸭子呢？

2018 年 11 月 20 日，小鸭子已经成为班级的一员了。区域游戏时间，冉冉和果果在讨论着小鸭子的事情，冉冉说：“我最喜欢黄色的那只小鸭子了。”果果问道：“有三只小鸭子是黄色的，你说的是哪一只？”“就是那一只，最可爱的那一只！”“我还是不知道是哪一只。”因为有三只小鸭子长得相似，所以对孩子们的沟通造成了干扰，同伴之间无法区分是哪一只小鸭子，于是我和孩子们共同讨论：如何分清小鸭子呢？

（1）给小鸭子取名字

孩子们想到分别给四只小鸭子取一个好听的名字，于是大家齐心协力，献计献策，根据小鸭子的特征来取名字。经过激烈地讨论，他们决定把有黑色嘴巴的小鸭子叫豆豆，全身都是黄色的小鸭子叫黄黄，总喜欢叫的那只叫扁扁，身体大部分是黑色的小鸭子叫黑黑。

（2）给小鸭子做标记

虽然小鸭子拥有自己的名字，可是黄黄和扁扁长得太像了，它们全身都是嫩黄色的，即使扁扁的头顶有一点点黑色，但是不仔细看还是有点分不清，怎么办呢？孩子们想到，可以给小鸭子做一个标记，但前提是不伤害小鸭子。真真提议，可以给小鸭子做一个黄色珠子的项链挂在它的脖子上，于是孩子们去美工区找来材料，动手制作了一条项链，来区分黄黄和扁扁。

图 1-9

图 1-10

图 1-11

图 1-12

阳阳说:“项链给黄黄戴上吧,扁扁不戴,这样就清楚啦。”小屹尝试着把项链给黄黄带上,可是黄黄似乎不太配合,它的脖子总是不停地扭来扭去,好像不舒服的样子。小屹再次尝试,一边小心翼翼地尝试一边用轻柔的声音对黄黄说:“黄黄别怕,戴上黄色小珠项链你会更加漂亮的!”没想到,黄黄就是不愿意,它想方设法也要把项链弄下来。最终大家只好放弃,尊重黄黄的意愿。

还可以用什么好方法来区分呢？我进一步引导孩子们仔细观察小鸭子，发现它们独有的特征。最终，孩子们在仔细观察后，发现扁扁头上有一根黑色的毛，在天天的提议下扁扁就有了好听的新名字：黑闪电。

教师的思考

每个幼儿都有自己的名字，知道名字是自己区别于他人的最直接有效的方法，他们在平时的游戏中也经常给玩具取名字，积累了很多关于取名字的经验。所以当我提出“如何分清小鸭子”时，他们首先想到的就是给小鸭子取名字，并且很快就凭借对小鸭子的初步印象进行了取名。但当他们发现通过取名字并不能区分小鸭子后，又想出做项链给小鸭子戴的方法来进行区分，在发现小鸭子不喜欢戴项链后，幼儿最终通过深入而细致的观察，用小鸭子身体的独有特征进行命名，从而很好地将四只小鸭子进行了区分。在取名和做标记的过程中，幼儿进一步认识了小鸭子之间的相同点和不同点，更加熟悉了每一只小鸭子，再次拉近了与小鸭子的距离。

第一次课程审议

1. 在观察过程中发现问题，通过探究解决问题

幼儿目前已经对鲜活的小鸭子进行了初步的感知，在和小鸭子的互动中，教师能抓住幼儿与小鸭子一起生活的点滴，引导幼儿从小鸭子的生活习性等方面进行探索。“如何分清小鸭子呢？”这一活动，看似简单，其实是在不断发展幼儿发现问题、解决问题的能力。幼儿不断遇到问题，起名字—戴项链—换名字，这个过程就是幼儿解决问题的过程，也是幼儿经验不断丰富和完善的过程。在这一过程中，教师起到了很好的引导作用，她鼓励幼儿通过更加深入而细致的观察，去发现两只长得极为相似的小鸭子的不同点，这对于小班幼儿来说是有难度的。但幼儿通过不断的观察、比较，发现了这两只小鸭子的不同点，即它们独有的身体特征，并以此来命名进行区分，这就是数学活动“找不同”在生活中的自然运用，它发展了幼儿解决问题的能力。

2. 注重培养幼儿的情感态度，在活动中初步发展幼儿的同理心

幼儿期是培养同理心的关键期，通过相互了解、关怀和情感上的共融，小班幼儿人际交往能力和社会适应能力不断发展。制作欢迎牌，增加了小鸭子进入班级的仪式感；给小鸭子取名字，又体现出幼儿对小鸭子的喜爱。无论是给小鸭子准备一个既舒服又温暖的家，还是给黄黄戴项链后又因黄黄不舒服决定立刻取掉，幼儿都感同身受。所以说，四只小鸭子不仅仅是四只小动物，它们已经成为幼儿的好朋友、好伙伴，已经成为小一班大家庭的成员。

3. 帮助小鸭子适应班级环境

(1) 迷路的小黑鸭

迷路的小黑鸭

2018 年 11 月 22 日，调皮的黑黑不小心逃出了栅栏，跑到了桌子底下。黑黑跑来跑去，可能找不到回家的路了。我引导孩子们思考：“小鸭子迷路了，该怎么办？”

图 1 - 13

金金说：“开车把它送回家。”

谭谭说：“可以让它使劲叫，它的伙伴就来找它了。”

嘉熠说：“它可以顺着自己的脚印走回去。”

瑾瑾说：“它是怎么出来的，就怎么回去。”

这时，黑黑的叫声越来越高，好像很着急的样子。小逸说：“老师快把小鸭子抱回栅栏里吧！”在小逸的建议下，我们把黑黑抱回了栅栏里，黑黑和小伙伴们依偎在一起，它们的叫声也瞬间变得温柔起来。

林林立刻说：“老师你听，黑黑不叫了！”这一话题也引起了其他孩子的关注：黑黑为什么不叫了？

真真说：“之前黑黑走丢了，它拼命地叫，现在黑黑回来了，它就不叫了。”

天天说："黑黑现在感到安全了，所以不叫了。"

孩子们也敏锐地发现了这个问题：原来小鸭子是群居动物，害怕孤单。在帮助小鸭子回到纸箱家之后，我提问："小鸭子迷路了，我们可以帮助它，如果小朋友迷路了呢?"鑫鑫说："找警察叔叔。"博博说："站在原地不要动。"我说："是的，小朋友们在陌生的环境下要懂得保护自己，可以寻求警察叔叔或者其他工作人员的帮助。同时，我们不能像黑黑一样，离开自己的家人，独自出门。"

除了帮助小鸭子回家以外，我继续引导孩子们思考："小鸭子来到小一班没几天，对班级和小朋友还不熟悉，在陌生的环境里迷路会是什么样的心情呢?"

亮亮说："它一定很害怕，我刚来上幼儿园的时候也觉得害怕，因为没有爸爸妈妈。"

果果说："它会觉得孤单，因为爸爸妈妈都不在身边。"

我问："你们刚上幼儿园的时候也会感到很害怕，因为刚开始和其他小朋友不熟悉，和老师也不熟悉，那你们现在感觉怎么样呢?"

小逸说："不害怕了，因为我和糖果是好朋友，和老师也是好朋友。"

我问："那怎样让小鸭子也不害怕呢?"

辰辰说："我可以跟它做朋友，每天都来看看它，它就喜欢这里了。"

教师的思考

小班幼儿的自我保护意识比较薄弱，通过"迷路的小黑鸭"这一事件，一方面，我们敏锐地发现问题，抓住教育契机，让黑黑的迷路事件过渡到幼儿的自身安全教育，引导幼儿在讨论"小朋友迷路了该怎么办"中逐步形成自我保护意识。另一方面，幼儿通过共情，联想到自己刚刚入园时孤单、害怕的心情，想到使用温和的方法(例如交朋友、经常看看它)来缓解小鸭子的"入园焦虑"。

(2) 星期一的新发现

周末后回来，孩子们迫不及待地去看小鸭子们。这时，彤彤突然叫起来:“你们看,是谁不见了?”

行行有些疑惑地说:“呀！豆豆不见了!”

彤彤赶紧跑来问我:“老师,豆豆去哪啦?”

我说:“豆豆去哪啦？我也不知道呢。”

子骞说:“它转学了,不在我们幼儿园了。”

佳佳说:“它去旅游了。”

元宝说:“它去1912玩了,去荡秋千了。”

我说:“那我打个电话问问豆豆吧。”之后,我告诉孩子们豆豆去旅游了。

熙熙说:“它去哪里旅游啦？是不是去黄山爬山啦?”

图1-14

彤彤说:“它是不是去台湾啦?”

…………

这时,铮铮激动地说:“你们看,黄黄长出黑色羽毛啦!”

其他孩子也纷纷叫起来:“是的,是的,黄黄长出新羽毛啦!”

嘉嘉说:“长出新羽毛,应该更厉害吧。”

教师的思考

其实真实的情况是,豆豆因为年龄太小,抵抗力很弱,在周末的时候不幸死去了。面对幼儿稚嫩的小脸,我没有把真相告诉他们,而是告诉幼儿“豆豆去旅游了”,给他们留下一个美好的念想。在之后的几天,幼儿还在猜测豆豆旅游玩得怎么样了,他们从不认为豆豆离开了。幼儿的语言同样映射出他们的已有经验,贴近生活,也充满想象。由于豆豆的不辞而别,他们更加珍惜和剩下三只小鸭子的相处时光。同时,小鸭子也进入了生长的快速期,小鸭子经历了褪毛期,褪去绒毛长出新羽毛。短短几天,小鸭子在悄悄长大,幼儿也越来越了解小鸭子。

4. 小鸭子在幼儿园的快乐生活

（1）吃——不挑食的小鸭子

不挑食的小鸭子

在喂养初期，为了科学饲养小鸭子，我们邀请了有过饲养小鸭子经历的索索妈妈来园介绍饲养小鸭子的小诀窍。索索妈妈问："你们知道小鸭子喜欢吃什么吗？"

翔翔说："小鸭子喜欢吃白菜。"

天天说："小鸭子喜欢吃香蕉。"

鑫鑫说："小鸭子喜欢吃饼干。"

索索妈妈说："小鸭子还小，不能经常给它吃零食，零食中含有大量的糖分，对小鸭子的成长是没有好处的。"

图 1－15

图 1－16

小宝说："小鸭子喜欢吃稻谷。"

索索妈妈说："小鸭子不挑食，什么都吃。今天，我给小鸭子带来了小虾米，因为小虾米含有大量的钙，小鸭子在生长的过程中也需要补钙。"

索索妈妈把小虾米放在小鸭子的食盆中，一开始小鸭子不敢吃，慢慢地，它们好像闻到了香喷喷的味道，凑近大口大口地吃起来。看着小鸭子吃得这么欢快，小朋友们可高兴啦！

图 1-17

图 1-18

教师的思考

我们充分利用家长资源，让家长与我们共同参与主题活动，进行科学探究。孩子们在给小鸭子喂食的过程中，既知道了鸭子喜欢吃什么，又学习了如何科学营养地饲养。更重要的是，通过经验迁移，他们知道了自己也要科学营养地膳食，才能长高、长大；知道了不能挑食，要多吃蔬菜；知道了不能偏食，什么食物都要吃。他们以小鸭子为榜样，逐步养成不挑食、不偏食的饮食好习惯，表现尤为明显的是铮铮小朋友，一向不爱吃蔬菜的他，慢慢接受了午餐中各种有营养的蔬菜，家长对他的转变也感到非常高兴。

图 1-19

(2) 喝——大便怎么干干的?

2018 年 12 月 5 日上午，西西问我："为什么小鸭子这几天的大便是干干的呢?"我请她将自己的发现告诉其他孩子，孩子们一听就七嘴八舌地说了起来："小鸭子肯定是水喝少了。""我水喝少了，大便也会干干的。”“索索妈妈告诉过我们，要每天给小鸭子喝水，因为小鸭子是不能离开水的，一旦喝水少了，它就会便秘，还会生病!”顿时，大家意识到了问题的严重性。于是，他们赶紧给小鸭子喂了一些水，午后，小鸭子的大便就渐渐恢复了正常。

由此，孩子们意识到小鸭子喝水很重要，可是“我们不知道有没有人来喂水啊？如果重复了怎么办?”最终孩子们决定轮流做负责人，每天轮流给小鸭子喂水，还专门制订了喝水责任表。当天负责给小鸭子喂水的孩子会在自己喝水及吃午饭期间给小鸭子喂水，如果忘记了，其他孩子会根据责任表对当天的负责人进行提醒，这样就可以保证小鸭子有水喝，不会再拉干干的大便。

图 1－20

就这样，小鸭子和孩子们一样，也有一个喝水记录表。通过这次活动，孩子们认识到喝水对于他们和小鸭子来说都很重要，他们也增强了主动多喝水的意识。同时，轮流喂水的责任制度会使饲养工作变得井然有序，孩子们的责任意识和规则意识都得到了加强。

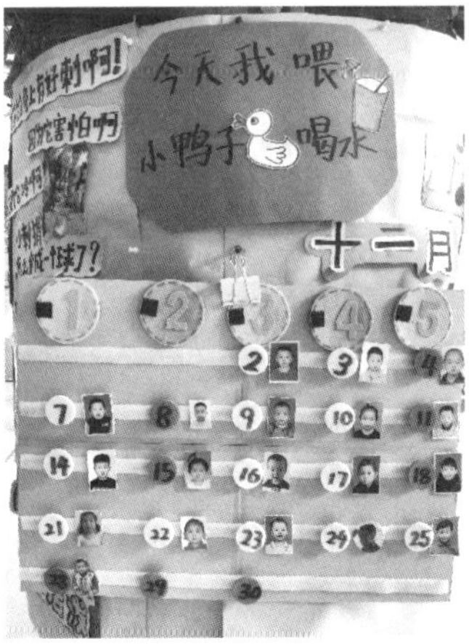

图 1－21

图 1－22

(3) 运动——小鸭子游泳记

① 第一次下水

2018 年 12 月 2 日,孩子们从书上得知小鸭子有一个特别的爱好,它喜欢游泳。于是,他们带着小鸭子来到了池塘边,决定让小鸭子下水游泳。

小安说:"小鸭子怎么下水呢?"

天天说:"小鸭子会慢慢走下去的。"

浩浩说:"小鸭子会害怕的。"

小鸭子游泳记

小安说:"把小鸭子抱起来放进池塘里吧。"

我们把小鸭子抱起来放进了池塘里,这是它们第一次下水,原本以为小鸭子会很适应,谁知它们很不熟练地在水里游,很快身上就沾了水,仿佛变成了"落汤鸭"。小鸭子在池塘边相互依偎着,过了大约不到 5 分钟,孩子们决定赶紧让小鸭子上来,怕冻生病了。

小鸭子上了岸,冻得直发抖!这可怎么办?

小安说:"我们赶快回班上把小鸭子的身体擦干,我在家洗完澡,妈妈都是帮我把身体擦干的。"

真真说:"可以用吹风机吹干。"

小鸭子在纸箱里冷得直发抖,我们赶紧拿吹风机吹起来。黄黄和扁扁好像很快恢复了,可是黑黑怎么没有好转呢?它反而站不起来了!我们发现情况不对,立刻采取抢救行动,把黑黑从纸箱里抱出来,放进小纸箱里,小纸箱里再放进棉布和稻草,把黑黑放在暖气片旁让它取暖。1 分钟过去了,2 分钟过去了,3 分钟过去了……孩子们时不时去看一看,看看黑黑有没有好转。同时,黄黄和扁扁已经好多了,它们开始正常地饮食。

午饭后,小胡高兴地叫起来:"黑黑好啦,你们看,它已经能站起来了!"看到黑黑又恢复了从前的样子,大家悬着的心才放下来。真是一场惊心动魄的抢救呀!这次"抢救事件"让大家都感受到生命的可贵。三只小鸭子已经不知不觉成了孩子们的好朋友。

② 第二次下水

近些日子,小鸭子长大了很多。2019 年 1 月 20 日,天气很好,太阳也出来了，孩子们再一次让小鸭子到池塘里游泳。

熙熙说："小鸭子在游泳啦！"

可可说："你们看，小鸭子在水里是一个跟着一个的。"

心心说："小鸭子一边游泳一边给自己洗澡呢。"

这次，小鸭子下水仿佛适应了很多，在池塘里游过来游过去，胆子也大了起来。

熙熙说："小鸭子会和小鱼玩游戏吗？"

小宝说："那当然了，它们是好朋友啊！"

小鸭子上岸后，用嘴巴一根一根地打理自己的羽毛，一点儿也不马虎。

天天说："小鸭子真爱干净。"

教师的思考

原本以为小鸭子下水是一件很平常的事情，但是第一次下水却非常不顺利。经过了"抢救事件"，我们和孩子们都不敢再送小鸭子下水了。通过查阅资料，大家了解到：小鸭子未经过一次换羽，还未长出新的羽毛时，是不能下水的，否则很容易受凉，严重了还会危及生命。所以，掌握科学的饲养方法非常重要，孩子们也从中深刻体会到照顾小鸭子的不容易。

小鸭子第二次下水游泳，可以在水面上漂浮，并且在水里游起来。孩子们发现，小鸭子游泳时，脚掌动的时候身体就会动，脚掌就是小鸭子游泳的动力。有的孩子说："在海边玩的时候，有的叔叔脚上也穿着大脚掌。"是的，游泳者穿的脚蹼、船桨都是模仿小鸭子的脚掌发明的。孩子们通过生活经验的迁移，认识到小鸭子不只是人类的好朋友，更是人类的好老师。

(4) 卫生习惯——小鸭子爱清洁

小鸭子喜欢游泳，喜欢玩水。小鸭子在玩水的时候，也在给自己做清洁。孩子们观察到小鸭子游泳结束后，会扑棱翅膀，用嘴巴给自己挠痒痒，在身体湿的时候会使劲甩头，让自己的身体尽快干燥。根据小鸭

图 1-23

子洗澡的动作，他们还创编了《洗澡舞》，在舞蹈中，孩子们模仿小鸭子把自己洗得干干净净。

孩子们观察仔细，模仿能力也很强，在音乐中自由舞蹈，摆摆手，抖抖脚，尽情享受模仿小鸭子洗澡的乐趣。通过生动有趣的模仿学习，孩子们也知道了讲卫生对每个人的重要性，养成了勤洗手勤洗澡的好习惯。

第二次课程审议

1. 迁移经验，帮助幼儿建立良好的生活习惯

从主题内容来看，教师对偶发事件非常敏感，能及时抓住偶发事件中的教育契机，挖掘其中具有教育价值的内容，通过一个幼儿的好奇心引发群体的好奇心，从表面上看是帮助小鸭子解决问题，实际上是解决幼儿切身的实际问题。通过"不挑食的小鸭子"活动，幼儿意识到吃饭要荤素搭配，不挑食，按时进餐；通过"大便怎么干干的?"活动，幼儿了解到喝水的重要性，并且愿意按时喝水，逐步养成了良好的生活习惯。而在活动"迷路的小黑鸭"中，通过帮助小鸭子回家和有关迷路的话题假设进行讨论，幼儿意识到不能单独离开集体，不能单独去陌生的地方，逐步增强了自我保护的意识。

通过让幼儿对小鸭子进行观察和照顾，将小鸭子身上的优秀品质渗透到幼儿的一日生活中，这些教育活动正好符合陶行知先生的生活教育理论：生活即教育，以生活为教材，在生活中教学，并运用到生活中。幼儿在照顾小鸭子的同时，也学会了如何照顾自己。

2. 激发同理心，教育方式的自然转变

从幼儿的角度而言，小班幼儿自我中心意识较强，看问题往往局限于自身。小鸭子的出现打破了幼儿的心理界限，他们愿意和小鸭子做朋友，

甚至在无意识中把小鸭子当作“自己”。小鸭子给了幼儿很大的启示，使幼儿有机会从另一个视角审视自己的生活：我不挑食、有时候我的大便也是干干的、我也喜欢洗澡等。幼儿通过模仿，不断地养成良好的生活习惯。

在这样的探究过程中，无须教师和家长说教，幼儿自主自发、积极地进行学习与模仿，而不是被动、消极地接受学习，这样的学习是真正有意义的学习。教师以小鸭子为载体，通过“润物细无声”的教育，对幼儿产生循序渐进的教育影响。

在接下来的活动中，教师应继续追踪幼儿的兴趣点，了解小鸭子的需求，从中挖掘具有教育价值的内容，支持和帮助幼儿继续开展学习与探索。

（三）亲密的小伙伴

小鸭子一天天长大，纸箱已经不够小鸭子活动了。有的孩子问：“小鸭子都是生活在纸箱里的吗?”我们请孩子们带着疑问，自己去寻找答案。有的孩子问了爷爷奶奶，有的孩子跟着爸爸妈妈去了农场参观。回到活动室，我们提供了图片和视频，通过观看得知，原来小鸭子不是都生活在纸箱里，而是有自己的房子，这种房子还有专门的名字叫作鸭舍。孩子们也希望给班级的小鸭子盖一座鸭舍，他们很快就行动起来了。

图 1－24

小鸭子因为年龄小，暂时居住在纸箱里，这无意中给孩子们带来了错误的观念，以为小鸭子生活在纸箱里面。孩子们通过调查、参观发现，小鸭子应该生活在鸭舍里，并且鸭舍的周围最好是有草地或者水池。这个调查发现也将作为鸭舍选址的标准之一。

1. 给小鸭子建一座鸭舍

(1) 自主建构——我给小鸭子搭房子

① 鸭舍模型1

幼儿有想法,可是小班上学期末的幼儿基本上只有平铺、垒高和简单围合等搭建经验,盖鸭舍对于小班幼儿来说是有一定难度的。最后,我们决定先从搭模型开始,丰富幼儿已有的建构经验。我们把建构区搬到活动室,先用建构区的纸砖头进行搭建。幼儿在不断的尝试中,他们发现了几个要注意的地方:

· 不能先搭屋顶,否则会限制房子的大小,房子就没有足够的空间了。

· 砖头不能垒太高,要不然会倒。

· 要给小鸭子留一个门,这样小鸭子才能进去。

在第一次的建构中,幼儿单独搭建的是一个小模型,在相互交流和模仿中,幼儿的作品中已经呈现出垒高、架空、平铺等组合建构方法。

图 1-25

图 1-26

图 1-27

图 1－28

图 1－29

② 鸭舍模型 2

图 1－30

这一次要试着搭建一个大一些的房子了，因为要装下三只小鸭子。我们鼓励幼儿采用分组合作的形式进行搭建，并且要求组内成员合作，共同完成搭建。每个人都有自己的想法，谁都坚持自己的观点，于是在吵吵闹闹中，大模型完成了。

鸭舍的围墙搭好了，屋顶该怎么办呢？幼儿一开始想用砖头做屋顶，但是失败了。

图 1－31

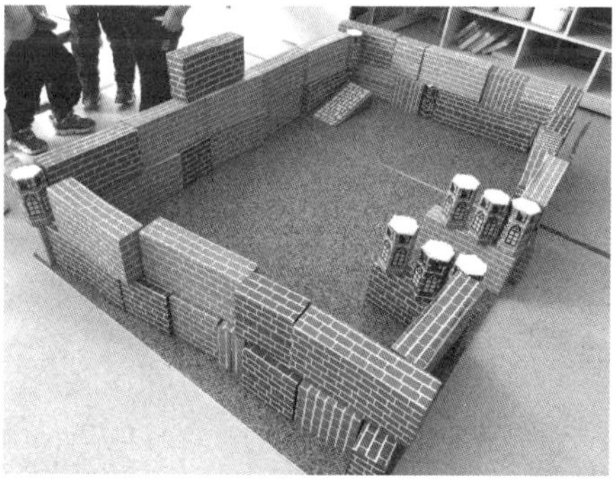

图 1－32

“如果我们建构的是一座真的鸭舍，屋顶该怎样搭建？”活动结束后我们把问题放在了班级微信群里，家长和幼儿集思广益，献计献策，最终得到了三种关于屋顶的搭建方法。

· 使用干树枝，透气性好。

· 用木板，方便拆卸，下雨天就盖起来，晴天则把屋顶拿开晒太阳。

· 用稻草做屋顶，砖头压一下就可以了。

图 1－33

除了集体活动，在建构区、生活馆的建筑工地、益智区，幼儿可使用各种玩具和材料进行自主建构。从最开始只有四面围墙到房屋变得精细化，如有卧室、游戏室、盥洗间等，从作品中可以看出幼儿不仅具备了基本的建构技巧，建构经验也不断丰富。

图 1－34

图 1－35

（2）专家助力——爷爷教我盖房子

小逸小朋友的爷爷是搭房子高手，于是我们邀请小逸爷爷走进班级，向孩子们传授搭房子的经验。孩子们和爸爸妈妈一起围坐在爷爷身边，共同了解房子的结构及搭建方

图 1－36

法。孩子们也向爷爷提出了自己的疑问："屋顶怎样搭才牢固呢？""爷爷的螺丝刀是做什么用的？""夜里要是有猫从窗户爬进去吃小鸭子怎么办？"爷爷很有耐心，将这些问题一一向孩子们解答。

通过小逸爷爷的讲解示范，孩子们意识到一座适合小鸭子生活的房子是由门、屋顶、四周的墙壁、可以保护小鸭子的窗户构成的。他们对房子有了进一步的认知，这对后面孩子们自己动手搭房子起了很大的指导作用。

图 1－37

图 1－38

(3) 正式盖鸭舍

① 选址

孩子们已经具备了丰富的建构经验，现在正式开始盖鸭舍了。首先要解决鸭舍盖在哪里的问题。孩子们在园内进行了实地考察，在参观完幼儿园的所有地方之后，他们决定把鸭舍建在中庭小花园。因为这里有池塘，小鸭子可以游泳；有花有草，小鸭子可以在草地里散步。经过园长妈妈同意之后，大家确定把鸭舍建在这里。

图 1－39

② 确定材料

搭建真正的鸭舍可以使用什么材料呢？显然，原先在班级搭建模型的那些材料已经不合适了。在参观了大班哥哥姐姐建的桥之后，孩子们决定使用砖头来搭建鸭舍，因为他们认为“砖头是最稳固的材料”。

图 1－40

③ 搬砖

砖在小果园，距离中庭小花园还有较远的距离，怎样将砖运到中庭小花园呢？孩子们想到两种方法：一种是用卡车运过去，一种是用手搬过去。随后，我们带领孩子们走了一趟从小果园到中庭小花园的路，从小果园出发，要穿过草地，上台阶，到大厅，再走过小门和鹅卵石路才能来到中庭小花园。孩子们发现大大的卡车不能上台阶，也不能过窄窄的门，更不能走鹅卵石路，最终，孩子们决定齐心协力自己搬砖。

图 1－41

搬砖开始啦！每个孩子都穿好护衣，戴好手套，不怕冷，不怕重，在我们的引导下有序地搬砖。有的把砖抱在自己的怀里，有的双手一起搬，从小果园到中庭小花园，没有一个孩子喊累，大家都乐在其中。

图 1－42

图 1－43

④ 制作警示牌

“砖放在施工现场，万一砸到其他班级的小朋友就不好了。”元元小朋友提议做一个警示牌，提醒路过的小朋友要小心。他们要在警示牌上画一个“×”，还要写上“不要靠近”，可是元元却说“我不会写字”，孩子们请我帮忙写上“不要靠近”四个字。还有孩子提议，在上面再画上一只小鸭子，就这样，警示牌上的内容由“×”“小鸭子”“不要靠近”构成。大家一起把警示牌放在施工现场，还用红色绳子把区域包围起来。

图 1－44

图 1－45

⑤ 盖鸭舍

盖鸭舍的活动是在区域活动时间进行的，一部分孩子选择在班级活动，另一部分孩子选择到中庭小花园盖鸭舍。怎么盖鸭舍呢？需要用什么工具？孩子们在我们的引导下首先认识了重要的盖鸭舍工具——瓦刀。孩子们拿起第一次见到的瓦刀，新奇地说："瓦刀是铁做的吧，摸着好结实呀！""瓦刀像小铲子一样，我最喜欢用小铲子挖沙子了，以后我也可以用瓦刀挖沙子了。""有了瓦刀，我们一定可以盖出漂亮的鸭舍。"

在熟悉了瓦刀的使用方法之后，孩子们和我们一起和水泥。这也是孩子们第一次尝试，所以他们特别小心，按照我们的提示一步一步进行。"和水泥像和面一样，加点水加点沙，再用瓦刀拌一拌，每一次用多少就和多少。"在我们的帮助下，孩子们开始砌墙啦！我们先把最底下的砖摆好，孩子们再一层一层地往上垒，然后用瓦刀抹一层水泥，再放一块砖。砌墙工作难度挺大，但是孩子们非常有耐心地垒砖、铺水泥，在经过多次尝试之后，他们终于认识到水泥要均匀地铺在砖上，水泥太少或者太多都会让砖不牢固。从一开始各做各的，到后来的共同合作，你拿砖，我放砖，孩子们在慢慢转变和进步。同时，由于活动场地小，孩子们也意识到谦让在合作活动中的重要性。

每放一块砖，嘉怡小朋友都会用力压一压，他说："压过的砖更结实！"打雷下雨了，牵挂着鸭舍的孩子也会来看一看，看到鸭舍依然坚固，这才放心离开。在给小鸭子打造一个舒适的家的过程中，孩子们遇到了很多问题，为解决问题他们有很多自己的想法，并且努力寻找办法来解决问题。

第三次课程审议

1. STEM课程理念的有效渗透

小班幼儿自己提出盖鸭舍，这个想法非常大胆，但是幼儿的相关经验几乎为零。那么如何支持和帮助幼儿自己动手盖鸭舍，从而丰富和提升幼儿的建构经验，这对于教师来说是有很大挑战性的。教师陪伴幼儿一步一步从建构模型开始，从区域游戏开始，不断强化幼儿的建构意识，提高其建构技能，循序渐进，不急不躁，在不断的摸索和失败中，让幼儿有了较为丰富的建构经验，并能在教师和家长的帮助下共同建构出一座完整的鸭舍。

STEM活动注重实践，注重将各领域融合探索发现问题并寻求解决问题的方法。给小鸭子盖鸭舍是幼儿的大目标，为达成大目标，幼儿在教师的帮助下逐步地、有计划地完成一个个小目标。在这一系列的活动中，我们可以看到科学、技术、工程、数学的有机结合。科学——幼儿根据小鸭子的生活习性选择合适的搭建场所，选择“最坚固”的砖作为材料，无不表现出幼儿实事求是的科学理念；技术——垒砖砌砖的方法、瓦刀的使用，都体现了幼儿对工具的使用；工程——选址、选材、施工一系列活动都是工程的一部分；数学——对中庭小花园的距离测量，对自己搬砖数量的计数，都是将数学作为一项工具运用到活动中。

在一次次的实践中，幼儿通过实地考察、对比研究解决问题，不断肯定与自我否定，与同伴逐渐学会沟通合作，运用工具进行测量。同时他们在需要的时候做好记录和计划，最终建造出一座属于小一班的鸭舍，这也说明采用适宜的方式方法，选择合适的材料，小班幼儿也可以完成简单的STEM项目活动。

2. 各种资源的整合利用

本阶段的活动也利用了大量资源，例如家长资源、幼儿园资源等。家长走进班级化身专业的搭建老师，不仅让科学的搭建方法更具有说服力，而且增进了家园沟通，实现了教育的整体性和一致性。家长的有效参与让班级主题活动的生发和实施更加具有生命力。

活动的开展离不开家长的支持，同样也离不开幼儿园的支持。幼儿园为幼儿提供了适宜的场地——中庭小花园，让活动走出班级变成现实。除此以外，温馨的校园环境、和善的人际氛围让幼儿敢想、敢说、敢做。主题活动的实施仅仅依靠班级教师的力量远远不够，各种资源的整合利用是活动实施的强大后盾。

2. 入住鸭舍——我们的“名片”

小鸭子入住中庭小花园之后，给小花园增加了生机和人气。为了让更多的人认识小鸭子，关心小鸭子，孩子们还想做一张“名片”来介绍小鸭子。经过讨论，孩子们想把三只小鸭子的名字、喜好和它们的照片作为“名片”内容向大家介绍。最后，这张“名片”就放在最显眼的水池上面。同时，我们以小一班的名义，通过官方微信向全园小朋友发出交友邀请，让更多的人认识它们。

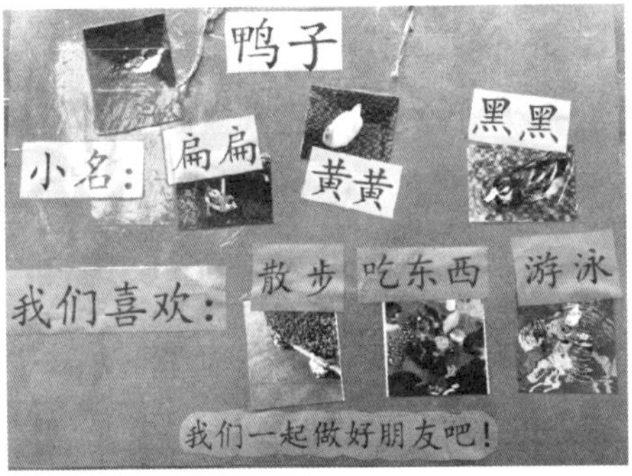

图 1 - 46

图 1 - 47

孩子们使用介绍的方式向全园孩子介绍本班的小鸭子，希望小鸭子能够成为全园孩子的好朋友。事实上，三只小鸭子确实引来了园内家长和孩子的围观，他们也通过“名片”了解到小鸭子的基本信息。

3. 新的问题——大胃王小鸭子

(1) 伙房里的剩菜叶

小鸭子长大了，胃口也变得很大。慢慢地，食物开始供不应求，于是，孩子们自发地给小鸭子带来食物。

除了自己带食物，还可以从哪里获取食物？孩子们想到了香飘四溢的幼儿园伙房，于是他们来到了伙房。

“伙房叔叔，我们想要这些菜叶，”他们指着地上那些拣剩下来的菜叶说，“你们能不能把这些摘下来不要的菜叶送给我们？”

伙房叔叔：“好呀，可你们要这些没用的菜叶干什么呀？”

图 1－48

孩子们：“我们想用来喂小鸭子。”

伙房叔叔：“可以，我们每天都把这些摘下来不要的菜叶留给你们喂小鸭子，但我们有一个要求，那就是你们每天都要乖乖吃饭，不能剩饭剩菜，不能浪费食物。你们能不能做到？”

“好的好的！”孩子们异口同声地答应了。

小一班孩子说到做到，从这天开始，他们每天都坚持把自己碗里的饭菜吃干净，不挑食，用自己的实际行动践行自己的承诺，向伙房叔叔表示感谢。

（2）农场里的蔬菜

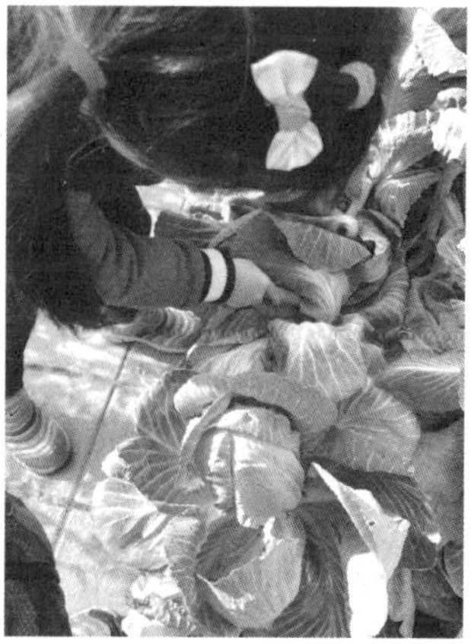

图 1－49

下午的小农场活动中，孩子们看到了种植的包菜、萝卜、青菜，他们想到这些也都是小鸭子的最爱，于是向负责农场的张老师提出，想带一点回去给小鸭子吃。张老师说：“成熟的包菜可以送给小鸭子吃，但是必须是你们自己动手摘下来的才可以。”孩子们很兴奋。刚开始，他们直接用手上去拽，但是包菜却纹丝不动，张老师提醒孩子们可以使用工具箱里的工具，于是孩子们找来小铲子，在包菜的茎上砍两下，再一折，茎就断了，包菜顺利采摘下来。孩子们通过自己的辛勤劳动，为小鸭子赢得了足够两天吃的食物，喜悦之情溢于言表。

（3）送来的食物

除了小一班的孩子们关心小鸭子，还有其他的哥哥姐姐、弟弟妹妹也在关心着它们。3 月 20 号的早晨，孩子们在鸭舍旁边发现了不知是谁带来的白菜，之后，每天都能看到其他班孩子送来的食物，相信在大家共同的努力下，小鸭子会幸福地生活下去。

(4) 鸭子小厨房

喂食小鸭子的工作开始由孩子们自己承担。要给小鸭子准备食物的热情促使许多孩子每天都早早来到幼儿园，他们在自选区域活动时会抢着选择生活区，来到“鸭子小厨房”给小鸭子制作既美味又有营养的食物。首先选择新鲜的青菜或者白菜，然后使用塑料刀把菜叶切碎。菜叶切好之后，再搭配一些稻谷、玉米粒或者小虾米，这样美味的小鸭子早餐就做好啦！对于小班孩子来说，能够把菜叶切得均匀可不是一件简单的事情呢！但孩子们热情高涨，不怕困难，渐渐地，他们切菜的手法熟练起来，准备食物用的时间也越来越短了。过了一段时间，我们提供平板电脑，鼓励孩子将准备好的食物拍下来，制作成“鸭子食谱”，并做好记录，保证小鸭子的食物多样，营养均衡。除了早晨，中午或者下午的区域活动时间，孩子们也都会来到“鸭子小厨房”为小鸭子准备食物。喂食小鸭子的任务由当日小厨师承担，他们会把做好的食物送到小花园的鸭舍旁边，放进小鸭子的碗里，供小鸭子食用。

图 1-50

图 1-51

教师的思考

在寻找食物的过程中，幼儿通过各种渠道获得食物，包括向伙房叔叔要剩菜叶、自己到小农场摘菜等。在这个过程中，幼儿认识到粮食的珍贵，并且能够主动做到认真吃饭，不浪费食物。特别是在付出自己的劳动为小鸭子取得食物之后，幼儿倍加珍惜获得的每一份食物。在区域活动“鸭子小厨房”里，我们能看到幼儿的热情和难能可贵的责任心，他们每日为小鸭子切菜、喂食，记录好“鸭子食谱”，这不仅仅锻炼了他们手部小肌肉的灵活性，也丰富了他们的记录方式，更帮助他们逐步养成了记录的好习惯。

4. 安心住下来——小鸭子逃走记

小鸭子虽然在小池塘里生活得很开心，可是老是会趁大家不注意跑出栅栏，大摇大摆地在小花园散步。瞧，它们又跑出来了。

熙熙：“小鸭子跑出来很危险，小花园的门要是开着的，小鸭子就会跑出去，再也找不到了。”

熠熠：“小鸭子跑出来随便拉粑粑，臭臭的。”

天天：“它们还有可能会把小花小草吃掉。”

最后，大家都觉得小鸭子待在栅栏里最合适。

我：“我们明明有栅栏和网，小鸭子怎么会跑出来呢？”

多多：“肯定是有洞了，小鸭子从洞里钻出来了。”

熙熙：“那我们得赶紧把洞补好。”

我：“可洞在哪里啊？”

这可把孩子们问住了，于是他们来到小栅栏旁边，细心地寻找，终于在拐角处发现了一个洞，大家齐心合力地用木板加密加固。

图 1-52

小宝：“给小鸭子做一个禁止通行的标志牌，这样小鸭子看见了就不会乱跑了。”

博博：“好好好，制作标志牌，告诉小鸭子不能从这里通过。”

我们带着孩子们观察了马路上的标志牌，在仔细辨认后，孩子们发现标志牌由简单的图案或文字构成。

索索："小鸭子不认识字，那我们就画上简单的图案吧，'×'和'！'代表不能通过，小鸭子一定可以看懂。"

就这样，鸭舍的"禁止通行"标志牌做好啦！孩子们还把它挂在认为重要的地方。第二天，小鸭子果然没有跑出来，孩子们都很高兴，认为小鸭子是看懂了标志牌，知道不能跑出来了。

可到了第三天，小鸭子又跑出来了。这该怎么办呢？

大大："小鸭子到底是从哪里跑出来的？"

小宝："是啊，那个洞我们不是已经补好了吗？"

多多："可能还有洞。"

熠熠："不可能，我们全都找过了，没有洞了。"

天天："我们躲起来悄悄地看，看看小鸭子到底是从哪里跑出来的。"

天天的提议得到了大家的赞同，他们决定远远地观察，不要惊扰到小鸭子，看看它们到底是从哪里出来的。每天午饭过后，孩子们就会来到幼儿园的走廊里，隔着玻璃仔细地观察着小鸭子。功夫不负有心人，他们终于发现，原来小鸭子是从鸭舍右边的一片网下钻出来的，可能鸭子长大了，力量也大了些，头部通过网与地面的缝隙，顶起网就钻了出来。孩子们找来砖头把网的边缘牢牢地压住，这样，小鸭子再也没有跑出来了。

教师的思考

面对调皮的小鸭子总是跑出栅栏的问题，孩子们可以有条不紊地进行解决。在这里，我们可以看出，发现问题要比解决问题困难得多。第一次找洞，他们是反复地、细致地观察栅栏，找出漏洞，然后补洞。第二次找洞，他们需要长时间耐心地等待、持续地观察，才能找出小鸭子"出逃"的地方。这对于小班孩子来说还是很有挑战性的，但孩子们并不觉得枯燥，而是每天观察，终于找出漏洞并立刻修补好。在此过程中，孩子们细致、耐心、责任心等意志品质得到了锻炼。

第四次课程审议

1. 拓展思维，从多渠道获取小鸭子的食物

小鸭子日渐长大，单一的食物来源远远不能满足小鸭子的需求。这就需要幼儿拓展思维，有效利用多种资源，从多渠道多方面去获取食物。通过一系列的活动和尝试，幼儿知道了食物可以来源于幼儿园厨房、幼儿园小农场、家里、其他班小朋友的捐助等。这使得幼儿了解到解决问题的方式是多样的，需要全方面考虑各种可能性，这是一次思维的拓展，也是一种学习方法的获得。

2. 深入观察，在解决问题中发展良好的学习品质

幼儿在面对小鸭子出逃时进行了两次找洞及修补活动。第一次，幼儿持续地观察鸭舍整体设施，并对栅栏以及防护网进行修补和加固。第二次，对动态中的小鸭子进行持续的观察，发现它的出逃地点和出逃方式。第二次需要幼儿长时间持续观察，这对幼儿专注力、坚持性、责任心等都有较高的要求，这是有难度的，但幼儿做到了，这其实是一次很好的学习品质培养的机会。

接下来，小鸭子会进入生育期，教师和幼儿每天注意观察小鸭子的变化，做好准备，抓住时机，探索有关鸭蛋的奥秘。教师要充分尊重和保护幼儿的好奇心和学习兴趣，帮助幼儿逐步养成积极主动、认真专注、不怕困难、敢于探究和尝试、乐于想象和创造的良好学习品质。

(四) 小鸭子下蛋啦

因为幼儿园小池塘维修，小鸭子需要转到农场暂住几天。5 月 8 日，小鸭子在农场里下了第一个鸭蛋。我们把这个好消息告诉了孩子们，在孩子们的期待下，佳佳妈妈将鸭蛋从农场拿到班级里。鸭蛋一出现，孩子们就冒出了好多想法："小鸭子怎么只下了一个蛋？""是哪一只小鸭子下的？""它是怎么生的？"佳佳妈妈告诉大家这是黄黄下的蛋。

1. 初步感知鸭蛋

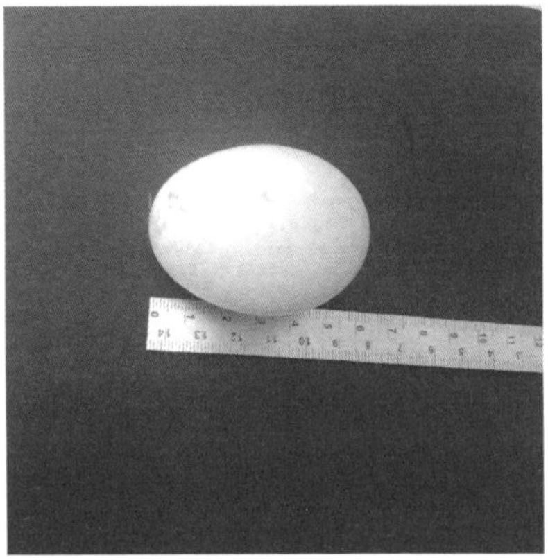

图 1 - 53

蛋是椭圆形的，一头大一头小。蛋壳是白色的，上面有点脏，还有一些灰色的花纹。摸上去，蛋是凉凉的，“像凉水一样”。称一称，这个蛋有 0.055 千克。量一量，这个蛋约 6 厘米。最后，孩子们把自己的观察结果记录在本子上，并和其他同伴相互交流。

第二天，小鸭子又下了一个蛋。我们把两个蛋放在一起，请孩子们看看哪一个是新蛋，哪一个是旧蛋。大部分孩子能够说出新蛋，原因是：“昨天我们看到的蛋是干净的。”我在两个蛋上做上标记——1 号和 2 号，分别代表第一天生的和第二天生的。观察比较两个蛋，孩子们发现 1 号蛋小一些，2 号蛋大一些；1 号蛋颜色是“深白色”，2 号蛋是“淡白色”；1 号蛋是 0.055 千克，2 号蛋是 0.060 千克，2 号蛋更重一些。但是两个蛋也有共同点：它们都是椭圆形，一头大一头小。孩子们兴奋地记录下自己的发现。

图 1 - 54

图 1 - 55

在接下来的四天里，小鸭子每天都会下一个蛋。孩子们每天都要进行观察记录，通过观察发现最先下的蛋是最小的，鸭蛋基本都是偏白色的。为了区分鸭蛋，孩子们用标记进行区分，并比较每个鸭蛋的不同点及相同点，归纳出鸭蛋的特点。

2. 寻找鸭蛋——鸭蛋地图

小鸭子每天都在下蛋，它们会把蛋下在水池里、草丛里或者栅栏旁边。每次找蛋都充满着未知。孩子们很想记录小鸭子喜欢下蛋的地点，于是开始绘制鸭蛋地图。怎么绘制地图呢？在家长的帮助下，孩子们参考了商场的导购图和旅游景点的导游图，知道地图是场所的缩略图，商场里面的店铺或是旅游景点都会在地图上面标记出来。地图上面还会有各种各样的标记，标记会告诉大家想要去的地方在哪里。在掌握了地图的基本要素后，孩子们又去了一趟鸭舍仔细观察，确定要显示在地图上面的内容：小池塘、栅栏、鸭舍、石榴树、花花草草和三只小鸭子。随后，孩子们回到活动室，每人选择自己想画的内容画下来，最后把大家的绘画内容整合在一起，绘制成了完整的鸭蛋地图。有了地图之后，孩子们每次捡到鸭蛋就会在地图上面做出相应的鸭蛋标记。

地图记录了小鸭子下蛋的地点，同时也会清楚地显示出小鸭子下蛋的轨迹和数量。例如，一周内小鸭子在草丛里下了 4 个蛋，因此潭潭小朋友推断小鸭子最喜欢在草丛里下蛋，因为草丛里很安静。

图 1－56

图 1－57

图 1－58

图 1－59

3. 品尝鸭蛋——炒鸭蛋

在生活区，我把收到的鸭蛋炒熟，孩子们围在旁边观看。看着自己劳动获得的新鲜鸭蛋，他们别提有多兴奋了。在我们翻炒的过程中，孩子们还主动放盐。鸭蛋炒好后，我们把新鲜出炉的炒鸭蛋分给每一个孩子品尝，他们一边品尝一边说："炒鸭蛋真好吃。""自己班上的鸭蛋最香了。""我感觉我又长高了。"

图 1－60

孩子品尝自己亲手饲养的小鸭子下的蛋，不仅获得了美味，而且收获了成就感和满足感。

4. 探索鸭蛋的秘密

在区域游戏中，孩子们拿强光灯照射着鸭蛋。在照射的时候，他们发现了有关蛋的很多秘密。秘密一：强光灯下的生蛋是透光的，像灯一样，而熟蛋是不透光的，像石头一样。秘密二：鸭蛋一头大一头小，鸭蛋里面的空气部分一定是在大头的那一边。秘密三：摇晃鸭蛋，如果蛋黄会动，说明鸭蛋已经不新鲜了，可以送去标本区做标本。

在科学区，孩子们可以借助工具自由地探索，也发现了很多关于鸭蛋的秘密。区域游戏作为集体活动的补充，给予孩子们更多的自由探索空间，他们在自然状态下自发地游戏，体验成功和快乐，并获得多方面的经验。

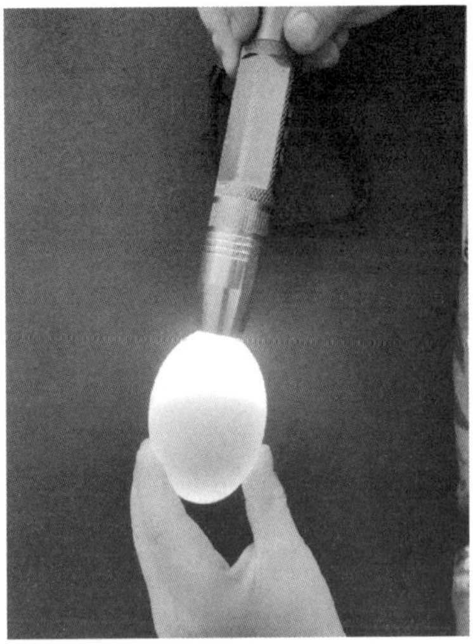

图 1－61

5. 保存鸭蛋——永远的第一个蛋

在区域活动中，有孩子发现鸭蛋蛋黄在蛋壳里面会移动，而新鲜的鸭蛋蛋黄是不会移动的。为什么蛋黄会移动？怎么保存鸭蛋呢？为了满足孩子的好奇心，我分别打开蛋黄会动和蛋黄固定的两个蛋，孩子们仔细观察后发现，会动的蛋黄是散掉的，蛋清像水一样流动，而不动的蛋黄是完整的，蛋清像胶水一样聚集在一起。虽然这个蛋从表面上看是没有问题的，但其实蛋壳里面的蛋黄和蛋清已经悄悄地变质发臭了。

随后，我抛出问题：该如何保存有纪念意义的鸭蛋呢？孩子们没有想法，都不说话。这时，我展示了博物馆里面的标本给孩子们观看。在了解了标本制作的过程和用途后，孩子们认为标本是保存蛋的一个好方法，于是我们一起通过网络查询制作方法，并且一起制作蛋标本。第一步，清洗蛋；第二步，在蛋上敲开一个小洞；第三步，将蛋清和蛋黄甩出；第四步，冲洗蛋壳内部；第五步，用纸巾擦干蛋壳。因为鸭子的蛋已经放置了一段时间，蛋里面的蛋黄和蛋清已经散掉，所以出乎意料地好甩出，即使是小班孩子也可以将它们快速甩出。最后等蛋壳里面的水干了之后，孩子们使用胶带将蛋壳上面的洞贴住，蛋标本就大功告成了。

孩子们通过观察比较，根据蛋黄的移动判断鸭蛋是否新鲜，这不仅丰富了孩子们的科学经验，更丰富了孩子们的生活经验。为了保存鸭蛋，孩子们接触了标本，并简单制作完成鸭蛋标本。

图 1－62

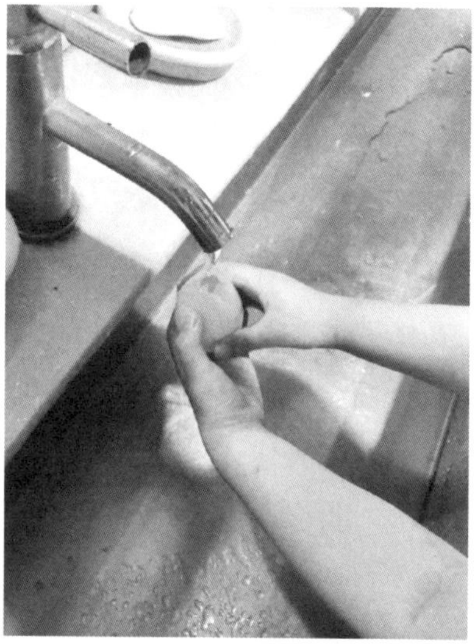

图 1－63

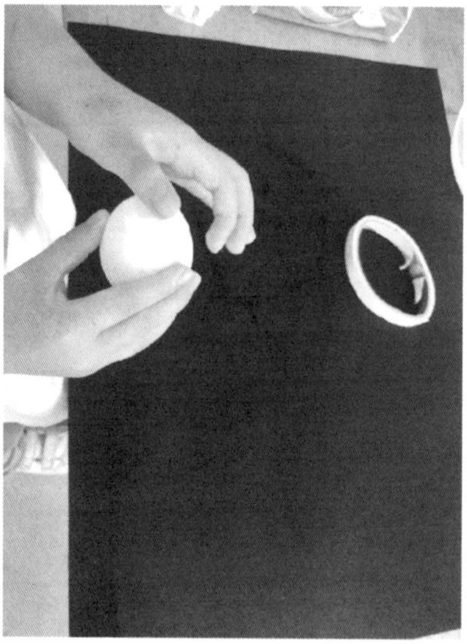

图 1－64

图 1－65

第五次课程审议

1. 数据的采集与分析,帮助幼儿掌握科学的探究方法

在以往的科学探究中,幼儿所遵循的探究过程一般是先猜测,然后计划行动,最后验证结果。在猜测时,通常是借鉴自己已有经验,或者就是主观臆测。在本阶段的活动中,特别是活动“鸭蛋地图”,幼儿接触了不一样的科学探究。幼儿知道地图的作用之后,能够认识并使用抽象标识制作小花园的地图,包括鸭舍周围的小池塘、花丛、栅栏等显著的事物。幼儿利用简笔画、剪贴的方式将小鸭子生活的小花园制作成小班幼儿自己能够辨认的、比较清晰的地图。当幼儿熟悉了地图之后,他们开始每天坚持找蛋,通过长时间地找蛋、在地图上标记出找到蛋的地方,汇总和分析哪里找到的鸭蛋多,哪里找到的鸭蛋少。标记的鸭蛋个数就是不断积累的大数据,大数据的采集和分析,成了幼儿猜测下一次鸭子在哪下蛋的依据。

现在是大数据的时代,“鸭蛋地图”是大数据的缩影。幼儿在科学活动中尊重事实,用数据说话,做有依据的猜测,逐步掌握了更加科学的探究方法。

2. 相关领域的有效融合,使课程发挥最大的教育价值

在“你好,小鸭子”的主题活动中,每一次的活动并没有局限在某一领域,即不仅仅是一次美术活动、科学活动或者健康活动,每次活动都以解决实际问题为目标,绘画、科学探究、语言表述等都成了工具或者手段。本阶段的“保存鸭蛋——永远的第一个蛋”活动中,幼儿为了解决如何保存第一个鸭蛋的问题,查阅资料寻找保存鸭蛋的办法。幼儿动手制作的过程,既是一次科学活动,又是一次手工活动,在锻炼了幼儿动手能力的同时,也增加了幼儿有关标本方面的经验。

“授之以鱼,不如授之以渔。”活动中,为了解决实际问题,要打破各领域之间的界限,促进各领域的融合。在真实的问题情境中,为幼儿提供有效的行动策略,例如做标记、查阅资料等,从而提高幼儿解决问题的能力。

三、主题总结

（一）活动脉络图对比

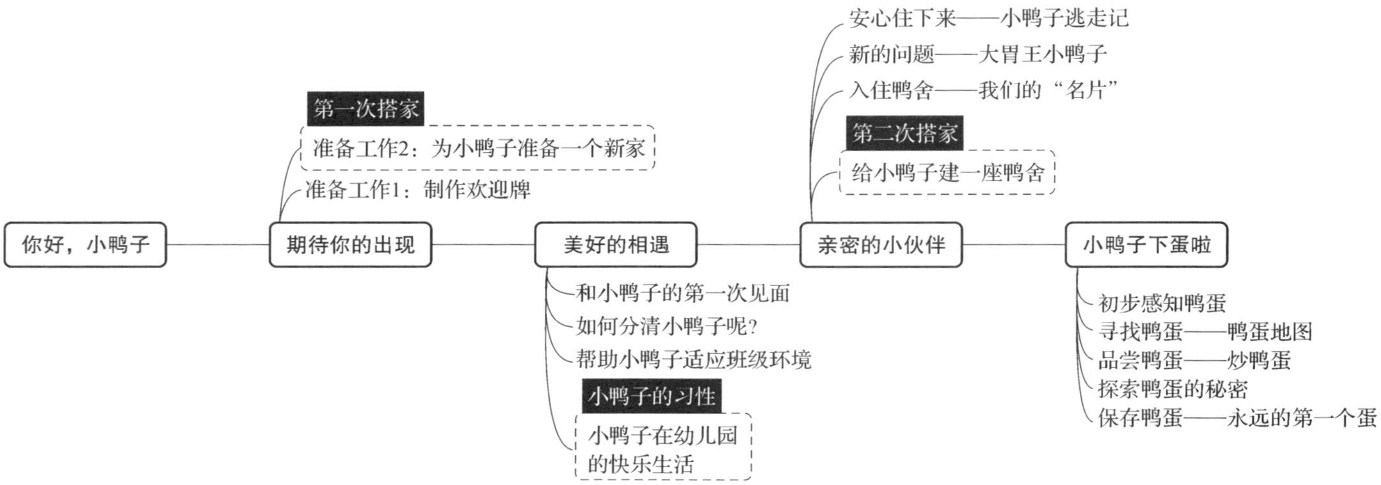

“你好，小鸭子”的活动脉络图由预研究时的网状图变成活动结束后的线状图，从中可以看出教师追随幼儿的兴趣，不断调整主题内容，最后由师幼共同生成主题活动脉络图。主题活动脉络图以时间为线索，以幼儿的兴趣走向及小鸭子的生长为依据。

第一，活动内容的改变。主要是活动内容的增加，对比预设的活动，在具体实施过程中增加了很多由突发事件引发的活动，例如“迷路的小黑鸭”“星期一的新发现”等活动。这些事件教师是无法预设的，但其中又蕴含着丰富的教育价值，所以教师敏锐地抓住教育契机，引导幼儿开展自我保护、关心他人等方面的活动。当然，也对有些活动内容进行了删减。例如活动初期，教师预设幼儿会对小鸭子的“生存条件”进行探究，但是在实际的情况中，幼儿对此并不感兴趣，所以教师便把此部分内容删除了。

第二，主题活动的层次更清晰。活动的实施依据幼儿已有经验，循序渐进，内容更加丰富，更加贴近幼儿生活。例如，关于给小鸭子搭家方面的活动，幼儿在小鸭子生长的不同时期都搭了家。活动初期，幼儿为小鸭子准备了纸箱作为小鸭子的家，并且在纸箱里面加入很多自认为很有用的物品。等到小鸭子长大之后，纸箱无法再容纳小鸭子，幼儿又决定给小鸭子准备鸭舍。在准备鸭舍的过程中，通过多次建构鸭舍模型及听取小逸爷爷的专业示范讲解，幼儿丰富了建构经验，为打造真正的鸭舍做好准备，最终，幼儿、教师和家长一起为小鸭子建造了鸭舍。

第三，活动重心的转移。活动初期，教师预设的活动重点是幼儿如何照顾小鸭子和了解小鸭子的生活习性。但在实际开展活动的过程中，教师挖掘了小鸭子习性中的优点，更加注重对小班幼儿进行生活教育，在“运动——小鸭子游泳记”“卫生习惯——小鸭子爱清洁”“喝——大便怎么干干的?”等活动中，教师引导幼儿通过迁移经验，知道要多运动、讲卫生、多喝水等，帮助幼儿建立良好的生活习惯。通过饲养活动，幼儿不仅加强了对鸭子的认知，还加强了养成良好生活习惯的意识。当然教师更注重后者的培养，这也是主题活动最大的教育意义。

(二)儿童经验分析

首先,随着主题活动的开展,幼儿的经验不断丰富与完善,如表达方式的不断丰富:小鸭子还未来到班级时,在活动“制作欢迎牌”中,我们可以看出幼儿的表达方式停留在简单的绘画和语言上;到了第二阶段,在活动“运动——小鸭子游泳记”“卫生习惯——小鸭子爱清洁”中,幼儿开始通过动作模仿与创编进行表达;进入第三阶段,活动“入住鸭舍——我们的‘名片’”“安心住下来——小鸭子逃走记”中,幼儿不仅在绘画能力上得到了提高,而且学会了通过照片、文字等形式进行表达;在第四阶段活动“初步感知鸭蛋”“寻找鸭蛋——鸭蛋地图”中,通过对蛋的观察记录,幼儿又学会了使用数字、临摹等方式表达自己的发现。幼儿在不断的探索中,逐渐发现问题、解决问题,即使失败,幼儿也学会寻找原因,再次想办法解决问题,在不断地感知和操作中,丰富自己的经验。

其次,幼儿的生活习惯和学习品质在与小鸭子共同成长的过程中养成并不断优化。“生活即教育”意味着幼儿自身的习惯和能力都将随着活动体验而养成和提高。小鸭子成长时,幼儿也在成长,如果说幼儿原有的生活习惯和学习品质与教师和家长的引导有着密切的关联,那么小鸭子就像一面镜子,映照出幼儿自身的状态,幼儿的行为模式、学习特征、人际交往、情绪情感等均潜移默化地发生了变化,得到了不同程度的发展。

最后,幼儿对社会生活与生命的关注度得到了提高。大自然、大社会是活教材,从生活中感知,从自然中学习,这是幼儿在此次活动中重要且本真的收获。儿童是自然之子,保留着与自然万物对话交流的天性与能力,幼儿对小鸭子的怜爱、关照,体现了他们对广袤世界的探索欲望,这将促使幼儿保持浓厚的兴趣去发现生活中更多的事物、现象和生命。

(三)教师的感悟

1. 活动的推进促进幼儿经验的不断丰富和发展

在活动前期,教师了解到幼儿对小鸭子的已有经验是比较单一的,且大部分来源于动画片、鸭子玩具或者书籍，这些经验浮于表面，仅仅局限在小鸭子的外形和声音上。在活动实施中，幼儿与小鸭子朝夕相处，感情也越来越深厚，对于小鸭子的习性，例如饮食习惯、成长变化等各方面都更加熟悉。更重要的是幼儿逐渐建立起了自信心和责任心。与此同时，我们也看到了幼儿更多良好的学习品质，例如，与同伴合作，对盖房子坚持不懈，对鸭子变化的敏锐洞察力，等。

2. 材料的生活化帮助幼儿获得真实的成长感受

陶行知先生在生活教育理论中提出“生活即教育”，生活是教育的源泉，教育与之俱来，生活就是教育。张雪门先生在行为课程理论中也同样提出，课程要根据生活设计，要在生活中取材并行动。我们认为，应多关注幼儿的生活，发现他们感兴趣的、能够理解的并有深入探究价值的素材，使幼儿直接感知、主动行动，进而发现问题、设计方案、积极思考、解决问题。在本主题活动中，小鸭子走丢了、小鸭子口渴了、不挑食的小鸭子、小鸭子爱清洁等事件都是发生在生活中的小事，却都是幼儿心中的大事，也是教师眼里绝佳的教育契机。

3. 实施的开放性是助力幼儿创造性探索的养分

在活动中，教师的指导是隐性的、适宜的，出现在幼儿的兴趣中、产生问题后以及幼儿需要帮助的时候。教师深知自己有力量让幼儿快速了解小鸭子的特点，完成鸭舍的建造，完成各种照料工作，但这不能成为幼儿自己的经验。教师对幼儿探究愿望的支持、对活动过程中幼儿解决各种问题的支持，都建立在幼儿的经验基础和现实需要之上，以幼为本、允许幼儿失败，最终让幼儿获得了丰富的探究过程性体验，并收获了多元化的探索成果。

德育在教育中占有重要的作用，之前来园授课的成尚荣先生说过：“可以说德育是教育的核心，国无德不兴，人无德不立。教学不仅仅是知识的传递，更应该蕴含教育性。”我们的活动，以小鸭子为基点，引导幼儿逐渐养成良好的生活习惯，树立集体规则意识，让教育目标渗透在活动中，并实现最终的教育目的。

我们的主题活动就是“小鸭子”在小池塘里面激起的水花，这些水花有大有小，接踵而至。小鸭子在成长，幼儿也在悄悄成长。

好玩的球

李春程　宋　烨

一、主题畅想

（一）活动缘起

每天早晨的户外锻炼活动中，小班幼儿最喜欢的活动就是玩球，滚球、踢球、扔球、抱着球跑……他们对圆圆的皮球产生了浓厚的兴趣。

“你的皮球真好看，是粉色的。”

“这是我妈妈买的，我家里还有一个皮球，是蓝色的，是爸爸给我买的，爸爸说，男子汉应该用蓝色的球。”

“我的皮球小小的，妈妈说，我的手太小了，应该用小球。”

“不对，我爸爸告诉我，球越大，跳得越高！”

“我的皮球轻轻一拍，就能跳起来，你们看……”

“我的皮球有花纹，像西瓜一样，我就叫它西瓜球。”

“我的皮球特别硬，我可以把它当小板凳坐。”

虽然是小班幼儿，但是他们关于球的话题还真不少呢！兴趣是最好的老师，既然幼儿对玩球感兴趣，为何不将幼儿感兴趣的话题继续深入探索呢？我们决定追随幼儿的兴趣，以球的特征、玩法为切入点，和幼儿一起探索球的世界，深度挖掘球的教育价值，以球促进幼儿的体能发展，提高幼儿的玩球技能，丰富幼儿的游戏经验。于是，主题活动“好玩的球”由此产生了。

（二）活动可能的发展脉络图

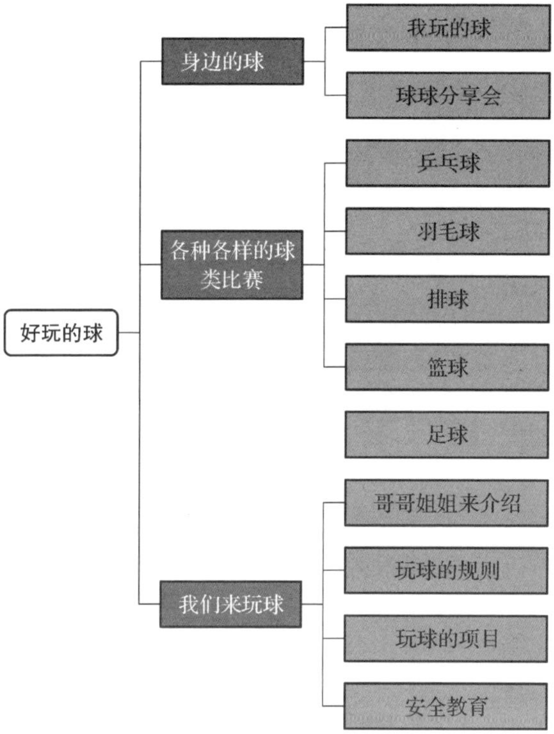

（三）幼儿可能获得的经验图

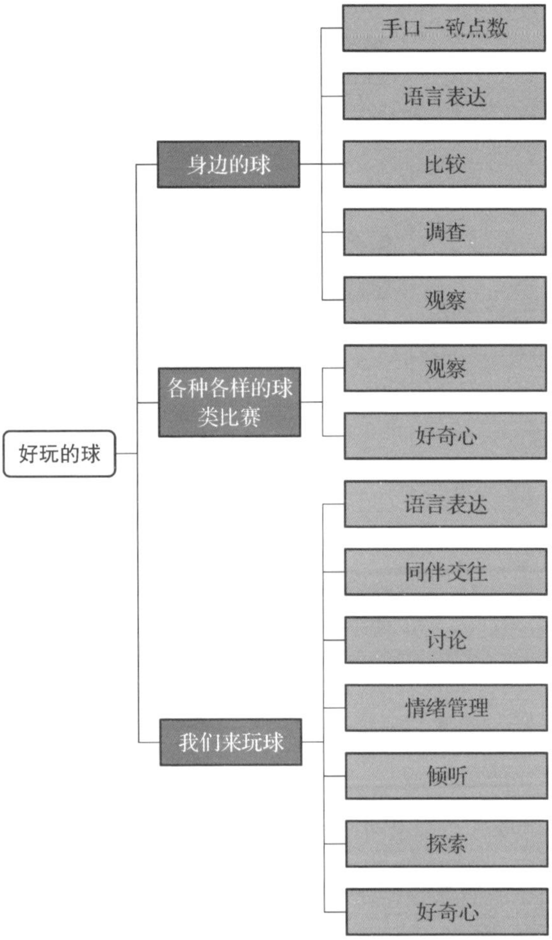

（四）主题可能涉及的资源图

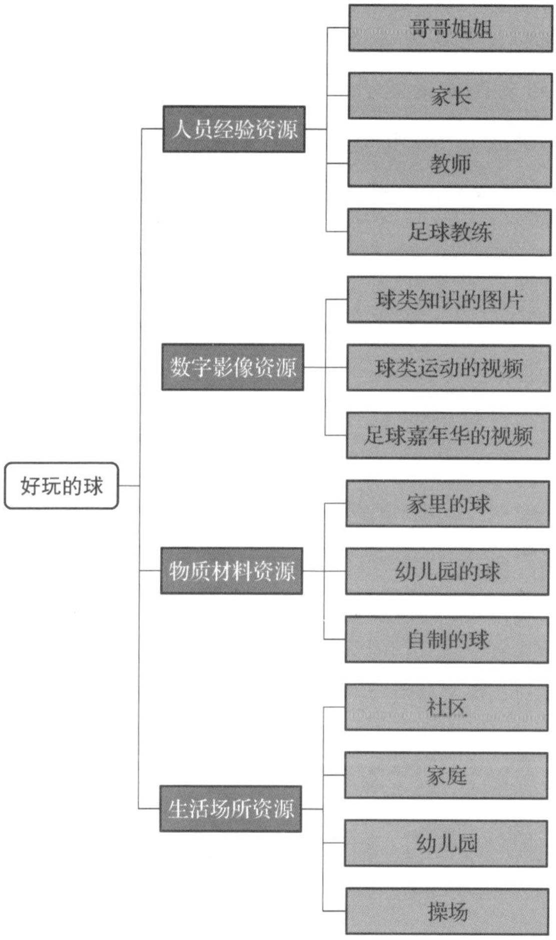

专家点评

“好玩的球”这个主题很符合小班幼儿的年龄特点。作为幼儿生活中常见的玩具,球深受幼儿的喜爱。“我身边有哪些球?”“球可以怎么玩?”“玩球能够发展幼儿哪些方面的能力?”“玩球可以丰富幼儿哪些方面的经验?”老师的预研究围绕着这几个问题展开。在主题活动开展的过程中,教师需要在幼儿“玩球”的活动中,支持幼儿大胆探索球的各种玩法,帮助幼儿建构有意义的经验,同时发挥支持者、引导者的作用,促进幼儿多方面能力的提高。

二、主题开展

我会拍球

(一) 身边的球

1. 我玩的球

户外体育锻炼时，有几名幼儿在玩球。

希希双手抱着球高高举起后松手，球落在地上又弹了起来，她张开双臂一把抱住弹起来的球说:“抱住啦，抱住啦!”

大双一边拍球一边说:“你们看，我会拍球。”

小双:“可是我拍不起来。”

大双:“我来教你，像我这样拍球。”说完她双脚分开站好，弯腰做示范。

辛辛:“我早就会啦，我能拍好多下呢。”说完她一边拍球一边数数:“1、2、3、4、5、6、7……”

果果打断辛辛说:“你数得不对，数得太快了。”

教师:“是的，要拍一下球数一下。辛辛你再试一试，果果你可以和她一起数哦。”

教师:“除了这些玩法，皮球还可以怎样玩呢?”

丽丽:“我和阿紫能坐在地上滚球。”

妞妞:“还可以踢球，看我踢得多远。”

语心:“我哥哥也会踢球，还要把球踢进球门里。”

小双:“还可以玩投球。爸爸给我买了一个篮球筐，我能把球投进篮球筐里。”

我们拿来可移动的足球门和篮球架，告诉小朋友们:“幼儿园里也有球门和篮球筐，除了拍球，你们也可以试着往球门里踢球或者向篮球筐里投球。”

图 2-1

图 2-2

2. 球球分享会

孩子们将收集到的各种球和做好记录的调查表带回班级，球球分享会就开始了，孩子们争先恐后地介绍自己带来的球。

心心："这是我家里的羽毛球和羽毛球拍，我爸爸特别喜欢打羽毛球。"

文文："我家的乒乓球也是需要用球拍打的。"

佳佳："这是我的皮球，它很漂亮，是爷爷送给我的，可以用手拍，也可以用脚踢。"

阿哲："这是我哥哥的足球，哥哥说足球只能用脚踢，不可以用手碰，守门员才可以用手碰球。"

咚咚："这是我的高尔夫球，需要用这个球杆把球打进洞里。一开始我总是打不进去，后来我经常练习就可以打进去了。"

曦曦听了，羡慕地拉着咚咚问："我可以玩一玩你的高尔夫球吗？"

咚咚点点头说："可以呀，咱们一起玩吧！"

教师："今天户外锻炼活动的时候，大家可以把自己带来的球拿到操场上玩一玩，也可以和同伴交换着玩一玩。"

球球分享会上，我们鼓励孩子们大胆介绍自己记录的调查表和带来的球。通过交流，他们对一些常见的球及其基本玩法有了初步的了解，他们的认知得到了拓展，生活经验也得到了丰富。我们还为孩子们提供了"球球玩法记录表”,他们可以用自己的方式进行记录。我们将记录表放在区域中，孩子们可以一边玩一边记录,从而不断积累新的经验。

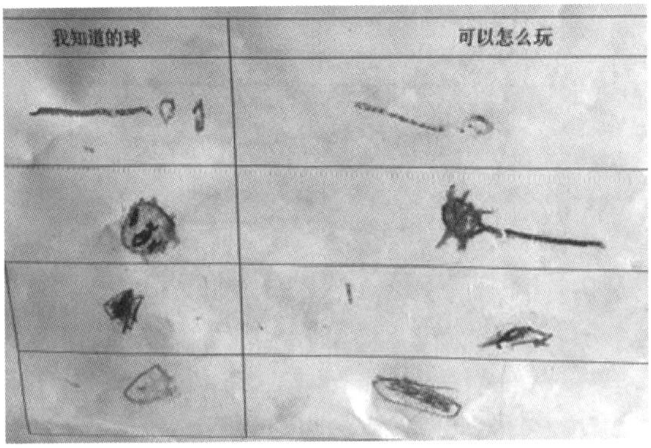

图 2-3

图 2-4

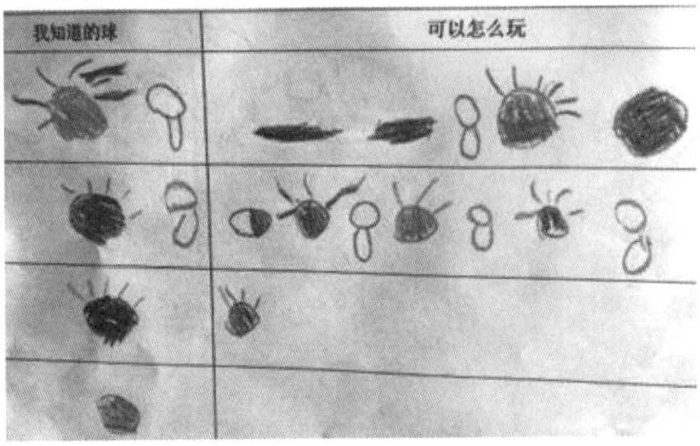

图 2-5

图 2-6

我们在活动室门口的宣传栏张贴了“家长动员”书,将孩子们即将进行的球的主题活动告知家长,鼓励家长帮助孩子收集各种各样的球,也希望家长大力支持主题活动的开展,积极参与以后的活动,并为活动提供多样的帮助。

图 2-7

随着活动的开展不断深入,孩子们从家里带来的球的种类越来越多,班级的区域游戏也变得越来越丰富:球球分类、按图片找球、桌上足球、小球迷宫等。新颖的活动调动了孩子们参与的热情，他们玩得不亦乐乎。在每个游戏的旁边，我们还投放了适合他们记录的表格，方便他们及时记录自己的游戏成果。

图 2-8

图 2-9

图 2-10

图 2-11

我们在美工区提供了纸和笔，鼓励他们用涂鸦的方式记录自己在玩球过程中发生的趣事或者是遇到的困难，帮助他们及时巩固在探究活动中获得的认知，促使他们有意识地观察与思考，形成新的经验。同时，我们也能够根据孩子们的记录，及时了解他们的活动状态，关注他们新的兴趣点。

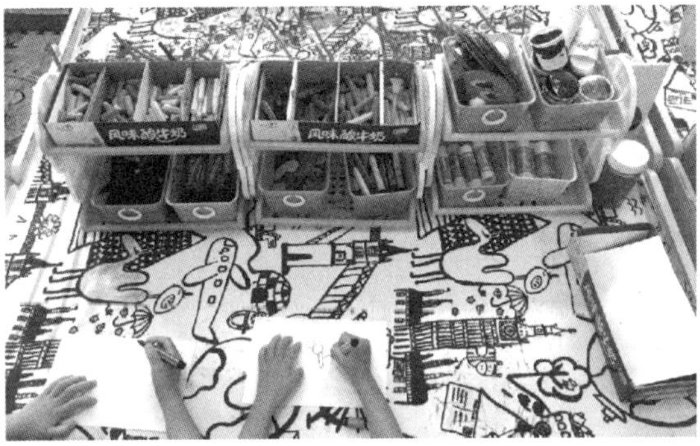

图 2－12

图 2－13

教师的思考

记录是幼儿通过实验、观察、探索等，把自己的所见、所闻、所想、所得用符合其年龄特征的方式、独特的语言和丰富的想象记录下来。虽然小班幼儿年龄小，但是也有做记录的可能性和必要性，我们为幼儿提供了记录、表达的机会，选择适合小班幼儿年龄特点的记录方式引导他们进行记录，以降低记录的难度。如双人桌面足球活动，幼儿用贴点子的方式记录进球的数量，他们可以通过点子的数量和同伴比较多少；球球找家活动中，幼儿自己设计分类标记并对球进行分类；在球球玩法调查表和球球故事等活动中，幼儿用涂鸦的方式随时记录自己的发现和想法。

3. 把球送回家

图 2－14

孩子们玩球的兴趣日益高涨，他们陆陆续续地把球带到班上，不太宽阔的班级门口已经堆放不下那么多球了，大大小小、滚来滚去的球已经影响了孩子们的正常活动。如何摆放这些球成为孩子们新的困扰：球应该放在哪里？应该怎么摆放？一系列的问题摆在面前，孩子们能不能自己想到解决的办法呢？

曦曦跑来向我们抱怨："我刚刚被门口的球绊倒了，可疼了。"

教师："是的，门口的球太多了，总是跑来跑去，你有什么好办法吗？"

曦曦说："把它们放在我们的抽屉里吧。"

旁边的池池马上反对："不行，我的篮球很大，抽屉放不下。"

果果也接着说："放在抽屉里也不方便拿出来玩啊。"

其他孩子也七嘴八舌地讨论起来，我们和孩子们一起在班级里寻找适合放球的地方。看了一大圈，大家最后决定把球放在窗台下的柜子上面，这样既不会影响孩子们在活动室里活动，也方便户外活动的时候取用。于是，孩子们将自己带来的球沿着柜子摆放好。可是，球还没全部摆好，新的问题又出现了：球在柜子上也会滚来滚去，常常掉在地上，而且每次摆放都要花很长时间，该怎么办呢？

图 2－15

图 2－16

池池说："我们要想个办法把球固定住，让它不要跑。"池池的话引起了大家的共鸣，可是怎样才能把球固定在柜子上呢？孩子们又开始讨论将球固定在柜子上的办法。妞妞自告奋勇地说："我可以用透明胶带把球粘贴在柜子上，这样它就不会跑来跑去了。”说干就干，妞妞从美工区找来透明胶带，把球粘贴在了柜子上。

球是被粘贴在了柜子上，可是这样一来，孩子们取放球又不方便了，阿紫马上提出异议：“不行不行，球粘贴住了就拿不下来了。”阿哲想了想，说：“我们家的玩具都是放在整理架上的，收起来很方便。”池池也有了好主意：“把球装进大袋子里，这样它们就不会到处滚了。”阿哲和池池的想法可行吗？大家决定试一试。我们从幼儿园的资源室找来了一个带筐的整理架和一个大袋子，孩子们把球一个一个放了进去，这下球都放进去了，不会再滚来滚去了，孩子们都很高兴，非常有成就感。

第二天户外活动的时候，文文在装球的大袋子里找保龄球，她翻了半天也没有找到，于是跑来向我求助，我把大袋子里的球全都拿出来，才在最下面找到了保龄球。活动后的谈话环节中，文文把找球的苦恼告诉了大家，请大家一起讨论解决办法。大家一致认为：太多的球混在一起找起来很麻烦，可以用分类的方法把同种类的球放在一起，这样取用才会方便快捷。

就这样，孩子们把所有户外活动时要玩的球摆在活动室地板上开始分类。他们按照球的大小和玩法把球分成了五大类：大球、小球、抛接球、保龄球、羽毛球。

在我们的帮助下，孩子们将球分类摆放并贴上了相应的标志图片，这下，球球都有了属于自己的家，它们各就各位，大家玩球的时候取放也方便多了。

图 2-17

教师的思考

班级里的球越来越多，常常滚来滚去，影响了幼儿的进出，这是他们自己发现的问题。该怎样解决这个问题？我们鼓励他们自己想办法，在班级里寻找合适的摆放球的地方。在确定放球的地方后，幼儿又发现了球会滚动、无法固定的新问题，于是他们又尝试用多种方法解决问题，最终寻找到新的装球器材。可是球的无序摆放又造成了取放的困难，幼儿通过观察、比较将球分类摆放，就这样，球从开始的杂乱无序到后来的井井有条，幼儿亲历了整理球的全过程，也在探究中获得了针对球的最适宜的整理方法。他们通过反复的讨论、尝试，掌握了科学合理地收拾整理物品的方法，也切实感受到收拾整理物品的重要性。

第一次课程审议

在小班培养幼儿良好的生活习惯和学习习惯尤为重要，《3—6岁儿童学习与发展指南》里小班幼儿健康领域中提出："培养小班幼儿将一些玩具物品放回相应的标记处的生活习惯和生活能力。"在前期系列活动中可以看出，教师在努力引导幼儿自己发现问题，并围绕这些问题进行讨论，如"球应该放在哪里?""球不能固定怎么办?""球无序摆放找不到怎么办?"等，幼儿想出各种方法后，教师鼓励幼儿大胆尝试并提供相应支持，让幼儿在不断试错中寻找新的方法解决问题。只有幼儿真正需要的才能被幼儿理解、吸收、内化为自己的一种行为，从而自然而然地变成幼儿自身的一种习惯。通过这些活动，幼儿意识到整理物品的重要性，也愿意主动整理物品，并初步学习了一些整理物品的基本方法，如归纳、分类。这一切都是为了能让幼儿养成良好的整理物品的习惯，这既是生活习惯也是学习习惯，为幼儿今后的学习和生活打下良好的基础。

(二) 我们来做球

好玩的报纸球

1. 报纸球

(1) 报纸球的诞生

有一天，池池在美工区无意中将一张大报纸揉搓成团，她高兴地对曦曦说："你看，这是我做的球。"曦曦羡慕地问："这是你做的吗?"池池骄傲地向曦曦介绍："对啊，你看，就这样把报纸揉成团，很简单的。"她一边说一边又拿了一张报纸给曦曦演示起来。曦曦按照池池的方法很快也将报纸揉成了一个球。她们把两个报纸球不停地在手里揉搓，相视而笑。渐渐地，在美工区玩的孩子都被他们的报纸球吸引过来了。曦曦在手里抛接着自己做的报纸球，兴奋地说："看，这个报纸球可以往上扔着玩。"阿哲问："你的报纸球可以踢吗？"池池一边回答"当然可以啦"，一边快速地在地板上演示起来。我也加入了孩子们的讨论："哇，这个报纸球看起来真有趣，还能有好多种玩法呢！"其他孩子都兴奋起来，他们也学着池池和曦曦的方法，用报纸搓好了属于自己的报纸球，并带着报纸球去操场踢了。

图 2 - 18

图 2 - 19

教师的思考

在美工区的活动中，池池偶然发现可以将报纸揉搓成小球，这是一个自发性活动，是幼儿新的兴趣点，但就是这个偶发事件推动了后面活动的开展，个人行为转化为了集体行为。池池为自己自创的报纸球感到自豪，她主动向同伴介绍做法，把自己的制作经验分享给大家。我们从幼儿的交谈中捕捉到他们对"自制球"和"玩自制的球"的兴趣，从而开展了"报纸球的诞生""能踢的报纸球"等活动。

在活动中，我们充分尊重幼儿的主导权，并坚持让幼儿在积极探索中发现问题、解决问题。我们为幼儿提供了大量报纸，报纸球制作起来很方便，通过揉搓、按压就可以做出一个报纸球，很适合小班幼儿。可是幼儿不满足于单纯的制作，他们还想玩一玩自己做的报纸球。于是问题来了："做好的报纸球能踢吗？"对于这个问题，我们没有给出答案，而是建议他们到户外去踢一踢、试一试，自己寻找答案，同时也满足自己的好奇心。

（2）能踢的报纸球

孩子们带着自制的报纸球来到草地上，尝试踢一踢报纸球。

婷婷说："我会踢，看我的。"说完她把地上的报纸球用力一踢，报纸球一下就被踢出去很远。文文也拿着自己的报纸球边踢边说："我也会，我还能把报纸球踢进球门里呢。"其他孩子都拿着自己的报纸球踢了起来。大家纷纷表示：报纸球可以踢来踢去，太有意思了。

图 2－20

可是踢了一会儿，报纸球就散开了，孩子们也顿时失去了玩报纸球的兴趣，他们三三两两地在草地上玩起了其他游戏。我走过去捡起地上的报纸球问："这个报纸球怎么啦？你们怎么不踢了？"朵朵说："报纸球被踢坏了。"果果说："一定是我们太用力了，把报纸球踢散了。"文文说："报纸球是被阳阳踩坏的。"看着散在地上的报纸球，很多孩子脸上都露出了失望的表情。

我对孩子们说："别着急，我们一起想想办法，怎么样可以将这个报纸球变得更加结实而不会散呢？"这个问题一出，立即引发了他们新一轮的讨论。文文想了想，说："可以把报纸球用透明胶带粘贴起来，这样报纸球就不会散了。"我说："这是一个好办法，那能不能成功呢？咱们回去试一试吧。"

大家带着散开的报纸球回到活动室。文文找来了透明胶带，她把透明胶带随意地缠在报纸球上，缠了几圈后又用剪刀把透明胶带剪断。她把用透明胶带缠过的报纸球拿给大家看，并在全班孩子面前示范踢报纸球，被透明胶带缠过的报纸球滚来滚去，真的没有再散开了。

图 2－21

图 2－22

“这个方法真不错。”我接着问：“想想看，除了用透明胶带缠好，还有哪些材料可以加固报纸球呢？”孩子们在活动室到处寻找，一会儿工夫，孩子们找到了透明胶带、胶水、剪刀、黏土、绳子等各种材料。“这些材料可以吗？你们可以自己试一试。”我鼓励幼儿大胆进行尝试。

佳佳说：“我可以用胶水把报纸球加固。”她在报纸球上挤了一大坨胶水，结果发现报纸球周围沾满了胶水，不仅沾到了手上，还沾到了桌上。在拉扯的过程中也把报纸球扯坏了。

天天说：“都怪你，是你把报纸球弄烂的。”

佳佳急哭了，大家纷纷给佳佳出谋划策。小双说：“胶水不要挤这么多，只要一点就可以了。”阿紫说：“外面再包一层报纸就不会黏了。”佳佳接受了小双的建议，她小心翼翼地把胶水挤在报纸球的空隙中，轻轻捏紧，这次，没有弄得到处都是胶水了。

咚咚说：“我见过我妈妈用订书机可以把纸钉起来，我们也可以用订书机来试一试。”可是该怎么使用订书机呢？咚咚寻求我的帮助，我帮她用订书机把报纸球的周围都钉起来。钉的时候孩子们发现，在订书机按压的过程中报纸球被压变形了，大家都认为这并不是个好办法，于是放弃了订书机。

图 2-23

妞妞找来一根长长的毛线，说："我会用绳子绕，奶奶教过我绕毛线。"说完，她把毛线一圈圈地绕在报纸球上。"像个毛毛虫。"她开心地说。

桐桐和辛辛又想出了用黏土加固报纸球的方法。她们把用黏土固定好的报纸球拿给大家欣赏，还介绍了制作的方法。桐桐说："我把黏土一点一点压在报纸球上，黏土就像彩色的小圆点。"辛辛说："我把黏土一条一条地缠在报纸球上，这样就更坚固了。"孩子们都惊呼起来，纷纷赞扬桐桐和辛辛的做法让报纸球又好看又结实。我总结道："黏土有一定的黏性，可以像胶带一样把报纸球散开的地方连接起来，而且黏土有很多漂亮的颜色，可以装饰报纸球，黏土不仅能让报纸球得到加固，而且能给报纸球穿上漂亮的花衣裳。"

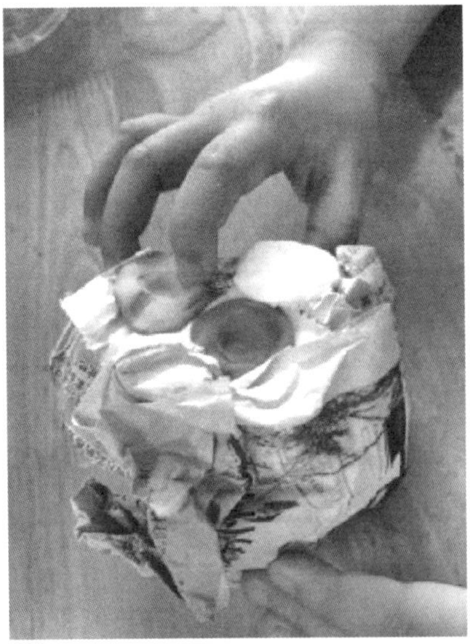

图 2-24

图 2-25

咚咚想出了用彩色即时贴缠绕的方法加固报纸球,还有的孩子综合了两种或两种以上的方法加固报纸球。孩子们积极探索,想出了越来越多的加固报纸球的方法。报纸球加固后,孩子们还把球放在地上踢了踢,进行了验证,检验自己的方法是不是真的让报纸球更坚固了。

图 2-26

图 2-27

教师的思考

揉搓在一起的报纸球踢了几次以后就散了,幼儿感到很失望,也对玩报纸球失去了兴趣。这个时候我们及时介入,鼓励他们不轻易放弃,想办法加固报纸球。我们的追问重新调动起他们的兴趣,这才有了后面幼儿的不断探索、尝试。可以看出,幼儿并不是为了自制报纸球而展开活动,也不是为了追求报纸球的美观,他们的出发点只有一个,那就是:有一个牢固的报纸球可以踢。

在实际操作中,他们遇到胶水粘满手、毛线捆不牢、订书机不会操作等困难,这些与小班幼儿小肌肉发展不完善、认知能力不足、生活经验缺乏的年龄特点是分不开的。我们不要代替他们解决问题,而要充分尊重他们的想法,适时提供丰富的材料,引导他们通过实践操作去验证自己想法的可行性和有效性。虽然他们解决问题的方式比较稚嫩,在解决问题的过程中还出现了更复杂的情况,但我们坚信,幼儿自己解决问题的过程,就是他们不断成长的过程。

2. 黏土球

（1）黏土也可以做球

在用黏土加固报纸球的过程中，琪琪用黄色黏土揉搓出一个圆圆的小球，她兴奋地向小朋友们展示自己制作的小球，还让小球在桌上滚来滚去。在游戏活动结束时，我请琪琪把自己的作品展示给全班小朋友看，孩子们都很感兴趣，纷纷表示自己也想尝试制作黏土球。

孩子们之前就有用黏土揉搓成小球的经验，所以他们很快就能揉搓出许多大小不一的黏土球。萱萱发现刚做好的黏土球很容易粘在一起，就提出要把揉搓好的黏土球分开摆放，于是大家决定在美工区专门布置出一张展示台，用来摆放揉搓好的黏土球。

图 2－28

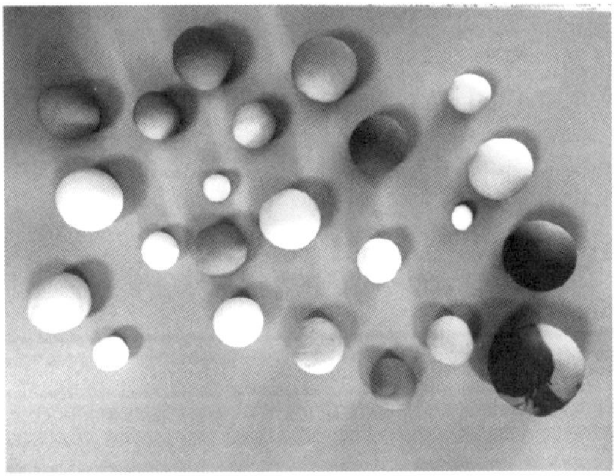

图 2－29

（2）混色黏土球的诞生

美工区的展示台上，小球很快就摆满了。阿哲把已经干了的黏土球收集起来，放在小盒子里。他发现有几个颜色鲜艳的黏土球粘在一起，已经分不开了，他嘀咕着："这几个已经坏了，我还是重新做吧。"然后他把这几个黏土球放在一起，在手心里反复压扁、揉搓，黏土球做好了，但没想到最后竟然变成了一个灰色的黏土球。这

图 2－30

种颜色的黏土球之前从来没有出现过，佳佳和霄霄看到了，感觉很新奇，都来询问阿哲是怎么做到的，阿哲在其他孩子面前，仔细介绍了自己的制作过程，并把作品摆在展示台最显眼的位置上。他骄傲地说："我这个黏土球就叫无敌混色黏土球！"

（3）独一无二的黏土球

大家都觉得阿哲揉搓混色黏土球的方法很新颖，做出了一个独一无二的黏土球，他们也想做一个属于自己的不一样的黏土球，再给自己的黏土球起个炫酷的名字。孩子们对制作混色黏土球产生了浓厚的兴趣，他们积极开动脑筋，用自己独创的制作方法做出了一个个色彩缤纷的黏土球。

小林使用的方法是先搓一个单色黏土球，然后再用其他颜色的黏土在小球上进行装饰。

阿宝的方法是选择不同颜色的黏土混揉在一起，然后把它们一起揉搓成小球。

妮妮借鉴之前学过的制作彩色棒棒糖的技能，把三种不同颜色的黏土搓成条状，放在一起卷一卷，最后再揉搓成小球。

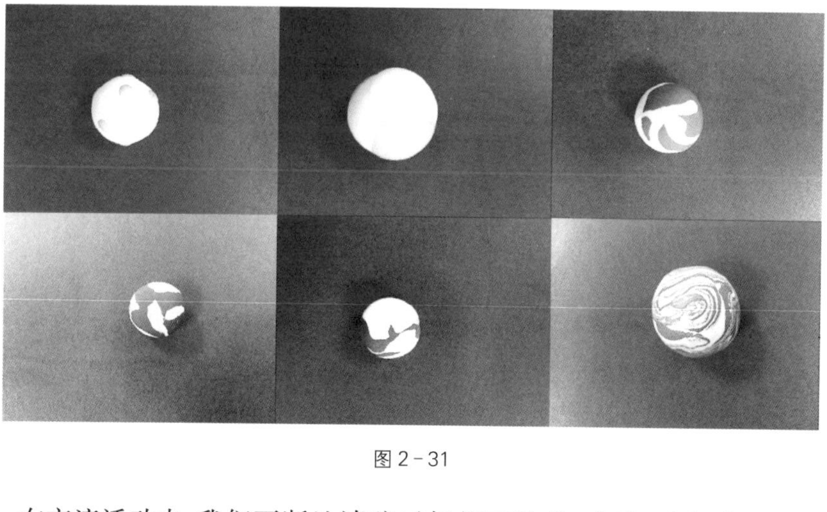

图 2－31

在交流活动中，我们不断地请孩子们相互欣赏，交流、介绍自己的制作方法，孩子们在主动探究的过程中掌握制作的技能，发现颜色的变化，不断积累经验。

我们把妮妮的制作方法进行难度提升，三色黏土卷成棒棒糖状后，再加上拉长和折叠的技法，重复几次后，就能做出色彩和层次更加丰富的炫彩球。

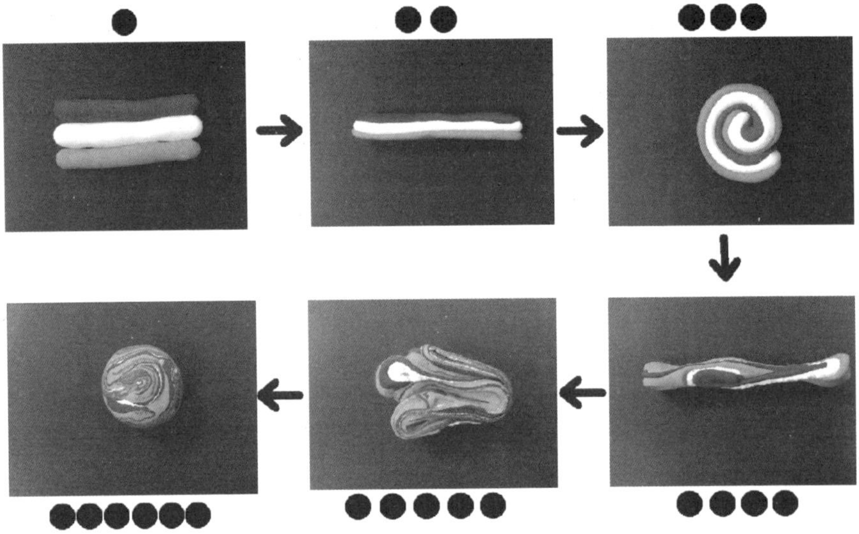

图 2-32

在制作黏土球的过程中，孩子们可以借鉴他人的制作方法，也可以在已有经验的基础上，独创出不同的制作方法。没有完全一样的黏土球，每个孩子的作品都是独一无二的。孩子们还给自己的黏土球起了好听的名字：乐乐的黏土球叫“红色点点球”；小林的黏土球叫“奥特曼机甲球”；萱萱的黏土球叫“无敌宝贝炫彩球”；池池说自己的球红红的像太阳，所以叫它“太阳球”……

制作好的黏土球越来越多，我们和孩子们一起把做好并晾干的黏土球放在筐子里，让孩子们自己取用。孩子们在玩黏土球的过程中，还创造了很多新的玩法：佳佳让黏土球在桌上滚来滚去；妮妮发现黏土球可以扔到地上弹起来；彤彤把黏土球放在“喂喂小动物”游戏的筐里，当成小动物的食物；小丽把不同大小的黏土球放在管道里，观察它们滑落的速度……孩子们和黏土球玩得不亦乐乎，小小的黏土球带给了他们别样的乐趣。

图 2 - 33

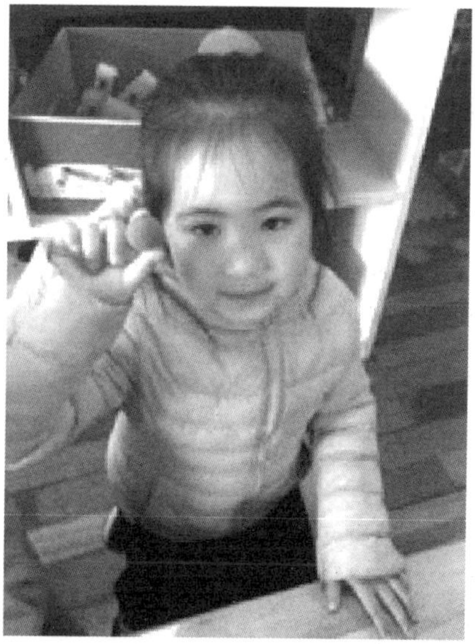

图 2 - 34

图 2 - 35

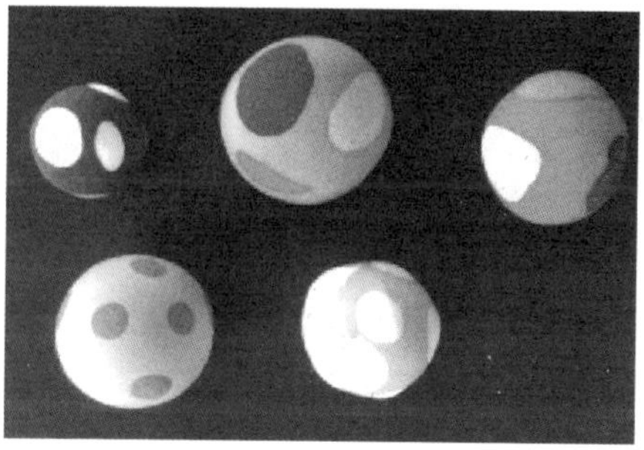

图 2 - 36

图 2 - 37

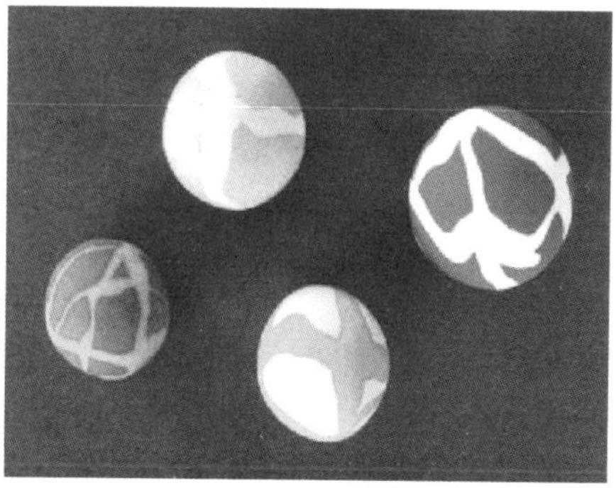

图 2 - 38

随着对自制球的兴趣越来越浓厚，孩子们尝试在美工活动中利用各种材料制作球，或者是装饰自己的球。他们在乒乓球上画上五官，做成可爱的小人；他们给保丽龙球贴上漂亮的点点贴纸，或者用水粉涂上漂亮的颜色；他们在自己带来的各种球上也进行了涂鸦创作。

图 2－39

图 2－40

图 2－41

教师的思考

制作黏土球的过程，就是幼儿进行艺术欣赏和艺术创作的过程。幼儿从创作单一颜色的球到制作颜色多样、花纹丰富的混色球，作品越来越具有艺术欣赏性。在这个过程中，他们初步了解了三原色原理、冷暖色对比等美术知识，感受到了色彩变化和色彩搭配的乐趣。兴趣和成就感是维持幼儿不断探索、尝试的动力，我们鼓励和支持他们积极探索制作黏土球的方法，并通过相互交流的方式，帮助他们不断模仿、借鉴同伴和老师的新方法，不断丰富自己的经验和提高自己的技能。幼儿制作的黏土球，每一件都是独一无二的艺术品。他们在创作过程中充分感受到艺术创作的魅力，并能够迁移审美经验，自由选取生活中的多样材料进行创作，尽情体验艺术创作带来的无穷乐趣。

第二次课程审议

小班幼儿玩的大都是成品玩具，这些玩具虽然鲜艳、美观、牢固，但由于功能单一、固定，一个玩具可能只有一种用途，容易限定幼儿游戏的情节和玩法。那小班幼儿能够自己创造玩具吗？答案是肯定的。通过亲手制作报纸球和黏土球，幼儿从中体验到自制球的乐趣，明白了不仅买来的球可以玩，自己做的球也很好玩，这打破了其固有的思维模式。幼儿自己动手制作报纸球和黏土球的整个过程，就是幼儿自发学习的探究过程。这种活动建立在幼儿主动探究的基础上，一切都源于幼儿的兴趣。学习兴趣的激发，有助于幼儿对学习产生积极的情绪体验，形成探究的习惯。

在 STEM 教育理念下开展的这一系列做球的探究活动，更加强调幼儿的参与、幼儿的表现。幼儿在加固报纸球的过程中，不断遇到新问题，他们先自主找出解决问题的关键点，再通过家长资源收集解决问题的信息，从而想到解决问题的方法，并最终解决了问题，验证了自己的想法。黏土球的制作过程，不是让幼儿被动接受教师传授的知识的过程，而是让幼儿以积极的心态，通过主动调动自己的已有经验，或借鉴成人及同伴的经验，对新问题进行积极探究和主动建构经验的过程。

（三）亲子球类运动会

1. 拍球 PK 榜

最近，很多孩子在户外活动时，会自发地进行拍球比赛，不少孩子的拍球水平得到了很大的提高。

朵朵：“我能拍 5 下了，以前我还拍不起来呢。”

奇奇：“我拍得比你多，我能拍 8 下了。”

我：“哇，你们都这么棒啦！你们可以把自己的进步记录下来哦。”

“好啊！”所有孩子都很兴奋。

我接着又问:"我们在哪里记录呢?"

语心:"可以自己准备一个小本子,每天把它画下来。"

大双:"我们可以用一张大纸,把所有人拍的都记在上面,这样可以比比谁拍得多。"

大家都很赞同大双的意见。于是,我根据孩子们的要求,为他们准备了一张大的拍球 PK 榜,表格里有时间和姓名两个记录栏,孩子们在姓名一栏贴上了自己的照片,并商定每周进行一次比赛。

我:"怎么比呢?"

辛辛说:"我们拍球的时候不能断,看谁拍得多!"

我:"那怎么记录呢?"

萌萌说:"美术区有圆点贴纸,可以贴。"

大家开始讨论比赛规则,最后商定:首先要记住自己在不间断的情况下拍球的数量,然后要在自己名字旁边的格子里贴上相应的点子。

比赛初期,孩子们拍球的数量都不多,贴点子的记录方法还是使用得比较顺利的,他们在记录时比较容易出现的错误就是:手口点数不一致,或者是计数出现偏差。每当出现这些问题时,我就会进行个别指导,帮助能力较弱的孩子学习手口一致地点数。

没过多久,我发现每次做记录时,孩子们都会去美工区抢圆点贴纸,从而出现争抢、拥挤的现象。该怎样解决这个问题呢?我与孩子们共同讨论解决的方法。

奇奇:"我可以不贴圆点贴纸,我会自己画点子做记录。"

我:"还有谁能和奇奇一样自己画点子?"

有少部分孩子举了手。于是,我拿来了水彩笔,鼓励会画点子的孩子尝试用画的方式自行记录。在这部分孩子的影响下,愿意画点子记录的孩子越来越多,萌萌、佳佳、大双几个小朋友甚至可以画出数量超过 10 的点子。

过了几天,孩子们在记录过程中又想到了很多不同的记录方法。

依依:"我看到数学区有数字点卡,我可以直接拿来贴。"

小双:"老师,你能帮我写上数字吗?我拍得太多了,圆点贴纸已经贴不下了。”

妞妞：“我自己会写数字，我可以自己写。”

妞妞、池池、果果、咚咚尝试写数字做记录，虽然数字写得歪歪扭扭，但他们已经有初步的书写意识，对数字也有了进一步的了解，开始理解数字的含义。

PK 榜前每天都很热闹，幼儿经常围在 PK 榜前看看聊聊。通过 PK 榜的纵向比较，他们可以看到每个孩子拍球的数量，通过横向比较他们则可以发现自己的进步。孩子拍球的差异还是比较明显的，能力弱的孩子看到自己拍得少就会着急、失落，面对这样的孩子，我们及时给予个别指导，积极鼓励，让他坚信只要坚持练习，一定会有进步。

图 2－42

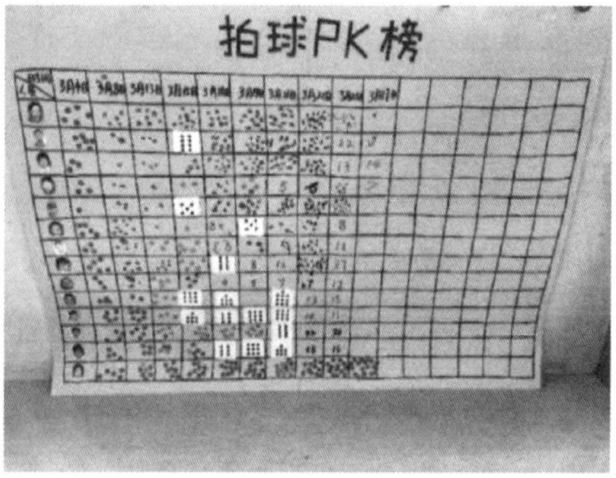

图 2－43

教师的思考

幼儿在之前的玩球活动中有了填写调查表、做简单记录的经验，所以在拍球的活动中，他们自然而然就会迁移已有经验，想到用做记录的方法来记录拍球的数量。关于记录涉及以下两个问题。

其一，在何处记录。幼儿有两种不同的想法：单独记录、集体记录。大家通过讨论，决定进行集体记录，这对于他们来说是新的尝试。同时，拍球 PK 榜用的是二维表格，这对小班幼儿来说是一种新的记录形式，有一定的挑战性。所以，无论是集体记录还是二维表格记录，这对幼儿来说都是全新的体验。

其二，记录的方式。刚开始幼儿想到的是用圆点贴纸记录，记录的关键在于能手口一致地进行点数。接着，他们又想出用笔画点子、贴数字点卡的记录方式。几种方法之中，贴数字点卡记录的方式难度最大，他们不仅需要记住自己拍球的数量，还需要和数字点卡进行匹配。随着幼儿拍球数量的逐渐增多，他们发现表格里点子太多，已经无法计数，而10以内的数字点卡也满足不了他们的需求了。于是个别能力强的幼儿想到了用写数字的方式进行记录，他们尝试自己写数字，但是大部分幼儿会请我们帮忙记录。他们在记录活动中初步认识了数字，甚至开始了解10以上的数字。

以上这些记录方式都是幼儿根据自己的生活经验和实际发展水平想到的，我们鼓励幼儿用多种方式进行记录，并根据他们的个体差异有意识地给予针对性的引导，这样的学习方式对他们以后的学习都会有重要的影响。

2. 我想开运动会

自从有了“拍球PK榜”，孩子们每周都会主动把自己拍球的数量记录下来。文文对池池说：“我今天拍了18个，比你拍得多哦。”池池也不甘落后：“我拍得比你多！”文文说：“那我们来比赛吧，看看谁拍得多。”于是文文和池池一起拍了起来，周围的孩子看到后纷纷围了过来。这次文文没控制好，刚拍了两下，球就滚跑了，她伤心地哭了起来：“这次比赛不算，我刚才拍得更多。”大家开始安慰文文，帮助文文出主意。果果：“我有个好办法，球掉了也没关系，可以捡起来继续拍。我喊开始你们一起拍，我喊停你们就停下来，看看谁拍得多。”文文和池池用果果的方法进行了两次比赛。

我总结道：“之前我们的方法是数一次拍了多少个，中间不能断。今天果果想出了一个新方法，就是看在同一时间内拍了多少个，中间断了可以捡起来继续拍，这是一种新的拍球规则哦，小朋友们都可以试一试。”奇奇说：“那我们一起来比赛拍球，请老师来当裁判。”就这样，孩子们渐渐熟悉了新的比赛规则，他们一边拍球一边数数。

进行了几次拍球比赛后，大家感觉意犹未尽。小米说："这个比赛真有趣，我们可以开运动会来比赛。"铭铭说："就像上次那个运动会吗？太好了！"我播放了上学期全园运动会的录像，一下子调动了孩子们的兴趣，大家强烈要求举办一个班级运动会。于是，举办运动会就成了孩子们天天挂在嘴边的热点话题。

图 2－44

图 2－45

3. 运动会比什么

有了举办运动会的想法后，所有孩子都很兴奋。我问："我们上学期参加过幼儿园的运动会，运动会上你们都看到了什么？"琪琪说："有好多好多的人，哥哥姐姐们在踢足球。"辛辛说："我还看到哥哥姐姐做操。"萌萌说："他们还拿彩带跳舞呢！"

我又问："你们在运动会上做了什么呢？"妞妞说："我们跑步的，还有礼物呢。"阳阳说："我和爸爸一起运西瓜。"王子说："我们还放气球了。"我接着问："这次运动会，阿哲提出要有拍球比赛，除了拍球，还能进行什么比赛呢？"阿子说："抛球比赛。"我问："怎么抛呢？"阿子回答："你抛给我，我再抛给你。"我继续问："比赛都有输赢，怎么才能知道谁赢谁输呢？"妞妞说："谁没接到球谁输。"涵涵高声说："老师，我们还可以比赛踢足球。"我问她："怎么踢呢？"这下孩子们七嘴八舌地议论起来。小双说："有两个球门，有两个队。"皮皮说："球要踢进球门里。"我对孩子们说："你们想了这么多比赛项目，那回家和爸爸妈妈好好商量一下，想好玩什么、怎么玩，回来再讲给其他小朋友听。”

我把孩子们想开运动会的想法告知家长：“最近我们班正在开展关于球的主题活动，孩子们都想开一次班级球类运动会，这得到了家长们的大力支持。目前定下来的只有拍球一个项目，大家可以和孩子一起想一想还有哪些关于球的游戏项目及游戏规则，可以把照片或视频发到班级微信群里。”(见图 2－46、图 2－47)看到消息，家长们纷纷表示赞同，也愿意配合。

接下来的几天，班级微信群里热闹非凡，大家都积极为运动会的项目献计献策，到底选择哪些项目呢？孩子们把和爸爸妈妈一起设计的游戏项目通过视频记录下来，带到班上和大家分享，并介绍了游戏项目的玩法。经过统计，全班孩子和家长共设计了 12 个玩球的游戏项目。到底选哪几项呢？大家都感到困惑，都想要选自己设计的游戏项目。最后大家通过讨论，决定投票选择。我们请孩子们用贴点子(见图 2－48、图 2－49)的方式给自己喜欢的游戏项目投票，孩子们投票结束后，我们和孩子们一起数一数、比一比，根据投票结果，选出了孩子们最喜爱的 6 个。

图 2－46

图 2 - 47

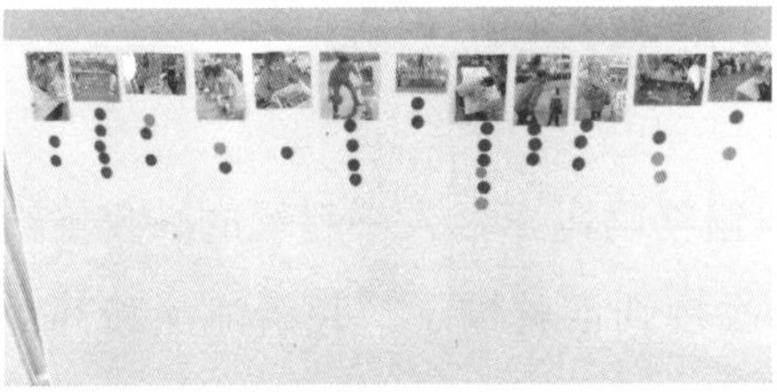

图 2 - 48

图 2 - 49

我们把孩子们的投票结果公示在班级微信群里，家长们也提出了自己的想法和意见。如“拍球”和“赶小猪”游戏虽然都获得了很高的票数，但考虑到这两个游戏都涉及上肢运动，有雷同，因此建议在这两个游戏保留一个即可；抛球游戏从安全角度考虑，在比赛时容易伤到自己或砸到他人，因此家长建议用传球游戏代替。最后，我们和家长在尊重孩子选择的基础上，考虑到重复性、安全性、竞赛性等各种因素，从锻炼上下肢、身体协调性，提高合作能力等方面确定了传球、踢球、拍球、运球四个运动会项目。

教师的思考

家长是幼儿园教育的合作者,家长的理解和参与是运动会顺利开展的必要条件。首先,我们利用微信群将幼儿的想法告知家长,让家长了解开运动会的缘由和进展,并及时收集家长的意见。其次,我们利用与家长当面交流、微信群互动等多种家园沟通方式,鼓励家长和幼儿一起商量、设计运动会项目,引导家长学会尊重幼儿的想法,帮助幼儿将想法变为现实,而不是替代幼儿思考。幼儿与家长的互动也使运动会的游戏项目更加具有操作性,更加适合幼儿。幼儿在和家长共同设计运动会项目的过程中,体验了不同的游戏玩法,也丰富了自己的玩球经验。这是我们将家长资源融入幼儿园活动的良好策略,也验证了家长参与幼儿园活动的重要性。最后,幼儿用贴点投票的办法自主选出感兴趣的运动会项目,他们也知道了当大家意见不统一的时候,可以用投票的方式统一意见,了解了少数服从多数等社会规则。

4. 运动会的规则

(1) 传球接力

该项目的设计者池池说:"这是我和爸爸妈妈三个人一起玩的。我传给爸爸,爸爸传给妈妈,妈妈再传给我,谁没接到谁就输了。"我请池池和其他两个孩子一起示范了玩法,大家都想试一试。于是,孩子们围成一个大圆圈,尝试全班一起传球。

图 2 - 50

经过尝试,我发现小班孩子很难围成大圆圈,而且孩子之间的距离较远,传来的球很难接到。看来这样的形式行不通!我根据出现的问题进行了调整,让孩子分组站成直线,将随机传球改为从前往后依次从头顶传球,孩子们尝试了一下,能够完成。于是,此项目的规则最终确定为:孩子们站成两队，从前向后在头顶传球，哪一队先传完即获胜。

图 2－51

图 2－52

（2）踢球射门

设计该项目的奇奇小朋友介绍："我们把球往前踢，谁踢得多，谁就赢了。"我一边请奇奇示范一边总结："我们从起点出发，沿直线把球往前踢，踢进球门里。"于是孩子们都兴奋地跑到操场上练习踢球射门。刚开始，很多孩子一脚就把球踢飞了，且球踢得满操场都是，他们需要不断地去捡球，于是孩子们有些沮丧，捡球的挫败感代替了开始的喜悦。于是我示范动作，提醒孩子们要慢慢地踢，尽可能把球控制在脚下。可是因为孩子年龄小，脚下控制能力较弱，他们还是很难控制好球的速度。朵朵失落地说："这个球滚得太快了，总是跑来跑去的。"小泽生气了："它跑得太快了，我都追不上了。"

我引导孩子们讨论："你们都说这球跑得太快了，那什么球可以踢起来滚得速度慢一些呢？小朋友们自己去找一找，看看能不能有新的发现。"佳佳说："还是踢报纸球吧，报纸球滚起来很慢，我们前面踢过的。"佳佳的想法得到大部分孩子的支持，他们拿着自己制作的报纸球来到操场上踢起来。过了一会儿，又有新的问题产生了，阿紫和小宇因为进球的问题争吵起来，争执不下而向我求助。阿紫问我："小宇把球踢到了我的球门里，算他进球吗？"小宇马上说："当然算啊。"阿紫说："这是我的球门，就应该算我的。"小宇也不服气："这是我踢进去的，应该算我的。"两人互不相让，于是大家邀请了体育老师来评判。体育老师告诉大家："球踢进谁的球门里就算谁的分数。"随后体育老师又简单地跟大家讲解了足球比赛的规则,这样孩子们就不会再为是谁得分而争吵了。

图 2－53

图 2－54

图 2－55

(3) 障碍运球

障碍运球项目的设计者是妮妮小朋友,她边演示边向大家介绍了运球的规则:"用勺子把乒乓球从桌上的筐子里运到地上的'球洞'里。"我说:"我们的运动会是在户外的操场上举行的,这个运球游戏搬到户外还可以正常玩吗?"

带着疑问,孩子们来到操场上游戏,经过试验,他们发现乒乓球又小又轻,在户外很容易就被风吹跑了。这个问题怎么解决呢?

经过讨论,孩子们决定把又轻又小的乒乓球换成大足球。他们又玩了几次,觉得这个游戏太简单了。宁宁说:"这个游戏不好玩,我都不想玩了。"我提议道:"我们把这个游戏增加一些难度,变成闯关比赛好吗?"听到这个提议,孩子们又重新兴奋起来,他们七嘴八舌地提建议,还找来了晨间锻炼时用的各种障碍器械一一尝试,有跳的云梯、跨的栏杆、钻的拱门等。最后大家根据现有材料重新设定了运球比赛的规则:先把足球抱在手上,再沿云梯跳一段距离,然后跨过栏杆、钻过拱门,最后把球送到对面的筐子里，这样的运球比赛富有挑战性，孩子们都很喜欢。

图 2－56

图 2－57

图 2－58

教师的思考

四个项目的游戏对于小班幼儿来说还是有一定难度的。但既然项目是幼儿及家长自己设计的，那么游戏规则也应该由他们来确定。所以我们请这四个项目的设计者向大家示范、介绍游戏规则，其他幼儿则自主练习，在练习中慢慢熟悉、了解游戏规则。幼儿在练习中发现一些规则在集体游戏中会出现问题，我们及时抓住这些教育契机，有意识地引导他们发现并比较家庭游戏和集体游戏的区别：第一，人数不一样。家庭游戏人数少，而班级集体游戏人数多。第二，场地不一样。家庭游戏可以在室内进行，班级集体游戏需要在操场进行，活动空间和范围更大。同时，幼儿还发现了自发性游戏和竞赛性游戏的区别：自发性游戏更看重过程，游戏规则较随意，注重的是身心愉悦的感受；竞赛性游戏看重结果，同时强调在游戏中要遵守规则，幼儿可以在游戏中体验竞赛的乐趣，增强集体荣誉感。

幼儿在练习的过程中不断发现一些不合理、不科学的规则，随后师幼共同通过替换器材、更换场地、改变队形、调整人数等方法解决这些问题，逐步修改和完善了比赛规则。幼儿在不断地操作和练习中内化规则，协商、合作、解决问题等能力也得到了提高。

图 2－59

5. 运动会的准备

想要顺利召开运动会，还需要做好哪些准备工作呢？我们请来了参加过多次运动会的大班哥哥姐姐给孩子们介绍。哥哥姐姐告诉他们：开运动会要确定时间、地点，要提前制作并张贴海报，要邀请裁判和观众，要提前布置好场地，要准备好加油助威的道具，还要准备方便运动的衣服和鞋子。

根据哥哥姐姐的建议，他们开始着手准备运动会的相关事宜。

（1）时间和地点

小宇："运动会肯定要到操场举办。"

我："要是那天下雨怎么办呢？"

桐桐："要是下雨，在操场就不行了，我们会淋湿的。"

果果："下雨就去四楼的大礼堂呗。"

我告诉他们："大礼堂平时有很多活动的，如果要用，需要预约，我们去问问园长妈妈吧！"

孩子们询问了园长妈妈，了解到下周五下午四点可以借用大礼堂。大家商定，如果那天下雨，运动会就在大礼堂进行；如果不下雨，仍然在幼儿园操场举办运动会。

（2）制作、粘贴海报

我问孩子们："运动会的时间、地点都确定好了，你们想请谁来观看我们的运动会呢？""爸爸妈妈。""幼儿园其他的小朋友。"孩子们大声说出了他们想邀请的人。

"怎么邀请他们呢？"我又问。

明明说："哥哥姐姐告诉我们可以贴海报。"

我说："好，那我们也来做个海报贴在幼儿园，欢迎小朋友们来给我们加油。可是海报怎么制作呢？上面要写些什么，画些什么呢？"

为了让孩子们清楚地了解海报制作，我向他们展示了上学期全园足球嘉年华活动的海报照片。孩子们仔细地观看了海报，总结出制作海报的关键要素：运动会举办的时间、地点和内容，还有装饰的漂亮图案。受到启发的孩子们找来了一张大卡纸，他们请我帮忙写上文字，自己画上了玩球的小人。制作好以后，他们开心地把海报粘贴在幼儿园大厅。他们认为：贴在这里，全园的小朋友和家长都能看得见。

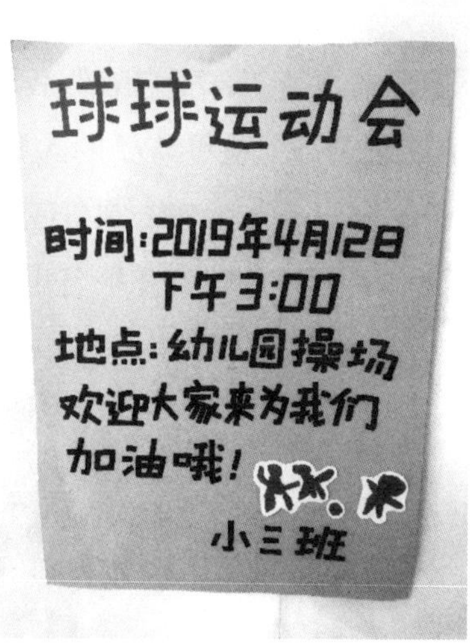

图 2 - 60

(3) 道具、裁判、拍照

贴完海报，孩子们兴奋地说："我们可以举办运动会啦！"

我："海报贴好就可以开运动会了吗？怎么开？"

孩子们面面相觑。

我："我们还有很多事情要做呢！要布置场地，要买一些加油的道具，要请人当裁判员，还要请人拍照录像……"

听了我的话，孩子们纷纷嚷道："啊？还要准备这么多事情！"

我问："想想看，我们还可以请谁来帮忙呢？"

妞妞说："我们可以邀请爸爸妈妈来帮助我们。"

我又问："爸爸妈妈能来帮我们做哪些事情呢？"

奇奇说："爸爸妈妈可以来当裁判。"

我继续问："那我们需要几位裁判呢？"

有的孩子说 6 位，有的孩子说 8 位。

我接着问："我们一共有 4 个比赛项目，你们觉得需要几位裁判合适呢？"

阿子大声说："4 个比赛项目就需要 4 位裁判，一人管一个。"

大家共同商讨了运动会的流程，在我的逐步引导下，孩子们还列出了需要爸爸妈妈帮助完成的事情：搬椅子、采购助威道具、拍照、摄影。对于每个项目需要的人数，孩子们也给出了他们认为的合理意见。

看来，运动会需要家长帮助的地方还真不少。我和孩子们一起制作了“家长志愿者工作报名表”，我写上需要帮忙的工作项目，孩子们用贴点子的方式记录每个项目需要的人数。离园时间到了，家长来接孩子的时候看到了班级门口的报名表，在赞叹孩子们的想法的同时，也对志愿者工作表现出极大的兴趣，立即就在报名表相应的项目后面写下了自己的名字。

图 2 - 61

图 2 - 62

在区域游戏中，我们还投放了毛根、绒球、黏土、彩色毛线、发卡等多种材料，孩子们大胆设计，巧妙组合，制作了运动会上小运动员们可以戴在头上的富有特色的球球头饰。

图 2 - 63

图 2 - 64

教师的思考

运动会的准备工作纷繁复杂，小班幼儿年龄小，经验不足，但我们没有包办代替，而是利用各种资源降低活动难度，让幼儿从头到尾参与其中，了解运动会准备工作的全部流程，从而获得完整的经验。我们先引导幼儿观看上学期幼儿园足球嘉年华活动的照片和视频，调动他们的已有经验，同时有效利用了大班哥哥姐姐及家长的资源，帮助幼儿获得新经验。在准备过程中，幼儿初步形成了任务意识，知道要事先做好活动计划并分步骤去落实，还初步尝试与同伴协商合作，知道遇到困难可以请他人帮忙等。运动会的准备过程就是幼儿学习的过程，我们尊重他们以“直接经验”为基础的学习方式，通过活动来满足他们“通过直接感知、实际操作和亲身体验来获取经验”的需要，这也是《3—6岁儿童学习与发展指南》精神的体现。

6. 运动会开始啦

4月12日，孩子们精心准备、盼望已久的运动会终于来了。从上午开始，孩子们就一直保持着超级兴奋的状态。中午有很多孩子激动得睡不着觉，他们早早地起床收拾好，开心地穿好事先准备好的运动服，搬着小椅子来到操场。家长们也早早地来到幼儿园，激动地和孩子、老师一起布置场地。一切准备就绪，下午三点，运动会如期举行，园长妈妈也来到现场致辞，给孩子们加油。活动正式开始，孩子们和家长默契配合，齐心协力地完成每一个项目。运动会开始之前，孩子们就进行了充分的练习，加之活动项目和游戏规则都是孩子们自己制订的，所以他们对各项游戏都比较熟悉，比赛起来轻松自如，而家长们也是积极参与，乐在其中。运动会进行得很顺利，在比赛过程中，孩子们还能够主动提醒爸爸妈妈注意比赛中的站位和规则。操场上热闹的运动会也吸引了幼儿园其他班级的孩子和家长驻足观看，他们也情不自禁地为小运动员们加油助威。

运动会结束后，孩子们和家长都意犹未尽。

文文说："老师，我今天运球得了第一名，什么时候我们还能再比一次呢？"

小泽说："踢球真好玩，今天我一脚就把球踢进球门里了，厉害吧！"

桐桐妈妈说："今天和宝贝们一起参加运动会，我比他们玩得还开心。"

辛辛妈妈说："这个活动太有意义了，孩子每天回家都在念叨，还拉着我一起练呢！"

听着家长们发出的感叹，再看到每个孩子脸上洋溢出的灿烂笑容，我们深深感受到了孩子对自己参与策划、组织并举办球类运动会的喜悦与自豪。

第三次课程审议

幼儿历经一个多月的"玩球"活动，在快乐的运动会活动中画上了圆满的句号。运动会并不注重比赛结果，而是注重在过程中幼儿的成长。幼儿自发提议、自主策划、自行组织，充分体现了主体性。幼儿在真实情境中，通过解决问题建立了自尊、自信，获得了自我满足。幼儿倾听、表达、记录、计划、交往、协商、利用周围资源等多方面能力都得到了良好发展。

在整个活动中，教师、幼儿、家长形成一个学习共同体，充分利用了人力、物力、影像等资源。教师以合作者的身份参与到幼儿的策划中，又以支持者、引导者的身份，在活动推进过程中提供支架，支持幼儿不断解决新问题。教师关注幼儿学习与发展的整体性，引导家长也参与到幼儿的主题活动中，见证幼儿的成长，也融洽了亲子关系。

三、主题总结

（一）活动脉络图对比

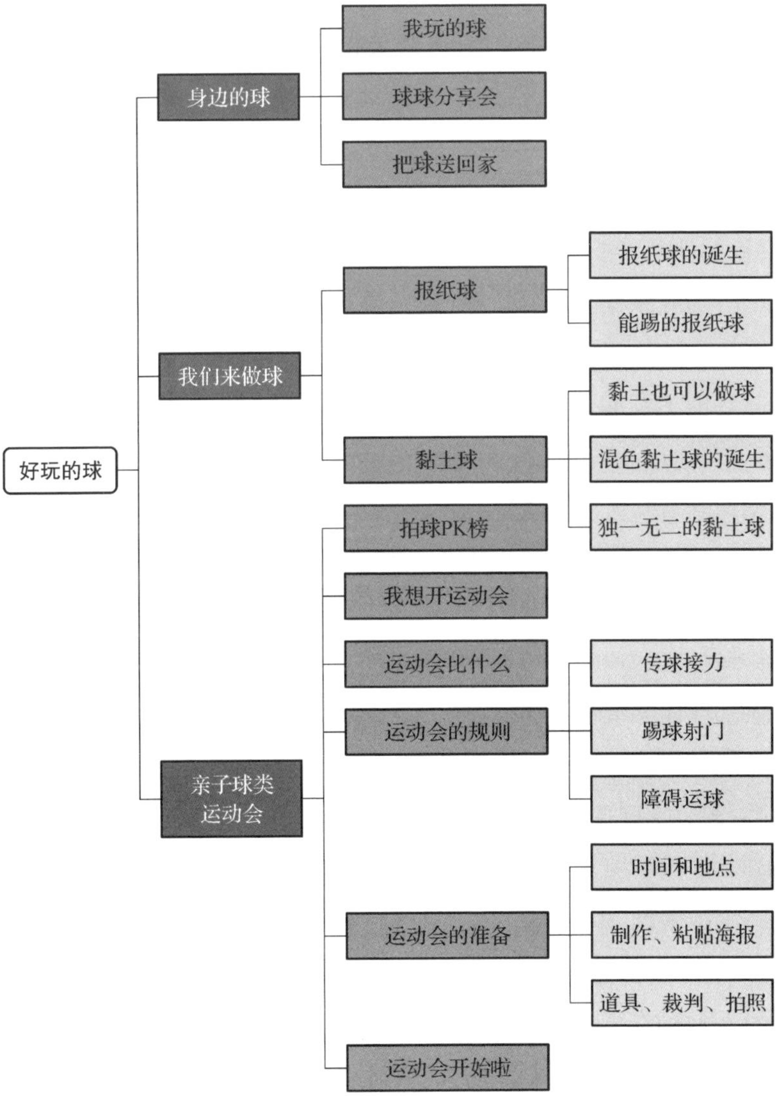

教师预设的脉络图围绕“身边的球”“各种各样的球类比赛”和“我们来玩球”三大部分展开，而主题开展过程中生成的实际脉络图围绕“身边的球”“我们来做球”“亲子球类运动会”三大部分展开。在生成的实际脉络图中，“身边的球”部分的“把球送回家”活动、“我们来做球”部分的“报纸球”和“黏土球”两个系列活动都完全由偶发事件逐步生成，而教师原先预设的“各种各样的球类比赛”系列活动也变成了幼儿和家长更感兴趣、参与度更高的“亲子球类运动会”系列活动。脉络图呈现出的变化是教师追随幼儿兴趣的必然结果，也体现了幼儿拥有“课程决策权”的教育观。

（二）儿童经验分析

随着主题活动的逐步展开，教师通过整理发现，幼儿实际获得的经验比教师预设的幼儿可能获得的经验更丰富、更生动、更完满。

首先，随着课程主题的开展，幼儿爱上了运动，他们愿意在较冷或较热的环境下玩球，情绪比较稳定，很少因一点小事哭闹不止，也变得越来越坚强，有时跌倒了也不哭。幼儿的运动技能也得到增强，能双手向上抛球，会用脚踢球和简单地踩球，有了初步的球感，也养成了较好的整理玩具的习惯，活动结束后知道将球或玩具放回原处。

其次，幼儿在玩球的过程中不断养成和优化学习品质。幼儿在与同伴共同玩球的过程中，热爱班级，热爱同伴，对群体活动感兴趣；在提醒下，幼儿能够遵守玩球游戏规则和公共场所的规则，并且能根据实际情况制订玩球规则；幼儿能够承担一些小任务，并且为自己的好行为或活动成果感到高兴；幼儿能够根据自己的兴趣选择喜欢的体育游戏或者其他活动；幼儿愿意和同伴一起分享周围新奇、有趣的事物或现象，一起寻找问题的答案，并会不断提问、追问和探索等。幼儿在真实的情境中，逐步养成了积极主动、认真专注、不怕困难、乐于想象和创造等良好的学习品质，这些良好的品质将伴随在幼儿今后的学习与生活中。

最后，教师在活动中有意渗透多领域内容。如在数学领域，幼儿能够手口一致地数出自己拍球的数量，感知和区分球的大小、轻重等量方面的特点，并用相应的词语描述；能排除干扰，按颜色、大小、形状、数量等单一的维度将球进行分类；能注意不同种类的球较明显的形状特征，并能用自己的语言描述。在艺术领域，幼儿能学习观察或参与创造性艺术活动，如：创造性地制作彩色黏土球；经常涂涂画画、粘粘贴贴，并乐在其中；喜欢用涂涂画画表达一定的意思。在语言领域，幼儿能在较短时间内安静倾听他人说话，能够用语言解释自己绘画的内容，能够用自己的语言讲述玩球的小故事。

（三）教师的感悟

1. 善于捕捉偶发事件中的教育价值

该主题活动围绕“球”这一资源，追随幼儿的兴趣，生发出了许多有趣的活动。而这些活动，很多都发生在幼儿围绕“球”这一资源展开的学习、探究过程中的偶发事件当中。教师作为发现者，及时捕捉到了这些偶发事件中的教育价值，放慢脚步，和幼儿一起不急不忙地“处理”这些偶发事件，因此才有了“把球送回家”“报纸球”“黏土球”等有趣的活动。而幼儿在“处理”这些偶发事件时，经历了遇到问题→讨论解决办法→探索实践→解决问题的过程，在这个过程中，幼儿也提高了收纳、手工制作、合作、协商、利用资源等技能。在师幼的良好互动中，幼儿主动地探索，积极地讨论，获得了有益身心发展的经验。

2. 让幼儿拥有课程的“决策权”

幼儿园主题活动立足于班级实际情况，尊重幼儿的主体地位，在主题活动中，幼儿有意义的经验建构恰恰就蕴含在他们对问题的探索和回答中，所以，教师要把课程的“决策权”留给幼儿。如在“报纸球”系列活动中，教师尊重幼儿的“决策权”，认真对待幼儿提出的“报纸球是怎样制作的?”“报纸球能踢吗?”“怎样加固报纸球?”等问题，幼儿在对这些问题进行探索的过程中丰富认知，学习新的技能，建构有意义的经验。再如在“亲子球类运动会”系列活动中，教师尊重幼儿举办运动会的想法，在确定举办时间和地点，挑选运动会项目，制作、粘贴海报，准备运动会所需材料等活动中和幼儿一起发现问题、探究反思、解决问题，幼儿在真实的情境中有效学习，动手能力得到有效提高，幼儿的创造力、自信心也得到了提升。

3. 提高幼儿利用资源解决问题的能力

虞永平教授说过："要让课程真正有效地促进幼儿的发展，就要引导幼儿利用资源学习起来。"

在"能踢的报纸球"活动中，幼儿利用各种材料进行加固报纸球的自主探究，了解了材料的不同属性和工具的使用方法，提高了使用材料和工具的技能，丰富了经验。

在"把球送回家"活动中，幼儿能够主动观察，对比发现用柜子和整理架摆放球的利弊，从而发现整理架更合适，并且能够从幼儿园资源室找来整理架摆放球，解决球在班级墙边滚来滚去的问题。

在"亲子球类运动会"系列活动中，幼儿在教师的支持和引导下，加入了哥哥姐姐、爸爸妈妈的经验资源，迁移了上学期足球嘉年华活动的经验，人员资源和经验资源助力，运动会的相关问题一一得到解决。

在该主题活动中，幼儿多次利用家长资源，如在完成"家里的球"调查表时，幼儿和爸爸妈妈一起找出家里的球并完成调查表的填写，他们认识了各种常见的球，丰富了球的玩法。在"亲子球类运动会"系列活动中，幼儿也能够多次利用家长资源，和爸爸妈妈讨论亲子球类游戏的玩法、绘制亲子游戏玩法介绍图、体验不同的亲子游戏玩法，甚至和爸爸妈妈共同参加亲子球类运动会，幼儿从家长那里获得了新经验，也知道了可以有多种途径获得新技能，亲子关系也更加融洽了。

4. 关注幼儿的学习品质提升

在该主题活动中，教师坚持"幼儿为本"的立场，坚持"幼儿能做的事让幼儿自己做"。如在"把球送回家"活动中，幼儿在固定球、收纳球的过程中不断地尝试，在实践中自主发现问题并解决问题，最终获得了成功的体验，增强了自信；在"能踢的报纸球"活动中，幼儿对加固报纸球表现出极大的兴趣和热情，教师给予幼儿讨论交流的空间和时间，并积极鼓励、支持幼儿按照自己的思维模式进行自主探究活动，幼儿在这个过程中表现出来的积极态度和良好行为促进了他们的有效学习；在“亲子球类运动会”系列活动中，幼儿制作“拍球 PK 榜”、讨论制订运动会项目、制作宣传海报、准备运动会所需的材料，在真实的情境中，他们逐步养成了积极主动、认真专注、不怕困难、乐于想象和创造等良好的学习品质。

5. 提高教师的课程领导力

《纲要》第三部分第十条提出：幼儿教师在教育过程中的角色绝不仅仅是知识的传递者，而“应成为幼儿学习活动的支持者、合作者、引导者”。合作既是支持的方式，也是支持的手段，而支持和合作都体现着教育的意图，实现着教育对幼儿直接的或间接的引导。

要达到这一要求，就必须正确处理好幼儿学习活动中的师幼互动关系。在关于球的主题活动的生成中，我们看到，不同的师幼互动方式能够有效促进幼儿的学习，也体现出“以幼儿为主体”的角色定位。

在“把球送回家”活动中，幼儿自己发现球乱滚带来的不方便、球任意摆放的不合理，从而萌发了要整理球的意愿。但是要怎样整理球，教师并没有直接告知幼儿，而是让幼儿通过观察和寻找，发现适合摆放球的位置及材料。幼儿在不断试错中最终找到了科学合理的分类摆放球的方式。在这里，教师是活动的支持者，为幼儿提供了足够的空间和时间，提供了丰富的材料，鼓励、支持幼儿的自主探究。

在“亲子球类运动会”系列活动中，幼儿的已有经验比较欠缺，教师适时地融入大班哥哥姐姐和家长资源，利用他们的介绍分享，帮助幼儿全面了解运动会的流程和需要准备的事项。一方面，教师尊重幼儿的想法；另一方面，教师又及时发挥引导者的作用，以玩伴的身份参与到幼儿的讨论中，帮助幼儿发现问题，引导他们持续不断地探索。

在“拍球 PK 榜”活动中，教师根据幼儿的个别差异鼓励幼儿尝试各种记录拍球数量的方式，包括贴点子、画点子、贴数字点卡、在教师的帮助下写数字记录等，幼儿可以根据已有经验进行记录，也可以借鉴同伴多样的记录方式，从而在分享活动中获得了新经验。在这里，教师是经验的分享者。

在课程主题中,教师是互动的创造者、交往机会的提供者、幼儿发展的支持者、帮助者、指导者和促进者,教师只有对自己的角色准确定位,才能更好地关注幼儿的实际情况,关注幼儿的情感需要,而不是局限于约束纪律和进行简单的知识传授。自始至终,幼儿都是活动的"决策者",而教师是活动的支持者、引导者、经验分享者。

柚子熟了

李 雪 高 美

一、主题畅想

(一) 活动缘起

小班孩子刚刚入园,对幼儿园的一草一木都有着浓厚的兴趣。饭后散步时间成了孩子们在幼儿园里观察和发现的好时光。幼儿园里有橘子树、柚子树、桃子树、弯弯的葡萄藤,还有香香的桂花树。一棵柚子树吸引了航航的注意:"老师,你看那棵树上有好多好大的果实!"我们仔细一看,原来是一棵很小很细的柚子树,但是树上却已经结满了大大的果实。对于爱吃水果的小班孩子来说,这不就是很好的课程资源吗?如果柚子树能进入更多孩子的视野,他们和柚子会有什么样的故事发生呢?我们的主题活动就在这收获的季节里悄悄萌芽了!

（二）活动可能的发展脉络图

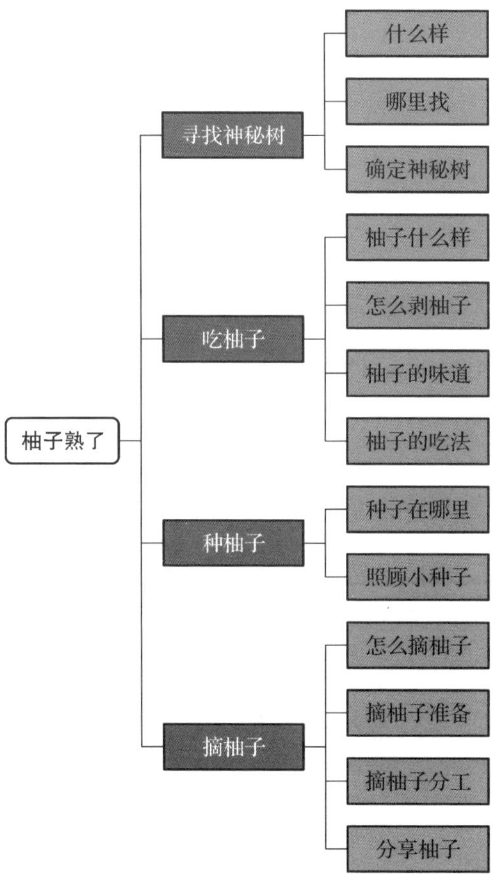

（三）幼儿可能获得的经验图

（四）主题可能涉及的资源图

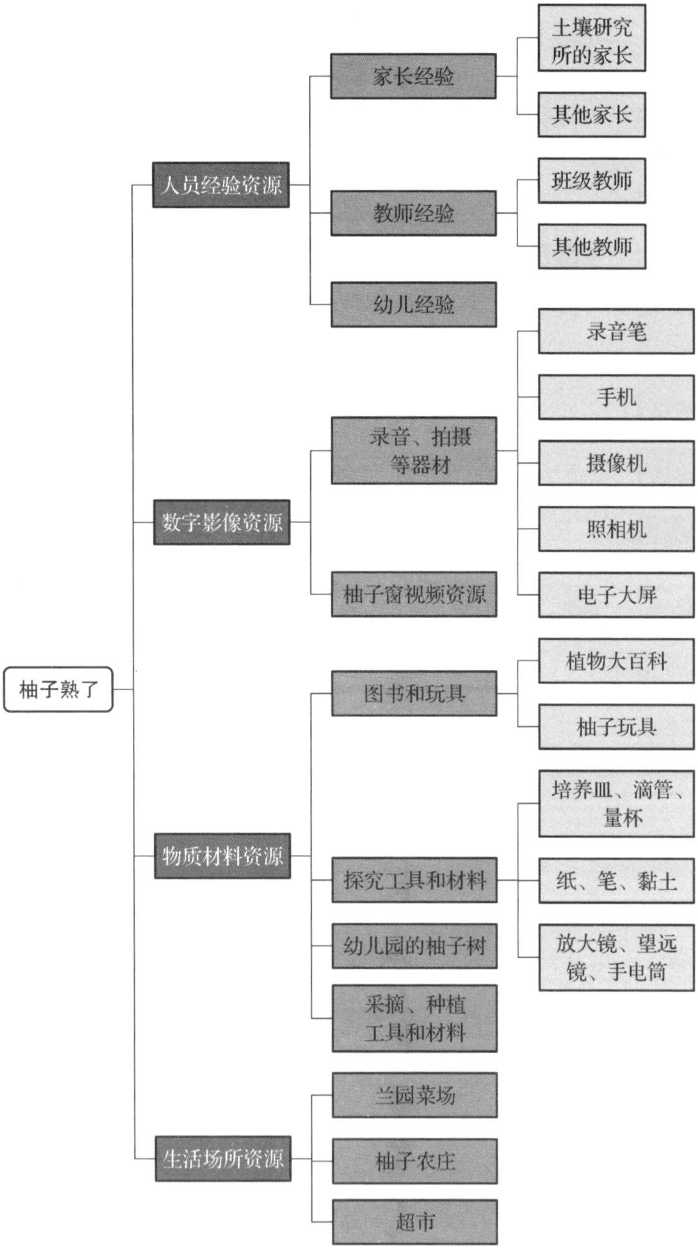

专家点评

“大自然、大社会都是活教材。”幼儿园里的一草一木都蕴含着丰富的教育契机，幼儿对自然界的关注可以改变教师关于户外场域的观念，户外场域不只是幼儿进行体育活动的地方，更是幼儿可以进行丰富探究，重温和再次表征学习内容的场所。户外活动应当在幼儿的童年中占有举足轻重的地位，因为我们大多数人内心都保留着对大自然的感性经验和美好记忆。与户外相关的活动可以帮助教师利用幼儿对自然界的动物和其他生物的兴趣，运用不同方法让幼儿的思想、情感和身体都能参与活动。幼儿可以运用自然界的具体实物进行操作、讨论、讲故事，也可以对真实的可触摸到的事物进行实地考察。教师在这样生动的主题活动中的职责就是给幼儿提供多种表征的机会，并把他们的思考和经验具体化。

二、主题开展

（一）幼儿园里有棵神秘树

幼儿园里住着一棵神秘的树，会是什么树呢？大大的果实胖乎乎，一起去找一找吧！

1. 寻找神秘树

寻找神秘树

金秋十月的一个中午，孩子们照常吃过午饭后在幼儿园里散步。

我："小朋友们，你们知道吗，在我们幼儿园里住着一棵神秘的树。"

朱朱迫不及待地问道："那会是棵什么样的神秘树呢？"

我："这棵树上挂着许多果实，那些果实大大的、圆圆的。"

航航迫不及待地说："老师，楼下的小院子里有树，我们去找找看吧！"

图 3-1

图 3-2

于是，寻找活动就这样开始了。一来到小院子，宸宸就激动地跑到了橘子树下，原来他发现了藏在橘子树上的小橘子。

宸宸："你们快来看，我找到啦！这棵树上就有圆圆的果实。"

大家纷纷围了过去，兴奋地喊道："哈哈！真的有圆圆的果实！""我们找到神秘树啦！"这时，一个不同的声音传来："这不是我们要找的树，老师说神秘树上的果实大大的、圆圆的，可你们看，它的果实虽然圆圆的，但不是大大的。"原来是恒恒指着树上的橘子一脸认真地在表达自己的质疑。西西说："可是它就是大大的。"元宝说："不，它是小小的。"我："我们怎么才能知道它是不是大大的呢？"启航："我们可以找找看有没有比它大的果实。"听启航这么一说，大家都同意再找找看。

可幼儿园这么大，树这么多，到哪里去找呢？孩子们一时没有了主意，昕宇想到幼儿园的小果园有很多果树："我们去小果园再看看吧！"在昕宇的建议下大家纷纷朝着小果园走过去，一到小果园，昕宇就径直冲到了柚子树下，指着树上的大柚子："找到了！找到了！这就是神秘树！"

大家围过来："对，对，对，就是它！""圆圆的，而且比刚刚的果实大多了，肯定就是它！"

思涵站在树下开始点数树上的果实："1、2、3、4……"很快，大家都开始数了起来。

图 3-3

"1、2、3、4、5……"

"1、2、3、4、5、6……"

"1、2、3、4、5、6、7……"

我："你们一共数了几个果实呢？"

"7 个""8 个""6 个"……到底哪一个数字是正确的呢？

思涵："一共是 7 个果实。"

恒恒："我数的也是 7 个。"

我："你是怎么数的呢？"

思涵："我是从这边数到那边。"

我："哦，你是从树的左边数到右边的呀。"

恒恒:“我也是这样数的。”

我:“其他小朋友们呢?你们也试试看吧!”

大家又数了一遍,这一次大家数的都是7个果实。

2. 解密神秘树

经过确认,孩子们知道了树上有7个果实,可这到底是一棵什么树呢?

振扬指着树上的柚子说:“这应该是棵梨子树吧?你看,长得好像梨子。”

恒恒:“我感觉是棵柚子树。”

小小贝:“会不会是杧果树?”

“到底是棵什么树呢?”

“它的果实看起来真的很像梨子啊!”

“不对不对,你们看,梨子小小的,可是那棵树的果实大大的。”

“有可能是棵哈密瓜树吧。”

“或者是一棵柚子树,但是那上面的果实是绿色的……”

我:“怎样可以知道神秘树是什么树呢?”

小鲍建议:“我们把树上的果实拍一张照片发给爸爸妈妈,问问他们。”

这真是一个好主意。下午游戏时间,全班孩子再次来到神秘树下,在我的帮助下,用手机给神秘树拍了很多照片,有神秘树的全身照、树叶的特写、果实的特写等,并把照片发到了班级微信群中。

当天晚上,班级微信群里非常热闹,家长们在群里面分享着和孩子一起观察柚子、查找资料的图片、视频和语音。

第二天早晨,孩子们一来园就向我和同伴谈论起自己前一天晚上在家“做调查”的经过:“我知道了,那是一棵柚子树!”“我昨天去水果摊看过柚子了,就是这样的。”看到孩子们讨论得非常开心,我顺势开展了“我的调查”分享活动,将家长发在群里的图片和视频投影在班级的电视大屏上,孩子们可以一边看着自己的照片或视频,一边向大家讲述自己搜集资料的过程。

介绍过程中常菁小朋友的一个问题引起了大家的注意:“可是我们平时见到的柚子都是黄色的,为什么这棵树上的柚子是绿色的呢?”

豆丁马上解释道:“树上的柚子没有成熟,我们吃的柚子都已经成熟了,所以是黄色的。”一番讨论后，大家知道可以通过看颜色来区分柚子有没有成熟。

“除了看颜色，还有什么方法可以知道柚子有没有成熟呢？”我们又提出了新的问题，带着这个问题，孩子们再一次来到了柚子树下……

教师的思考

小班幼儿刚入园一个月，对于幼儿园的环境还是较为陌生的。从幼儿入园开始，我们就有意识地通过日常活动带领幼儿了解幼儿园的各种事物，按线索找物成了幼儿日常最喜欢玩的一种游戏。幼儿能根据提供的一些线索去寻找事物，并能在观察、交流中验证自己的猜测。这样的游戏，为寻找神秘树活动提供了经验支持。

寻找树的过程就是激发小班幼儿科学探究兴趣的过程，但是幼儿初步探究事物的能力需要在生活和学习活动中由成人或有经验的他人进行引导才能获得。我们看到，幼儿站在树下相互交流，他们像模像样地猜测，“像梨子”“梨子小小的”……他们都想以自己的经验来揭开这棵神秘树的“面纱”。而在这样的你一言我一语中，幼儿之间出现了分歧，同时也开始理解他人和自己的不同。正是因为有不同意见和冲突，才有了生成活动的可能，这对主题活动的开展是有重要意义的。

第一次课程审议

寻找神秘树的活动来源于幼儿的一日生活。教师敏锐地察觉到日常生活中的事物所蕴含的教育价值，并在恰当的时机提出“会是棵什么样的神秘树呢？”“可这到底是一棵什么树呢？”等问题，引导幼儿关注并意识到树与树的不同，观察到树木之间的细微差别。这种问题导引式的学习和探究活动使幼儿在潜移默化中形成“求证”的意识，在“求证”中调动自身的已有经验，又在新经验的形成中学习倾听与表达。幼儿的学习正是在这样平常的小讨论中发生的。

教师在活动中以观察者的角色捕捉幼儿的探究兴趣点，以支持者的角色适时地提出幼儿所面临的困难和需要思考的问题，以参与者的角色同幼儿一起寻找、一起讨论。教师还是幼儿和家长以及更广泛资源之间相互连通的桥梁，通过教师，幼儿开始尝试主动向成人寻求支持和帮助，通过书籍和网络查阅资料，获取关于神秘树的信息。这些都体现了主题活动中教师角色的多样性和幼儿活动的主体性。

这种活动初期就可见的对更广泛资源的纳入意识，即课程中所涉及的人、事、物都被调用来帮助幼儿解决在活动中所遇见的问题，可以进一步激发幼儿的探究热情，丰富幼儿的探究体验。在分享各自的探究方式中幼儿个体之间的经验得以沟通和展现，这样的学习过程是幼儿有意义学习的过程，有利于幼儿持续进行下一步的探究活动。

（二）柚子保卫行动

1. 摘个柚子尝一尝

一天上午，孩子们又来到柚子树下玩。刚一到树下，朱朱就跳起来想要去摘树上的柚子，他一边跳一边说："摘一个尝一尝，我们就知道它熟没熟了。"航航听到了也跟着跳了起来去摘，接着，几乎所有的孩子都跳起来想要去摘树上的柚子。

我："摘一个柚子尝一尝，这倒是个好主意，不过你们这样跳确定能摘到柚子吗？"

"我能跳很高的，看我的！"小鲍边说边跳，可还是没能够着柚子。

振扬不跳了，看了一下我们，跑过来说："老师，要不你帮我们摘一个吧！"

我："为什么请我帮忙呢？"

周周："因为你是大人，你高，肯定能摘到的。"

我一边为周周的言语感到好笑，一边来到了树下。大家纷纷喊道："老师，你快摘吧！"

"好的。"我又假装苦恼地问："可是，树上有7个柚子呢！摘哪个比较好呢？"

周周随手指了指我头顶上的一个说："摘那个。"

图 3-4

图 3-5

我:“哦,是最右边的那个吗?”

周周:“对。”

恒铮:“不对不对,摘这个,这个。”

我:“咦,是摘最左边那个吗?”

恒铮点头,但小雨不同意。

小雨:“老师,你摘最上面那个吧!”

昕宇立刻反对:“不行,那个太高了,摘不到!”

我:“你们说摘最上面的那个柚子啊,我来试试……还真是摘不到呢!”

朱朱:“啊?那摘下面低一点的吧!就是你旁边最低的那个柚子!”

这个想法获得了大家的一致认可:“对对对,老师,你摘最低的那个试试。”这次我非常顺利地摘到了。大家迫切地把柚子剥开,孩子们品尝后发现柚子又苦又酸,直吐舌头,为什么会这样呢?

图 3-6

我:“这柚子吃起来又苦又酸,是因为它还没有成熟。等过一段时间,它又长大了一些,就会成熟了。到时候,它吃起来应该会很甜。”“太好了!”孩子们都很期盼。

2. 制作柚子指示牌

孩子们尝过柚子以后,一致认为现在的柚子还没有熟,不能摘!可是怎样才能告诉其他班的小朋友树上的柚子要等到熟了才能摘呢?

濛濛说:“可以去班上告诉他们。”

振扬说:“可以在树下等着,有小朋友来了就告诉他。”

我:“但我们不能一直在树下等着其他小朋友啊!我们也不能保证每个小朋友都能告诉到啊!”

昕宇:“有了,可以做一个牌子,挂在柚子树上,其他小朋友就知道了。”

元宝:“可是我都没有见过这牌子,该怎么做呢?”

周周:“我见过草地上有不要踩草地的牌子。”

启航:“我也见过,幼儿园草地上就有。”

图 3-7

元宝:“是的,我也见过,上面有个小脚印,还画了一个红色的叉叉。”

朱朱:“红色的叉叉就是告诉大家不能踩草地。”

恒铮:“那我们也做一个这样的呗。”

我:“你们想怎么做指示牌呢?画个脚印表示不能踩,那么我们可以画个什么表示不能摘呢?”

佳佳:“画只手。”

启航:“就画一只手,再画一个红色的叉叉在手上就可以了。”

大家同意了这个提议,在我的帮助下,孩子们完成了指示牌的制作。午饭后的散步时间,他们兴奋地带着制作好的指示牌来到了柚子树下。

图3-8

图3-9

“怎么把指示牌挂上去呢?”孩子们尝试了各种方法:爬到树上、站到长凳上、跳起来……但都没有成功,看来想要把指示牌挂上去并不容易。正当大家有些气馁的时候,豆丁拿着手上的指示牌来到了我的身边:“老师,请你帮我们挂上去吧!”

我试了一下,确实能够到树枝,再用力一举,就成功地把指示牌挂在了树上。哈,成功了,孩子们欢呼起来。

教师的思考

1. 小班幼儿科学思维的形成

树上的柚子变黄了,颜色变黄了的柚子就一定熟了吗? 幼儿通过颜色变化,猜想柚子可能熟了,但是他们很快意识到,判断有没有成熟最直接的方法就是从柚子树上摘一个下来尝一尝,这样的思维过程体现了小班幼儿猜想—验证的科学探究过程,也是对之前“解密神秘树”活动中培养的幼儿科学思维的练习和巩固。

2. 小班幼儿数学能力的发展

在摘柚子的过程中,我创设了一定的教育情境,让幼儿知道“老师高,小朋友矮”“老师比较高，可以够得着树上的柚子”……这说明他们对物体的“高矮”已经有了初步的认知，但他们对自己的这种认知还处在无意识的阶段。我有意识地让幼儿通过目测比较高矮，发展其观察、比较和判断的能力。同时，为了引导幼儿对“上下左右”方位的认知，我们在摘柚子的过程中刻意制造了一点小麻烦，目的就是让幼儿清楚地认识到挂在树上的柚子是有不同方位的。我还通过采摘的过程，让他们对“左边”“右边”“上面”“下面”等方位有了进一步的认知，并在以后的活动中有意识地正确运用物体方位的表述方式，而不是用简单的“这边”“那边”“这个”“那个”来替代。

第二次课程审议

这一阶段主题活动的开展，可以看到幼儿多方面能力的发展。一是科学探究能力的发展，这建立在幼儿的兴趣和已有经验的基础之上。为了了解柚子是否成熟，幼儿通过大胆联想、亲身尝试来验证自己的猜测。而在制作柚子指示牌时，幼儿积极调动自己在生活中获得的有关指示牌的经验，知道指示牌是用来提醒大家做某件事或不做某件事的，通过迁移经验成功制作了柚子指示牌。整个活动自然融入了数学领域中的目测比较高矮、认识空间方位等内容。这一系列活动的开展过程是幼儿经验得到不断提升和丰富的过程，也是幼儿科学探究能力发展的过程。

二是社会交往能力的提高。小班幼儿喜欢大自然，愿意亲近大自然，他们在与自然的真实互动中获得新的认知。为了达成自己的活动目标，他们也有了主动向他人寻求帮助的意识。在这个过程中，教师创设开放的语言环境，让幼儿能有向同伴清晰讲述自己已有经验的机会和经历，同时能倾听他人的意见和想法，发展初步的表达和倾听技能，提高初步的解决问题的能力。

(三) 黄金果儿知多少

小小一个,浑身是宝,吃喝玩乐一样都不少!

1. 柚子胖乎乎

柚子到底是什么样子的呢? 孩子们迫不及待地想要去一探究竟了。第二天孩子们纷纷将自己在家准备的柚子带到了班级。

宸宸看着自己手上胖乎乎的柚子说:“柚子是黄黄的。”

朱朱补充道:“树上的柚子还没有熟,所以是绿色的。”

昕宇:“柚子熟了以后就会变成黄色的。”

恒恒一边摸着自己的柚子一边说:“柚子圆圆的、大大的。”

我:“柚子又大又圆!”

子洛笑了起来:“柚子圆溜溜的,像个大皮球。”

启航看着自己的柚子说:“柚子很好吃,酸酸甜甜的。”

濛濛:“我吃过柚子的,柚子可好吃了。”

图 3 - 10

小小贝:“柚子皮摸上去滑滑的,柚子闻起来是香香的。”

小鲍开心地笑了起来:“我们来剥个柚子吧。”

2. 剥个柚子吧

柚子皮那么厚,想尝到柚子的味道还真不容易。孩子们努力尝试自己剥柚子,可柚子皮那么厚,很多孩子无从下手。

“老师,这皮怎么剥啊?”

“老师,我不会剥。”

还有些孩子在努力想办法,有的尝试用手剥,有的尝试用嘴咬,可都没有成功。于是,他们纷纷跑来找我帮忙。

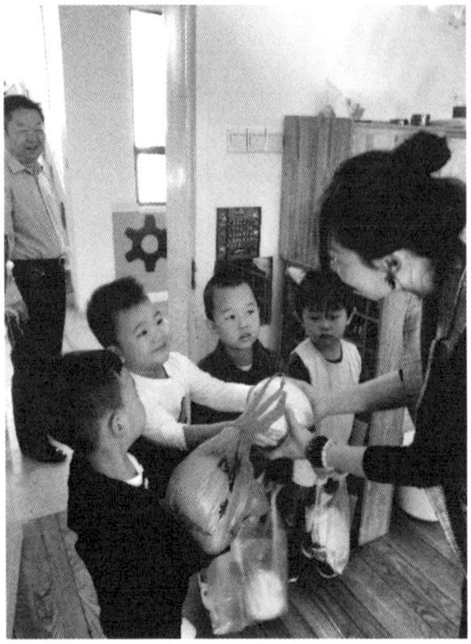

图 3-11

我:“你们都想了哪些办法啊?”

恒铮:“我用手剥的,但是根本剥不动。”

恒恒:“我用牙齿咬,可一点儿也咬不动,我的牙齿都要掉了……”

星星:“是的,我也咬了,这皮可难吃了!”

朵颜:“我用手抠也不行,我的手都抠得疼死了!”

我:“啊,那怎么办?我也不会剥柚子啊!”

我假装不会剥柚子,这让孩子向我求助的方法宣告失败。

我:“要不,今天回家你们再想想、再试试,也可以向爸爸妈妈请教,看看到底怎么剥柚子。”

孩子们带着任务回家了,我也在班级微信群里发信息,请爸爸妈妈帮忙把孩子在家剥柚子的过程拍一些照片或视频分享在群里。

第二天,孩子们一到幼儿园,就兴奋地讨论起剥柚子的方法。

西西说:“我知道,要在上面划一个小口子,妈妈在家就是这样剥柚子的。”

宸宸:“我妈妈在网上查了资料,我们用了网上的方法。”

常菁:“我是用手撕的,爸爸教了我撕皮的方法。”

接着,我们在电视屏幕上播放了孩子们剥柚子的照片,每个孩子都把自己剥柚子的方法和同伴进行了分享。大家剥柚子的方法都不太一样,到底用哪种方法最好剥呢?

我鼓励孩子们对所有剥柚子的方法进行了统计和分类,并选出自己最心仪的方法。结果发现,多数孩子把票投给了“网上的方法”:先把柚子切半,再划上几道口。大家发现从网上还真是可以学到不少小知识呢!

大家都想亲身试试这个选出来的最佳方法。于是,孩子们相约第二天每人再带一个柚子来专门剥皮。

图 3－12

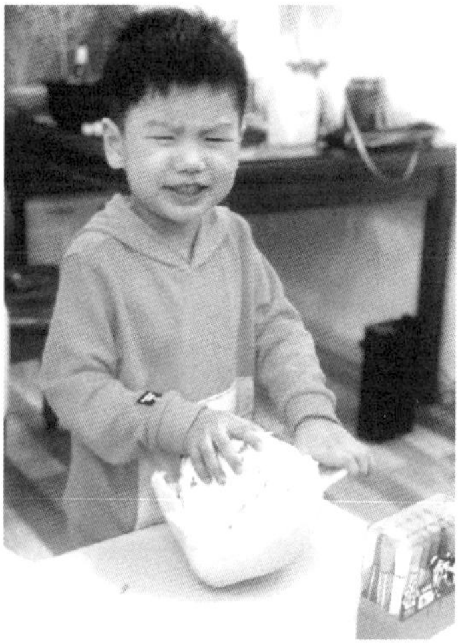

图 3－13

图 3－14

图 3－15

3. 粉红色的柚子

柚子带来了，可令孩子们意想不到的事情发生了：航航带来的柚子竟然是粉红色的！活动开始前，孩子们抱着自己圆滚滚的柚子奔走相告："航航带来了一个粉红色的柚子！"

朱朱不敢相信:“什么？航航的柚子怎么会是粉红色的?!”一转头,看见航航抱着“巨大”的“明星”粉柚子,有些局促,不知是喜是忧。

“怎么会有粉红色的柚子?”

“为什么是粉红色的?”

质疑和好奇的声音此起彼伏。很明然,孩子们的常规认知被打破,大家迫切地想知道:为什么航航的柚子是粉红色的？粉红色的柚子到底有什么秘密?

我:“你们似乎都发现了一个不一样的柚子。”话音刚落,孩子们的目光就不约而同地投向了航航。

我请航航带着他的“明星”柚子来到了身边:“航航,你的柚子今天成了‘明星’,为什么呢?”

孩子们激动地齐声回答道:“航航的柚子是粉红色的!”

航航腼腆地笑了笑:“我也不知道为什么我的柚子是粉红色的。”

我建议大家可以先用网上的方法剥航航的柚子试试。大家带着满满的好奇,把柚子剥开。

图 3-16

“哇！是红色的果肉!”孩子们齐声说道。

朱朱认真地说:“我知道了,粉红色柚子里面的果肉是红色的,那黄色柚子里面的果肉肯定就是黄色的。”

是不是如朱朱所说,黄色柚子里面的果肉就是黄色的呢？孩子们的目光开始从粉红色柚子转到了黄色柚子的身上。切开柚子,大家却发现,黄色柚子里面的果肉并不是黄色的,也是红色的。

我在孩子们的要求下又切开了几个黄色的柚子,发现黄色的柚子里不仅有红色的果肉,还有白色的、黄色的果肉,新的发现让孩子们激动无比。

4. 柚子真好吃

(1) 酸酸甜甜的柚子

柚子分好后，每个孩子都分到一小块柚子吃，小鲍一边剥一边吃了起来……

其他孩子见小鲍一边剥一边吃，也纷纷效仿起来。

小鲍嘴里塞满了柚子果肉，嘟囔着说："柚子酸酸甜甜的，太好吃了，我喜欢吃。"

西西："我觉得柚子甜甜的，一点都不酸。"

我："不同颜色的果肉味道一样吗？"

听到我的话后，孩子们对不同颜色的果肉更加感兴趣了，他们经过观察发现，有的柚子果肉是白色的，有的柚子果肉是粉红色的，还有的柚子果肉是黄色的。怎样可以尝到别的颜色的果肉呢？

小鲍起身跑到了宸宸的面前："我们交换可以吗？"小鲍想要用自己手中的红色果肉换宸宸的黄色果肉，得到了宸宸的同意。其他孩子见到了，也用同样的方法和同伴进行交换，最后大家都吃到了三种不同颜色的果肉。哪种颜色的果肉最好吃呢？

有的说红色果肉好吃，有的说黄色果肉好吃，大家七嘴八舌争论不休。

"投票吧。"子落说。

于是，"哪种颜色的果肉更好吃"投票活动开始了。这一次，每个孩子都把手中的三票投给了自己最喜欢吃的柚子果肉，结果表明：红色果肉的味道是大家最喜欢的，其次是黄色果肉，最后是白色果肉。

(2) 蜂蜜柚子茶

柚子没有全吃完，还剩了一些，柚子果肉还可以做成什么呢？

朱朱："蜂蜜柚子茶很好喝的。"

朵拉疑惑地问："可以做柚子蛋糕吗？"

小鲍似乎想到了一个好点子："柚子面条会不会好吃呢？"

朵颜说："把柚子做成柚子果汁。"

我："但是，我们怎样知道吃柚子的不同方法呢？"

振扬："可以到网上搜一搜。"

上网查询确实是不错的选择。我们打开了网络界面，输入"柚子美食"的词条，各种千奇百怪的柚子吃法立即出现在了孩子们面前，而出现频率最高的"蜂蜜柚子茶"很快吸引了孩子们的注意。

元宝："哇，那是柚子皮吗？"

小鲍立刻就观察到了柚子皮上的白糖："我看到柚子皮上还有糖，一定很好吃。""柚子皮还能做茶吗？蜂蜜柚子茶是什么味道呢？"周周补充说。于是大家决定试一试。

图 3－17

图 3－18

图 3－19

看到大家做蜂蜜柚子茶的积极性这么高，我追问道："我们需要些什么材料来做蜂蜜柚子茶呢？"

昕宇："柚子我们班上已经有了。"

常菁想到了："还要蜂蜜。"

振扬："我们家有蜂蜜，我可以带点过来。"

星星："还要再加点水。"

需要的材料确定好后，制作蜂蜜柚子茶的计划也定了下来。

听说孩子们要做蜂蜜柚子茶，好几个热心的家长主动带来了蜂蜜。材料准备齐全，制作活动就开始了。

濛濛一边剥柚子一边说："把果肉放进去，再放点蜂蜜，还要加点水。"

旁边的星星问："这样可以吗？"

宸宸连忙摇头说："不行不行，你的果肉太大了，要小一点，小一点。"他一边说一边小心翼翼地比画了一个很小很小的手势。

于是星星将果肉一点一点分开，把剥碎的果肉放进水杯，又放了一勺蜂蜜，在我的指导下加入了适量的温水，最后用勺子搅拌了一下，蜂蜜柚子茶就做好了。

大家迫不及待地品尝自己做的蜂蜜柚子茶。

常菁指着自己的蜂蜜柚子茶很满意地说："看，我的蜂蜜柚子茶是红色的。"

濛濛："哇，蜂蜜柚子茶好好喝呀！"

星星："蜂蜜柚子茶酸酸甜甜的。"

朱朱："我要告诉妈妈，我会做蜂蜜柚子茶了。"

教师的思考

1. 在直接探索中积累经验

柚子作为常见水果的一种，有其典型的特征，可是活动开展近一周，幼儿也只能远远地观察柚子的外形与颜色，无法通过亲身体验了解柚子的整体特征，如柚子皮的触感、柚子瓤的颜色与形状、柚子籽长什么样等。为了让幼儿能真实地了解柚子，大家决定买柚子来开展一番"研究"。柚子带来后，幼儿兴奋不已，他们对手中的柚子爱不释手。在把玩间，幼儿最先注意到的是柚子的颜色和形状，但是很快他们的兴趣转移到了柚子内部，并开始了自己的探索。

2. 在操作与分享中感受"方法"的重要性

在我们成人看来，剥柚子对于小班幼儿来说不是一件容易的事。但对于无经验的幼儿来说，他们充满自信，非常肯定地认为自己绝对有能力剥开一个柚子，并且对这样的"小挑战"充满了期待和热情。在剥柚子前的师幼讨论中，幼儿想出了“撕”“拉”“拽”“扯”等方法，可以说是厉害极了，可当他们真正开始剥后才发现很不容易。家长在幼儿尝试受挫后及时给予了帮助，帮助幼儿初步了解和掌握了一些剥柚子的方法，并知道如果有好方法，剥柚子其实也可以很简单。通过第二天的集体分享，幼儿更加意识到方法的重要性，并且通过全班性的小投票活动“你最喜欢谁的剥柚子方法”，大家有了欣赏和接受他人方法的初步体验，这对小班幼儿“逐步萌生自我意识，欣赏和接纳他人”是有重要意义的。

3. 我们都是爱吃水果的小可爱

小鲍是班级公认的小馋猫，谈起柚子，小鲍很快就想到了吃，吃柚子吃得那么开心的小鲍也成功吸引了别的幼儿的注意。吃柚子成为幼儿生活中的小常态后的一天，思涵妈妈告诉我们：“思涵以前是很不喜欢吃柚子的，但是现在她一谈起柚子就眉飞色舞，吃柚子的兴趣比以往任何时候都浓厚。”这让我们意识到，其实开展柚子方面的主题活动会对幼儿的饮食习惯产生影响，因此，在后面相关的柚子活动中我们可以留意寻找“喜欢吃蔬果”活动的开展契机，让幼儿在生活中养成多吃蔬果的好习惯。

（四）柚子皮乐无穷

柚子进入班级后，生活区的剥柚子就成为班级的常态活动，孩子们几乎每天都能吃到新鲜的柚子，班上的柚子皮也越来越多。剥出来的柚子皮有什么用呢？孩子们说可以泡柚子茶，可以做帽子、做小船，还可以做柚子灯！我将柚子皮分别投放在了科学区和美工区，柚子皮变成了孩子们感兴趣的活动材料……

图 3-20

1. 柚子灯

美工区的柚子皮上被孩子们画上了好看的花纹，还抠出了各种形状的洞洞，我帮忙在柚子皮两边系上了绳子，悬挂在活动区。变身的柚子皮很快吸引了其他孩子的关注，他们不时地来摸一摸，看一看。如何将这些创意让所有孩子都了解呢？于是，系上绳子的柚子皮出现在全体孩子面前。

“老师，这个像一个碗。”

“奶奶家有盆花，花盆就是这样挂起来的。”

“这个好像春节买的荷花灯。”

“像可以提的灯笼。”

“那柚子皮可不可以做柚子灯呢？”

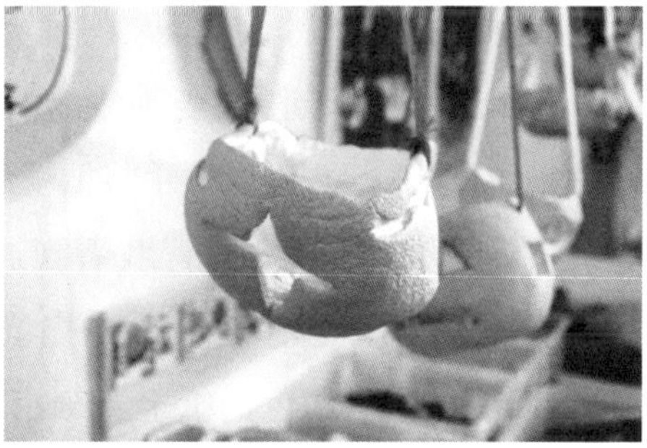

图 3-21

孩子们的意见分成了两种，一种是可以，一种是不可以。

“只要在里面加一个灯就可以做一个柚子灯了。”有的孩子说道。

可是，哪里有这样的灯呢？

在活动室里没发现，孩子们决定回家找找看。然而他们在家里也没有找到。有孩子提出，妈妈告诉他可以在网上订购，于是我们在网上搜了一下，马上就购买了一些小的电子灯。

图 3-22

买好了电子灯，柚子灯就可以准备制作了。我和孩子们一起在网上查看资料，了解柚子灯的制作方法，也欣赏了网络上别人制作的五花八门的柚子灯。借鉴了好的经验，孩子们开始尝试制作属于自己的柚子灯。他们有的将柚子皮掏出一个洞，有的在柚子皮上作画，不一会儿，一个个有着漂亮小图案的柚子灯就出现了，虽然做得有些粗糙，但是却别具一格。在欣赏环节，孩子们拿着自己心爱的柚子灯有模有样地向同伴做介绍。

为了更好地展示孩子们的作品,我专门做了一个简单的小展览,把孩子们的作品悬挂在走廊的两边,这样无论谁从我们班门口路过,都能看到孩子们的作品。形状各异的柚子灯果真受到了大家的好评,总有其他班的孩子在我们班门口驻足,欣赏、评论作品,孩子们的心里美滋滋的。

2. 柚子皮画笔

每天都有孩子到美工区做柚子灯,美工区留下来一堆孩子们抠下来的小块柚子皮。一天,周周顺手将柚子皮放到了前面的颜料盘里面,柚子皮上顿时就沾上了好看的颜色。我看到这一幕,及时提醒周周:“试试把柚子皮上的颜色印到纸上呢?”听了我的建议,周周赶快拿来一张纸,将柚子皮上的颜色印到了纸上,白色的纸上立刻出现了漂亮的颜色。周周为这一发现兴奋不已,又开心地试了试别的颜色,很快,周周的纸上印满了各种颜色的花纹。

图 3-23

旁边的恒铮看到后说:“柚子皮还可以画画呀! 我也来试试。”

“怎么画呢?”

旁边的小小贝说:“用柚子皮蘸上颜料,就可以画了。”

“用哪一面蘸颜料呢?”

正在创作的周周告诉大家:“两面都可以的,但是画出来有点不一样。”

周周和同伴的谈话吸引了其他几个孩子,大家都对用柚子皮作画感到特别的新奇,于是,纷纷跑到美工区进行尝试。大大小小的柚子皮在画纸上印出颜色鲜艳、花纹各异的图案。区域活动结束后我细心地将大家用柚子皮拓印的作品展示在了美工区,其他孩子看到新颖的作品,都情不自禁地发出“哇! 真好看!”的赞叹声。

图 3－24

图 3－25

3. 柚子皮电话

有一天早上，豆丁拿起一块半月形的柚子皮看了一会儿，笑着说道："哎呀，这不就是部电话吗？"说完把它顺手放到了自己的脸颊上，并向四周的孩子喊道："喂喂，妈妈在家吗？收到请回复。"正在区域中游戏的孩子似乎受到了感染，兴奋地跟着喊起来："喂喂。"豆丁马上向大家发出了邀请："都过来，来，每人一部电话。"然后他给每个孩子都发了一块柚子皮。不一会儿，柚子皮电话进到了每个区域中，大家都沉浸在自己的柚子皮电话游戏中。

图 3－26

后面的几天，柚子皮电话成了班级的"新潮流"，只要是游戏时间，孩子们必到科学区借用一部柚子皮电话，而游戏结束后大家也会自觉地将柚子皮送回科学区的小筐中，下次游戏时再来取用。

4. 柚子皮帽子

一天早上，几个孩子在生活区剥柚子，他们很快剥好了几个柚子，剩下的柚子皮引起了舟舟的注意。

他盯着一个半圆形的柚子皮看了好一会儿，拿起来戴在了头上，然后开心地跑到朵颜面前问：“好不好看？”

朵颜：“哈，好看，像帽子。”

舟舟：“对，我做的就是柚子皮帽子。”

图 3 - 27

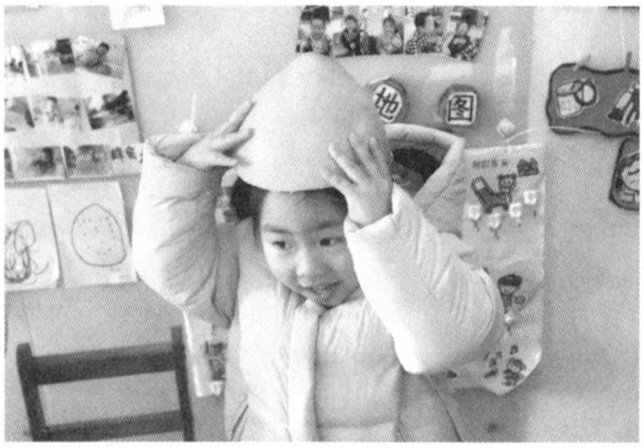

图 3 - 28

图 3 - 29

朵颜：“哇，我也来戴一顶。”说着，她也找了一块半圆形的柚子皮戴到了头上。

其他孩子看见了很羡慕，纷纷跑来生活区拿剥下来的柚子皮戴到头上。可半圆形的柚子皮只有几块，很快被抢光了，迟来的孩子只好拿着不规则的柚子皮戴到了头上，但他们发现不规则的柚子皮戴不住，总是会从头上掉下来。

为了有一顶柚子皮帽子，孩子们都来到生活区剥起了柚子，而且为了能得到半圆形的柚子皮，他们不再像以前那样随意地剥柚子，而是运用前面学到的剥柚子方法，尽量剥出完整的半圆形柚子皮。一时间，戴上一顶柚子皮帽子成了孩子们的新时尚，他们会戴着柚子皮帽子到处玩耍，自发地进行各种表演。

5. 柚子皮房子

这天一大早，豆丁就在生活区忙起来了。他把剥下来的柚子皮放在桌上，一会儿把柚子皮堆在一起，一会儿又把它们分开。就这样，他捣鼓了好一会儿，柚子皮又堆在了一起，然后他跑到建构区，拿了一个超级小飞侠乐迪放进了柚子皮堆中。他高兴地看了一会儿，就跑来拉着我去看他的作品。

我：“豆丁，这是什么呀？”

豆丁：“这是我给乐迪盖的房子。”他指着那堆柚子皮说。

我：“噢，是柚子皮房子呀！那乐迪从哪里可以进去啊？”

豆丁：“你看，这边是门。”说着，他将靠最外面的一块柚子皮掀了起来，“乐迪就是从这里进去的。”

我：“房子里面太黑了，好像少了点什么。”

豆丁：“我知道了，是窗户，我马上来做个窗户。”说着他将盖在顶上的一片柚子皮抠出来了一小块，表示那就是窗户。

做好窗户后，豆丁眯起一只眼从他刚做好的小窗户往柚子皮房子里瞧了瞧，说：“嗯，房子里亮了，现在可以了。”

我在游戏后的分享环节，让豆丁将他为乐迪做的柚子皮房子展示给大家看，孩子们都觉得乐迪的新房子真不错，他们也表示要用柚子皮为其他的超级飞侠做房子。

6. 柚子皮的雪花梦

时间一久，有些剥下来的柚子皮变干了。一天，小小贝来到科学区，拿着这些干的柚子皮敲了敲，柚子皮发出了脆脆的响声，他觉得挺有趣。接着他又摸了摸柚子皮的里面，对旁边的小悠说：“你摸摸看，这柚子皮里面麻麻的，感觉有点儿刺手。”

小悠也拿起了一块柚子皮，摸了摸柚子皮的里面，说：“嗯，是有点儿刺手。”她突然叫了起来：“老师，你快来呀！”我来到她身边，发现小悠手上有些白白的东西。她已经快急哭了：“这是什么呀？”小小贝也凑过来看：“咦，这是什么呀？”他又看了看自己的手，也叫了起来：“我也有。”我故意惊讶地叫起来：“是呀，你们是不是摸了什么东西？”听了我的提示，小小贝和

图 3－30

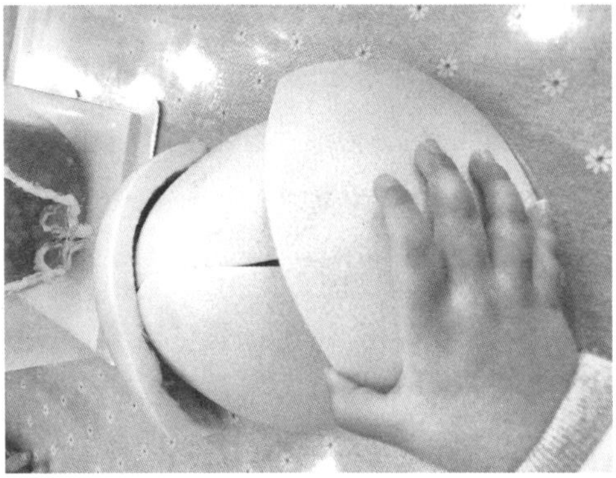

图 3－31

小悠立刻看了看柚子皮里面:“是这上面的白白的东西。”他们又尝试用手在柚子皮里面刮了刮,很快又刮下来一些白色的粉末。我拿了两个一次性塑料杯递给他们,他们赶紧用杯子接住掉下来的白色粉末。小小贝又拿了一块刚剥下来的新鲜柚子皮试了试,发现并不能刮下来白色粉末。我对他们说:“哇,你们的这个发现太了不起了,请你们将自己的发现记录下来吧!”

图 3－32

图 3－33

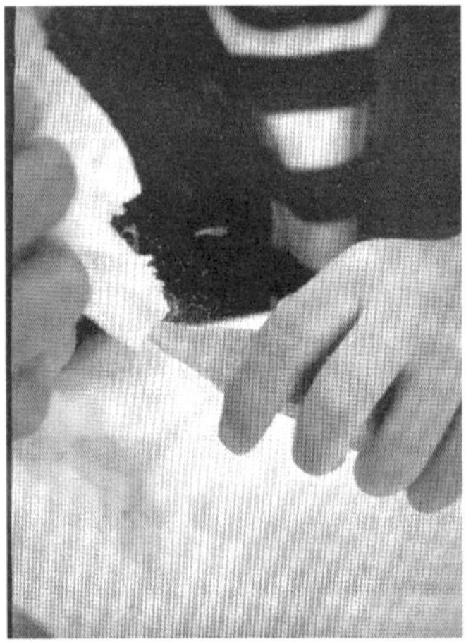

图 3－34

游戏后的分享环节,我请他们将自己的发现告诉了大家。很多孩子都亲手去试了试,发现真的能用手刮下一些白色粉末。我故作苦恼地问道:“这白白的东西是什么呀?”子落说:“这是皮上面白白的肉。”小小贝说:“这些肉变干了,一刮就能刮下来。”我请小小贝拿一块剥下来好几天的干柚子皮和一块刚剥下来的新鲜柚子皮,让大家观察比较。大家发现:刚剥下来的新鲜柚子皮里面白色的肉,厚厚的、软软的、湿湿的;而剥下来好几天的干柚子皮里面的肉,薄薄的、硬硬的、干干的,变成一粒一粒的,一刮就掉。

接连几天,好多孩子都喜欢到科学区刮柚子皮。特别是小小贝,每天游戏时间都待在科学区里乐此不疲地用手刮着干柚子皮,杯子里接的白色粉末越来越多。“下雪咯,下雪咯!”他开心地喊着。可能是手抠得有些许不适了,他开始在科学区找各种各样的工具替代自己的手在柚子皮里面刮。最后,他选择用干柚子皮当工具去刮,并将这种方法确定了下来。

图 3-35

7. 柚子皮发霉了

放在班级中的柚子皮,一部分因为水分蒸发变得干瘪、硬邦邦的,还有一部分发生了不一样的变化。一天早晨,航航发现挂在角落里的一个柚子灯里面长满了黑点点,这是怎么回事呢?孩子们纷纷围了过来,想知道黑点点到底是什么东西。

“我在科学区也看到了,桌子上剥下来的柚子皮上也长了黑黑的东西。”豆丁说。

图 3-36

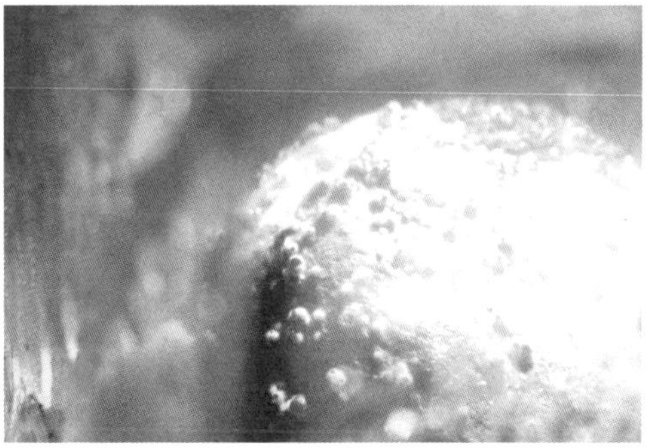

图 3-37

南南:“这是虫子吧?”

小悠:“啊,我害怕虫子!”

“这不是虫子吧?”豆丁摸了摸黑点点,“它不动。”

孩子们用放大镜观察了好一会儿,在柚子皮里没有找到小虫子。

朱朱:“是发霉了,我知道,我家苹果就发霉了。”

小悠:“我们家苹果有一次也发霉了,一大块都变黑了,我妈妈说这有毒,不能吃了。”

我:“是的,这黑黑的东西就是朱朱和小悠说的霉。我们生活中有些食物也会长这种黑黑的霉。”

我继续问:“为什么有些食物,特别是你们讲的苹果、梨子这些水果,会长霉呢?”孩子们七嘴八舌地议论起来。

“水果时间放长了就会长霉。”

“长霉的东西我们是不能碰的,有毒。”

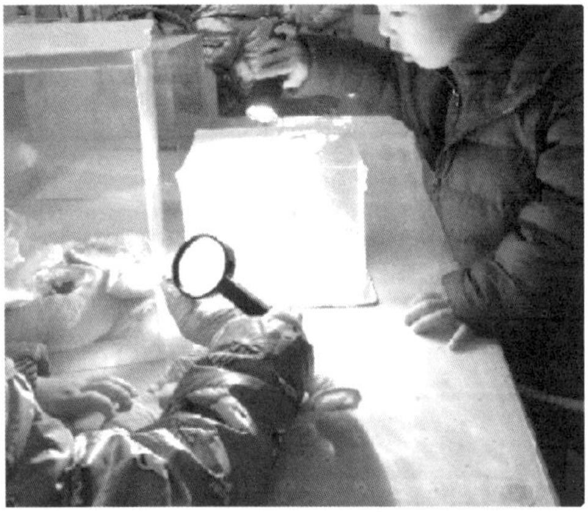

图 3-38

“如果柚子里面有果肉的话,柚子就不会长霉。”

“有空气也会长霉。”

我继续追问:“你还在哪里见过长霉呢?”

“潮湿的地方。”

“在我们家的墙角。”

为了方便孩子们更好地观察柚子皮发霉的现象,当天下午,我们就在网上采购了可视的透明盒,将一块刚长霉的柚子皮密封在了盒子中,又陆续增添了放大镜、手电筒、尺子等工具,供孩子们观察使用。

教师的思考

别看小班幼儿年龄小,他们的创造能力可一点儿也不弱,在“柚子灯”

“柚子皮电话”“柚子皮帽子”“柚子皮房子”“柚子皮画笔”等活动中，他们不仅对柚子皮的特征和用途有了进一步的了解，而且能通过借形想象的方式进行艺术创作，每个人的创作都是独一无二的。我们还专门布置了展览区，用于展示幼儿用柚子皮创作的作品，通过欣赏与交流进一步激发他们的创作兴趣。

同时，我们鼓励幼儿将活动中积累的经验进行迁移，在区域中进行更加深入的探索。剥下来的柚子皮成为他们最喜欢也最常用的游戏材料，这从他们在各区域，特别是在美工区、科学区的自发游戏中就可以看出。我们认为，开放的班级环境是支持小班幼儿在活动中持续探究的重要条件，能体现他们的自主性，也能充分展现他们丰富的想象能力、初步的创造能力、表达能力和发现能力。

第三次课程审议

在这一阶段的活动中，可以看出幼儿通过深入观察和自主探索，对柚子皮的形状、软硬、质地的变化有了较为深入的认识；通过剥柚子皮，对柚子皮的半圆、半月形等图形特征有了形象的感知和了解。特别是在“柚子皮的雪花梦”“柚子皮发霉了”两个活动中，幼儿采用观察、猜测、实验、比较等方法，清楚地感知柚子皮在空气中的变化。游戏后的分享，能将幼儿的个体经验变成集体的经验。

同时，可以看出教师在活动中的角色有两种：一是幼儿和材料、同伴互动的持续观察者。教师通过观察及与幼儿讨论，指出他们可能没有注意到或者无法用语言描述的材料特征、个体行为等，拓展幼儿的探索活动，鼓励他们在新层面进行思考。幼儿会观察到一些成人认为没有特别之处的细节，比如柚子皮上的霉，教师重视了正在发生的时刻和细节，并抓住此教育契机，支持幼儿进行深入而持续的观察。二是材料的持续提供者。有些材料不是教师一次性提供的，而是在预设到幼儿将会有这样的需求时才提前准备好的。如将蜂蜜柚子茶提供到科学区，这是因为在灯光的照射下，蜂蜜柚子茶的玻璃罐变得特别不一样，能吸引幼儿的注意。再比如，当幼儿发现柚子皮发霉后，教师及时提供透明观察盒，利用灯管帮助幼儿更好地观察霉菌的外形及生长过程。平凡的小事物，在辅助工具的帮助下，可以引发幼儿的探究兴趣。

(五) 摘柚子娃娃喜洋洋

1. 怎么摘柚子?

柚子宝宝在树上渐渐变黄了，孩子们开始寻思着要把柚子从树上摘下来。可是怎么摘柚子呢? 柚子树对于孩子们来说还是挺高的，他们会想出什么样的办法呢?

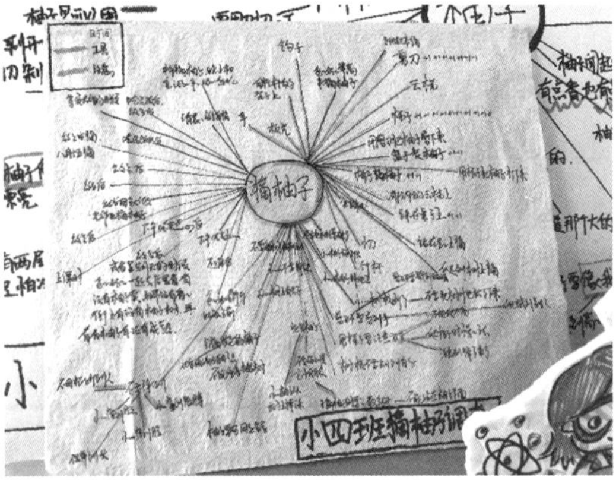

图 3－39

我和孩子们一起讨论摘柚子的方法。我发现，孩子们更关心的是摘柚子的时间、方法、工具以及摘柚子时应该注意的事项。于是，我和孩子们一起设计了调查表，调查表共分为四个部分，分别是他们最关心的四个内容，然后请他们和爸爸妈妈一起填写了调查表。

第二天，我一共收到了 17 份调查表，孩子们想到了“爬梯子”“站在桌子和椅子上”“让爸爸妈妈抱着摘”“跳起来摘”“爬到树上摘”“在消防云梯上摘”“摇树摘”“站在星星上摘”“坐飞机摘”等多种方法。经过统计和分析，我发现选择“爬梯子”方法的孩子最多，其次是“站在桌子和椅子上”。

孩子们各自分享了调查表，有趣的是，在朱朱小朋友的调查中，竟然说到女孩子是要站在椅子上摘的，而男孩子应该站在桌子上摘。在周周小朋友的调查中，她先是想到了站在桌子和椅子上来摘柚子，后来又将自己的想法否定了，因为她觉得柚子树对于小朋友们来说实在是太高了，需要用到梯子。

摘柚子需要什么工具? 孩子们提到了剪刀、梯子、小刀、竹竿、棍子、板凳、钩子、手套、篮子等，几乎每个孩子都认为需要用到剪刀。关于摘柚子时需要注意的一些事项,他们罗列了许多:不能伤害柚子树、要与同伴分享、注意不能从梯子上摔下来、要注意不让柚子砸到下面的小朋友、摘下来的柚子要抱着、不能站在柚子树下以免被砸到、小朋友不能爬梯子、看摘柚子时要分散站、不要被树枝刮到、小心树上的虫子、只摘熟了的柚子、不要把树上的叶子带下来、用棍子的时候不能打到别人……可见,孩子们和家长都对摘柚子活动进行了充分的考虑,所提及的注意事项一方面反映的是孩子们的思考,另一方面反映的则是家长们的担忧,这些都为我们后续开展活动提供了行动参考和方案准备。

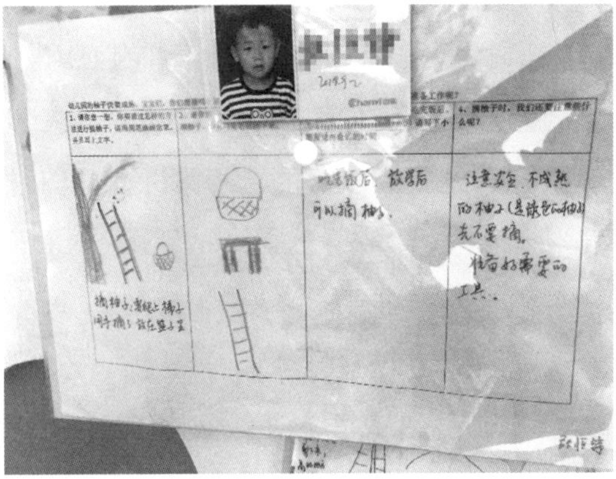

图 3－40

2. 一起找工具

孩子们按照计划带来了剪刀和手套,接着又准备了几把自己平时坐的小椅子,朱朱还想到了教师坐的椅子更高,觉得它更有利于摘柚子。子落提醒大家不要忘了把桌子也带上。昕宇立即反对说:“桌子太大了,小朋友们搬不动,除非老师帮忙。”恒恒说:“我们可以在一楼小一班借一张桌子。”这个想法得到了大家的一致同意。

装柚子的筐子在哪里找呢?舟舟想到了美工区盛柚子皮的篮子,立刻跑到了美工区将篮子拿了过来。我建议大家都可以去试一试,找找看活动室中还有什么合适的装柚子的工具,孩子们很快就在活动室里忙开了。不一会儿,大家就找来了娃娃家的小推车、平底锅,建筑区的安全帽等多种工具。

图 3－41

可是计划中的梯子哪里会有呢？我突然想到了小一班有自己的梯子，于是建议孩子们在借桌子的时候可以顺带询问是否有梯子。

就这样，孩子们携带着自己的工具来到了一楼的小一班，他们顺利地借来了桌子，但是小一班的老师告诉孩子们，他们班的梯子已经被别的班借走了。没有了梯子，这可怎么办呢？

图3-42

正在清洁楼道的保洁阿姨看到孩子们在找梯子，走过来说："在楼梯下面就有梯子呀，可以去拿，但是用完了要记得还回来。"宸宸、子落和小小贝快速来到楼梯下，拖出梯子，开心地抬着梯子就朝柚子树走去。

3. 合作摘柚子

齐心协力摘柚子

让谁上去摘呢？会不会有危险？大部分孩子还在观望的时候，舟舟已经自告奋勇率先爬了上去，后面小鲍、朱朱也跟着爬了上去。他们正爬的时候，下面的孩子已经开始大声喊："快下来快下来！上面人太多了，太危险！"我也建议他们都从上面下来，并询问其他孩子："梯子一次能上去几个人？"孩子们齐声答道："一个人！"我又问："为什么呢？"宸宸凑过来说："如果上去的人多就很危险。"小鲍还不忘补充道："而且站在梯子下面也摘不到，我刚刚就试了试。"此时，朱朱建议让子落上去试一试，我问："为什么呢？"朱朱回答道："因为子落最高，她上去应该就能摘到。"可是子落站上去以后还是没有能够将柚子摘下来。

图3-43

宸宸意识到梯子离顶上的柚子还有一点远，于是提议："我们把梯子移到柚子的最下面再试试。"

紧接着，大家合作将梯子挪到了柚子的正下方。这一次子落成功地够到了柚子，可是，她试了好几下都没有把柚子拽下来，怎么办呢？

小鲍立即说："我有办法，让我来试试。"小鲍一副势在必得的样子麻利地爬上梯子，他把柚子搂在怀里使劲地往下拽，柚子也没有摘下来。站在下面的昕宇对小鲍喊道："拍！小鲍，你拍拍试试呢？"小鲍用手在柚子上拍了好几下，可是，柚子仍然纹丝不动，小鲍脸上顿时露出尴尬的神情。

宸宸似乎想到了一个办法，向小鲍喊道："你摇一摇呢？"小鲍有些气馁地抓住旁边的柚子树枝，象征性地摇了摇，柚子依旧骄傲地挂在枝头。

轮番试过几种方法后，小鲍已经由刚开始的势在必得变成了无可奈何，而下面等待的孩子已经有些焦躁了，"我来""我来"的声音此起彼伏，大家都想去试一试。

图 3－44

图 3－45

小鲍见状，重整旗鼓，已经完全没有最初上梯子时那种害怕的情绪了，他一把抱起柚子，龇牙咧嘴地使出浑身力气，一心只想把柚子摘下来。下面的孩子见状，被小鲍的决心感染到，一起为他加油呐喊："加油，小鲍！"

图 3－46

"加油!""使劲呀!"小鲍使劲抱住柚子,小脸已经憋得通红。扑通一声,柚子从树上掉了下来。小鲍似乎是被惊吓到了,看着掉落的柚子愣了一会儿,柚子正好掉在西西手上的安全帽里。大家都没料到柚子会这么快掉下来,还没反应过来时,西西手中的安全帽连带柚子一起滚到了地上。现场先是一片寂静,继而一片欢呼,大家都兴奋地围到西西身边,争先恐后地看着这个期待已久的柚子。

4. 分享柚子

图 3-47

图 3-48

图 3-49

接下来,不少孩子尝试着用小鲍的方法将树上的柚子全部摘了下来。总共有多少个柚子呢?"我们刚发现柚子树的时候看到树上有 7 个柚子,后来我们想看看柚子熟没熟时摘下来了一个,所以应该还有 6 个柚子。"有孩子回答道。"那我们数一数不就知道了吗?"话音刚落,有孩子将摘下来的柚子排成了一排,大家很认真地数了一遍,果真是 6 个柚子。

孩子们将柚子带回班级后,他们急着要将自己的喜悦和大家分享。"和谁分享呢?"孩子们七嘴八舌地讨论,最后大家决定分成 5 个小队将摘到的柚子分别送给小一班的小朋友们、隔壁大班的哥哥姐姐、园长妈妈、办公室和生活馆的老师,最后还留下一个放在班上,他们计划下午再品尝。

教师的思考

1. 有计划的行动

摘柚子对于小班幼儿来说是一件新奇的事情。小班幼儿处于直觉行动思维阶段，他们是“行动者”，他们在表达的过程中，并不经常反思自己的言行所带来的持续意义。而我们在摘柚子之前特意开展如何摘柚子的讨论，其实就是引导幼儿对自己行动前期的计划进行思考，这样有计划性的活动小环节有利于帮助他们再次意识到自己的想法，有利于他们有计划、有准备学习的发生。我们还充分利用了家长资源，这种家庭小调查活动，可以让家长参与到幼儿园活动中，帮助幼儿梳理自身经验；同时也能有效帮助教师对幼儿的想法进行梳理和分析，对他们的已有经验有较为详尽的了解。

2. 有初步的分工合作意识

在活动中，幼儿之间的分工与合作成为可能。为了备齐摘柚子需要的工具，他们积极想办法，在班级中寻找自己认为合适的工具，有的幼儿找的是桌子、椅子一类的爬高用的工具，有的幼儿找的是篮子、购物车一类的盛柚子的工具，还有的幼儿寻找的则是剪刀、刀等摘柚子的工具。其实这个过程隐含着幼儿初步的活动分工，寻找工具的过程体现的是幼儿对摘柚子活动不同方面的关注，他们在活动中自发进行了“扶梯子”“摘柚子”“接柚子”“小指挥”等不同角色的分工。

（六）柚子种子的小旅程

1. 第一次种柚子

图 3－50

吃柚子的时候，豆丁发现了柚子果肉上的小点点：“咦，这个是什么？”

宸宸也发现了：“这个应该是柚子的种子吧。”

濛濛凑了过去：“我这个也有。”

星星:“真的是柚子的种子。”

恒恒赶紧挥着手说:“柚子种子不能吃的。”

西西:“要不我们把它种起来吧,这样就能长出柚子树了。”

在我的建议下,孩子们将柚子种子都收集了起来,第二天他们就带着收集好的种子来到了楼下的小菜园,开始锄地、撒种子,还不忘在门房爷爷的帮助下给柚子种子浇了水。

图 3-51

图 3-52

孩子们每天都去小菜园看看,迫切地想看到柚子树长出来。可是,一周过去了,泥土里的柚子种子一点动静也没有。

朱朱沮丧地说:“可能这些柚子种子都太小了,长不出来树。”

朵拉也很失望:“它们肯定是死掉了!”

2. 第二次种柚子

朱朱剥开幼儿园摘下来的柚子,兴奋地跑到我面前说:“老师你看,这个柚子种子好大呀,这个大种子肯定能长出柚子树。要不我们再种一次试试吧。”这真是一个好提议,可是这一次要怎么种柚子呢?还用第一次种柚子的方法,会不会也不能成功呢?我们向在土壤研究所工作的星星小朋友的妈妈寻求帮助,她对种子发芽有研究。星星妈妈来到我们班级,为大家进行了一场别具一格的小讲座,她细致耐心地讲解,下面的小小学员们聚精会神地听。经过讲解,孩子们明白了一颗小种子发芽需要的条件是温度、水和空气,三者缺一不可。

图 3－53

图 3－54

图 3－55

图 3－56

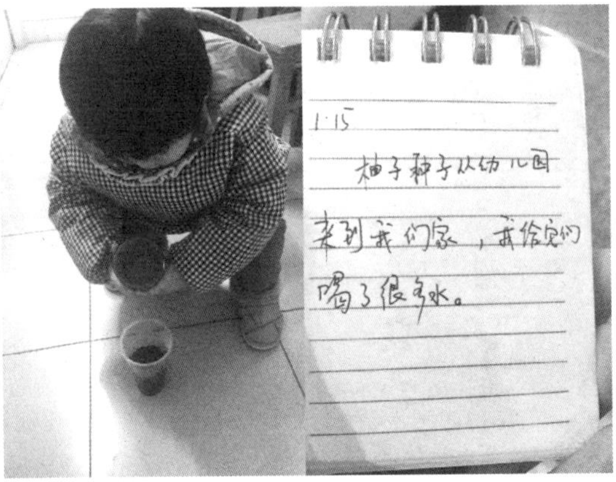

图 3－57

听了星星妈妈的讲述后，我又和孩子们一起查找资料，寻找种植的小诀窍。资料显示：种柚子之前可以先把柚子种子泡一泡，这样柚子种子就能快速发芽了。考虑到柚子种子需要的温度，这一次孩子们换成了用一次性小塑料杯来种……柚子种子种好后，孩子们一天天地期待着柚子种子发芽，还欣喜地把观察到的每一点变化都认真地记录下来。

星星妈妈还给每个孩子都准备了一份小礼物——各种各样装在培养皿中的小种子，在后面的寒假中，孩子们孜孜不倦地种植小种子，观察小种子和小柚子，并以日记画的形式每天做记录。寒假返校后，孩子们这些有趣的日记画被我投放到了图书区、种植区，孩子们会自由地翻阅这些有趣的日记画，而这也成了我们图书区特殊的阅读资源。

教师的思考

我们的教育一直以来都注重引导幼儿和植物的生长发生关系，以此来实现让幼儿关注自然的教育目标。我们在班级中创设了丰富的可供幼儿种植、照料、观察、欣赏、记录的植物角，考虑到小班幼儿的年龄特点，我们更加注重的是幼儿对于种植活动的兴趣，因此我们会选择生长周期较短、生长速度较快的植物供幼儿种植和观察。而柚子种子活动是我们在主题开展预研究阶段就已经考虑到的一项内容，我们在网上查找资料，了解到柚子种子经过特殊的处理后可以在一周之内迅速生长，这是一种广泛培植于办公室或家庭的小盆景植物，也是适合我们在幼儿园开展种植活动的植物。

但是幼儿萌生出要种柚子树的想法却实属偶然。他们在吃柚子的过程中被柚子种子吸引，于是柚子种植活动就这样自然而然地发生了。尽管后来的实践证实第一次的柚子种植失败了，但是幼儿获得了关于刨土、挖坑、浇水等一系列种植活动的初体验。为了确保第二次柚子种植能成功，我们专门联系了有种植经验的家长助教走进课堂，幼儿的整个种植过程得到了“专家”的支持，他们了解到柚子生长所需要的条件，对于种植活动的兴趣也愈发浓厚。

第四次课程审议

1.“大食欲观”理念

摘柚子—吃柚子—种柚子，这体现的是“大食欲观”理念。从种到生长，再到收获，最后到吃掉，这是一个循环往复的过程，是自然界生命体一生的规律。在“柚子熟了”这一主题活动中，小班幼儿与自然界有了第一次长时间的亲密接触，幼儿将柚子当作自己的好朋友，与柚子做游戏，通过各种方式保护柚子，讨论并尝试用各种方法摘柚子，与同伴分享柚子，尝试种柚子，等。这不只是幼儿亲身体验“大食欲观”的最好方式之一，更是全人教育理念的一次实践。

2.博物意识的萌发

幼儿有好奇的天性，生来就具有博物的潜能。教师需要引导幼儿在与外界客观事物(包括自然界、人类文化及人与自然的关系)相互“交流”的过程中，激发出对客观事物观察、辨别、探究的动机和热情，这种动机和热情能够促使幼儿广泛关注、深入观察、静心欣赏、积极探究，从而获得丰富的经验。小班幼儿也具有博物意识，他们在一次次探索中，对柚子树及柚子产生了强烈的兴趣和探究欲望。整个探究过程中融入了健康、科学、社会、语言、艺术等领域的内容。幼儿在亲身实践中不断丰富经验，在积极探究中感受大自然的规律。

三、主题总结

（一）活动脉络图对比

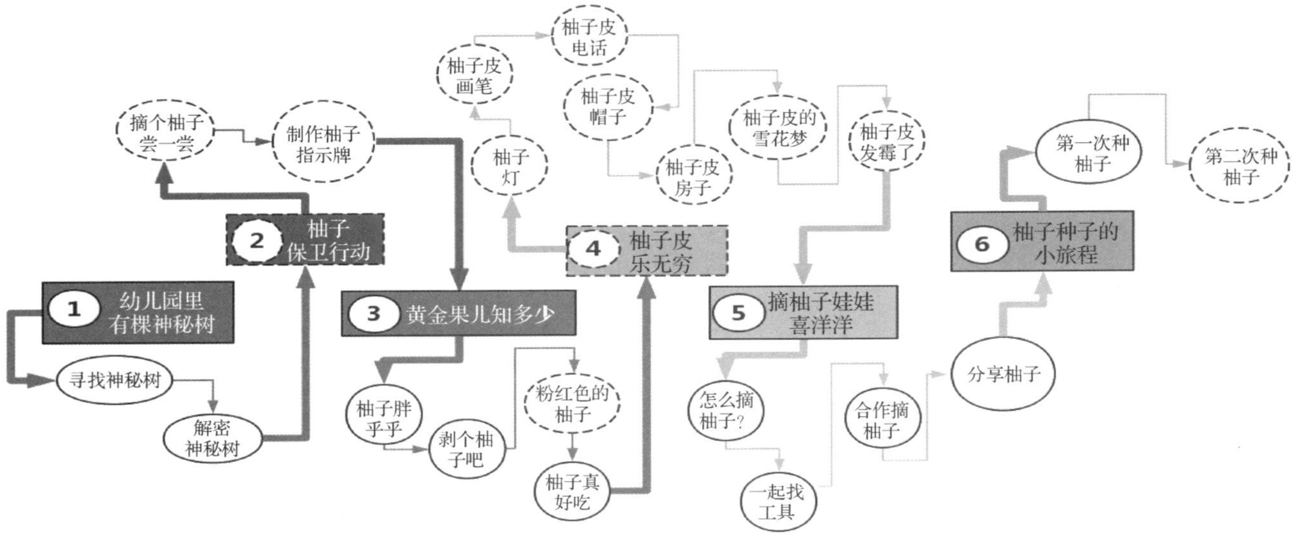

教师预设的活动脉络图主要涉及四个方面，分别是寻找神秘树、吃柚子、摘柚子和种柚子，而在实际活动中又生成了“柚子保卫行动”“柚子皮乐无穷”等内容。主题活动的预设和生成在脉络图中能够很好地得以体现，最终的脉络图也有了较强的故事情节和逻辑线索，体现出前后活动之间高度的相关性。我们能够看到，追随幼儿的经验生成的主题活动是生动的、活泼的，活动的脉络也呈现出主题活动的生活性和游戏性，主题活动与幼儿的生活密切相关，主题的线索融入了幼儿的日常生活和游戏中。

（二）儿童经验分析

对主题中幼儿可能获得的经验的预期是教师对主题价值的初步预估，而主题开展后幼儿经验的获得能够很好地体现主题中幼儿的收获与成长。

首先，“柚子熟了”中幼儿获得的经验与预期经验高度相关，整体呈现出科学领域经验较多的倾向。整个主题开展过程中幼儿多次猜测、观察、比较、分析、发现和描述问题，并主动探究、寻找方法、解决问题，初步体验了科学探究的过程，表现出浓厚的科学探究兴趣。具体体现在：他们能手口一致地点数柚子并说出总数；感知柚子的空间方位，理解上下、前后、里外等方位词；能感知和区分柚子的大小、多少，柚子树的高矮，并能用相应的词表示；认识、了解柚子树的基本特征，能注意并发现除了柚子树外还有各种各样的树；注意柚子较明显的形状特征，能感知和发现柚子皮的软硬、光滑和粗糙等特征，对柚子的皮和果肉有浓厚的兴趣，对柚子皮的外形特点能仔细观察、大胆想象，能感知和发现柚子皮由软到硬的过程；能尝试用科学探究工具观察柚子皮的细微变化；能感知和发现柚子种子的软硬、光滑和粗糙等特征；知道发霉的现象，对霉菌有初步的兴趣；喜欢接触大自然，能感知和体验天气对柚子种子生长的影响。

其次，幼儿经验的维度得以拓展，整个主题活动不仅涉及了幼儿科学领域的经验，还涉及了其他领域经验的丰富和提升，具体体现在以下方面。

健康领域：能手眼协调地准确接住短距离抛过来的物品，能保持身体平衡地摘柚子，喜欢吃柚子等新鲜水果。

语言领域：喜欢与别人交流自己有关柚子树的发现；能够主动向同伴、教师、家人寻求帮助；愿意向同伴和集体介绍自己关于指示牌的想法；愿意表达自己的需要和想法，必要时能配以手势动作；能理解图书上和画面对应的文字是用来表达画面意义的。

艺术领域：能用笔涂涂、画画，并能运用简单的线条和色彩大体画出柚子指示牌；能模拟自然界的事物和生活情景；能运用简单的线条和色彩大体画出自己想画的人或事物；愿意动手、动脑用自己的方法玩柚子皮；喜欢用涂涂画画表达一定的意思，记录柚子或柚子皮的变化。

社会领域：喜欢承担一些小任务，初步了解和体会柚子和人们生活的关系。

学习品质：大胆猜测，积极探究，遇到困难不轻易放弃，喜欢对问题刨根问底，有不断尝试的探究精神和解决问题的果敢坚持。

最后，幼儿个体的经验依托于主题活动中的各个活动，以其自身独有的存在方式呈现出螺旋式生长的样态。

（三）教师的感悟

幼儿园就像是一个汇集四面八方来客的小社区，在幼儿园里有老师、幼儿、后勤保障人员，有建筑物、开阔的场地、花草树木……小班的第一年，对于刚从自己小家庭走进这个陌生小社区的幼儿来说是极富挑战性的一年。他们对家人依赖、对陌生环境感到焦虑等，但好在他们也有无尽的好奇心、求知欲、探索热情，这些都成为引领他们走出别离的“小伤感”，向更广阔的天地前行的力量和基石。而这一次“柚子”成了那个引领我们小四班幼儿前行的力量。

“柚子熟了”是小班幼儿在园开展的第一个主题活动，也是一类科学探究的主题活动，对于幼儿来说是具有挑战性的。但由于主题本身和幼儿的生活——吃、喝、玩有着密切的联系，因此活动中能看到我们教师几乎不用刻意去引导或生发些什么内容，幼儿在彼此经验的自然交流中生发出让自己真正投入的探究活动，这对我们教师来说是很大的鼓舞。同时，小班幼儿在活动中表现出的思维特点、关心的焦点以及探究的热情都令我们印象深刻。

在我们的活动中,“吃柚子”已经不是一件成人眼中吃吃水果就结束的简单事情,为了吃到柚子,他们探寻了剥柚子的方法,虽然略显稚拙,但正是在这纯真的尝试、亲身的体验、实际的操作中,他们对“方法”有了明确的认识、比较和选择。而当幼儿借“柚子皮”展开无尽联想、生发无限创意、进行持续观察时,他们发展起来的语言能力、创造能力、发现能力都令我们甚为欣慰。

整个活动注重小班幼儿科学探究兴趣的激发和科学探究思维的萌芽。在“寻找神秘树”的活动中,幼儿猜想、表达、交流、验证、再猜想、融入家庭的力量再验证……这可以说是对科学探究的初体验,而这样的体验在后面的“摘柚子”“种柚子”环节中呈现得更为完整,他们甚至开始进行初步的行动方案设计和构思。因为幼儿对这些活动感到新奇,也因为他们开始感受到自我的力量,在摘柚子、种柚子的过程中被强烈的兴趣指引,他们逐渐发展起科学的探究思维和能力。

回顾整个主题活动,我感受最为深刻的是幼儿和家长对我们班级的认同,可以说是“柚子熟了”主题活动让我们更为了解彼此、信赖彼此。主题活动的开展离不开班级教师之间的支持,也离不开家庭的支持和认可,更离不开幼儿对活动的认可与投入。长期的主题活动实践探索告诉我,信赖幼儿、同事、家庭甚至社区是主题活动得以成功开展的重要前提。正是因为大家对我们教育观念的认同,我们才能将活动持续下去,彼此的经验才汇聚在同一个主题上,幼儿的经验也才得以在活动中螺旋生长。“柚子熟了”虽然是围绕幼儿园一棵小小的柚子树上不多的 7 个柚子开展的小主题活动,但确实是集合了班级每名幼儿、每位教师、每个家庭的智慧而开展的有意义的主题活动。

幼儿园里的小乌龟

叶　仙　杨天凤

一、主题畅想

（一）活动缘起

十月的一个午后，孩子们在我们的带领下到幼儿园的小池塘边散步，“快看！池塘里有小乌龟！”孩子们立刻围到了池塘边向水面看去。“这儿还有一只！”孩子们发现了好几只。“有大乌龟也有小乌龟。”“这个是乌龟妈妈，那个是乌龟宝宝！”我们耳边都是孩子们兴奋的讨论声。从那天起，小乌龟成了孩子们心心念念关注的朋友，他们每天散步的时候都会问：“老师，我们是去看小乌龟吗？”每天入园或离园时，他们围在小池塘边议论着，说笑着……

小班孩子喜欢亲近大自然，喜爱小动物。小乌龟作为每天和孩子生活在一起的小动物，引起了孩子的兴趣。观察乌龟，可以激发孩子科学探究的兴趣；照顾乌龟，能够让孩子逐渐产生责任心；与小乌龟做好朋友，既可以让孩子与小动物之间产生美好的情感，感受和谐幸福、自然生态的生命成长氛围，又能缓解个别孩子的分离焦虑。于是，孩子们带着好奇与热情，开始了小乌龟的探究之旅。

（二）活动可能的发展脉络图

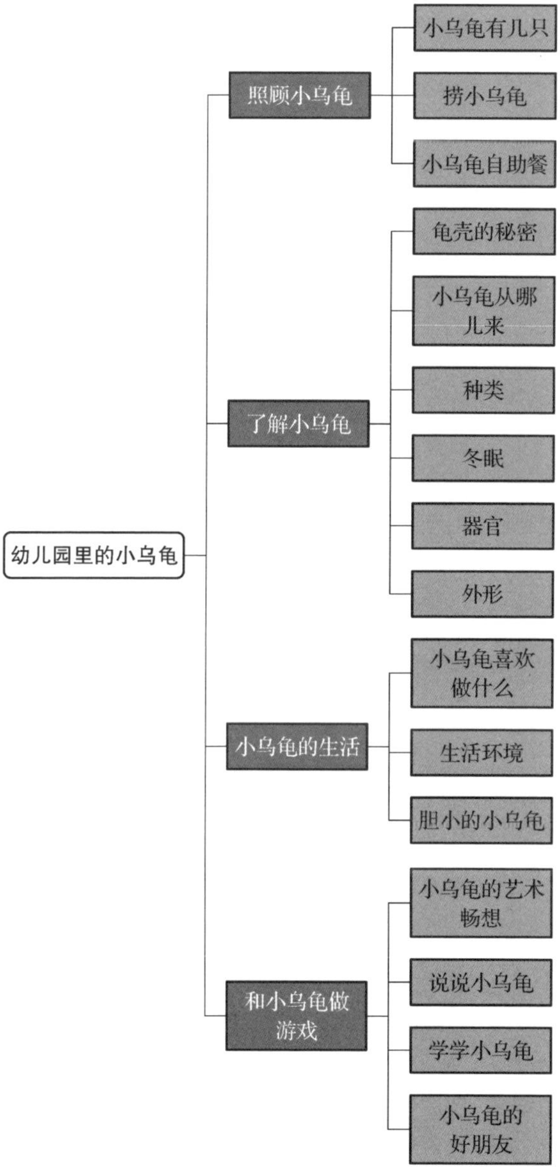

（三）幼儿可能获得的经验图

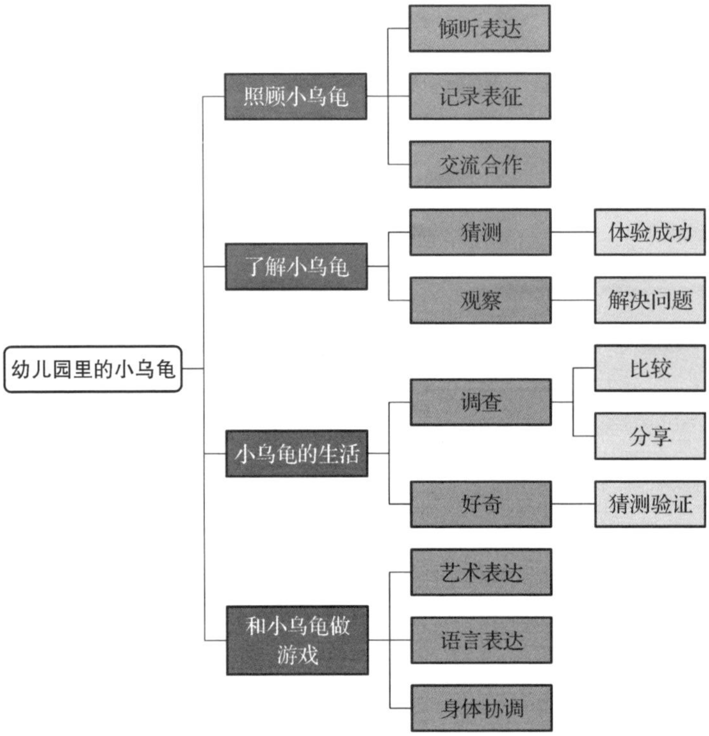

（四）主题可能涉及的资源图

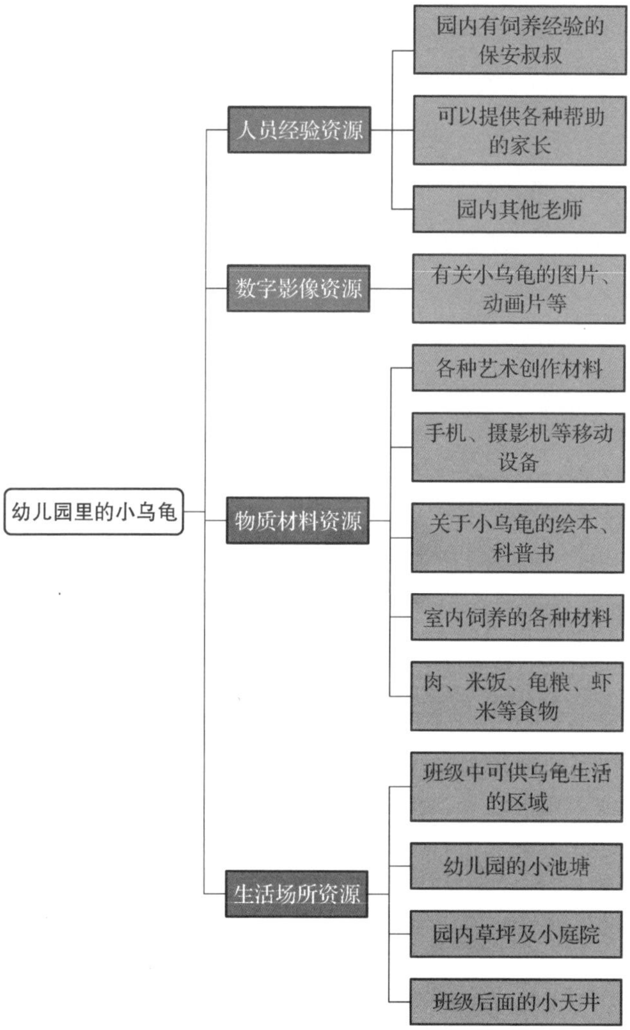

专家点评

幼儿的天性使然,他们喜爱动物,愿意亲近动物。小乌龟是存活时间比较长的爬行动物,现在也多出现在家庭饲养中,所以对于幼儿来说并不陌生,“幼儿园里的小乌龟”作为园内的现有资源,是很好的可利用资源。教师的预研究从“照顾小乌龟”出发,让幼儿在照顾小乌龟的过程中进行“浸入式”学习。那么,“如何因地制宜地利用资源?”“如何环环相扣地持续性推进活动?”“如何在兴趣与探索中丰富与提升幼儿的经验?”这些都需要教师结合幼儿经验进行不断地再预设与调整。教师应持续观察活动全过程,为幼儿提供适宜的支持,让幼儿在活动中感受和谐幸福、自然生态的生命成长氛围。

二、主题开展

（一）池塘里的小乌龟

1. 小乌龟能捞上来吗？

池塘里有几只小乌龟呢？一起来数一数吧。“两只？”“三只？”“四只？”小乌龟游上游下，怎么也数不清。伸出手指再试试，还是数不清，怎么办呢？“把乌龟捞上来数一数吧。”“不能捞上来，没有水喝，没饭吃，它会死的。”“不会的，它不会死的。”孩子们七嘴八舌地讨论着。问题产生了：乌龟可以捞上来吗？“问问小乌龟。”“小乌龟又不会说话！”

图 4－1

图 4－2

教师的思考

刚开始幼儿想知道池塘里小乌龟的数量，就想到了可以把小乌龟捞上来数一数的办法，可是新的问题又出现了——“小乌龟能捞上来吗？”。幼儿园的小乌龟生活在池塘里，给幼儿留下了“乌龟和水不能分开”的主观认知，但是幼儿又通过书本或者动画片获得了“乌龟可以离开水”的经验，新经验和已有经验产生了冲突，该如何解决呢？我们决定引导幼儿自主探究，寻找出问题的答案。

2. 寻找答案——小乌龟可以在水里游，也可以在地上爬

我们决定采用问卷调查的方式，引导幼儿寻找答案，同时鼓励家长加入，与幼儿共同完成问卷调查。在与幼儿讨论之后，我们在问卷中设置了幼儿感兴趣的两类问题：

① 小乌龟可以捞上来吗？为什么？

② 如果小乌龟可以捞上来的话，能用什么工具捞？

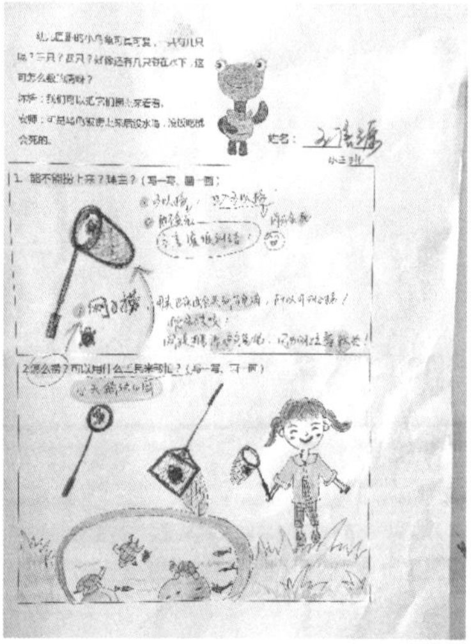

图 4-3

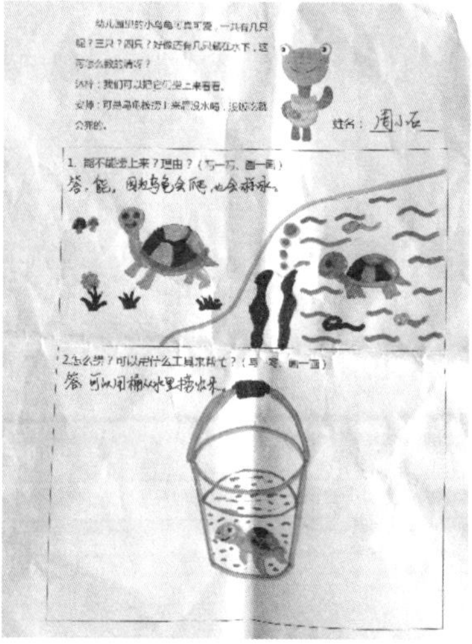

图 4-4

图 4-5

一天后，幼儿带来了问卷调查表，并在集体中进行分享。他们拿着问卷调查表，争先恐后地边看着问卷调查表边将自己的调查结果告诉老师和同伴。苒苒指着自己问卷调查表上画的小乌龟："小乌龟可以捞上来，我妈妈告诉我的。"悦悦让

同伴看她在问卷调查表上画的小点点:“小乌龟也可以在沙子里,我和爸爸一起在网上看到的小视频里说的。”莹莹看着问卷调查表上书的照片:“小乌龟能在水里游,也可以在地上爬,我们家有一本书,书上就是这么说的。”

教师的思考

使用问卷调查表是帮助幼儿解决问题的有效方法之一。问卷中的问题来自幼儿,同时又需要幼儿自己解决,是一个“自问自答”的过程。幼儿在家长的帮助下,通过多种途径寻找答案,包括借助网络、询问成人、阅读图书、观看视频等。相信通过本次活动,幼儿不仅仅是得到了答案——小乌龟可以在水里游,也可以在地上爬。更重要的是,他们知道了寻找答案可以采用多种方式,可以利用身边的可用资源,获得解决问题的方法。

本次活动中,除了幼儿的积极参与以外,还有家长的积极加入。家长是幼儿最信任的人,也是幼儿园课程的有力支持者,有效地利用家长资源,会让活动的开展事半功倍。现在,家长朋友们已经了解了班级活动现状,与幼儿共同参与,家园互通,为后续的活动打下有力的群众基础。

3. 怎么捞小乌龟?

孩子们确定了小乌龟可以被捞上来后,就带来了各种各样捞小乌龟的工具:小水桶、塑料小脸盆、各种不同长度的带有金属柄的网兜等。“快去小池塘试一试吧。”孩子们快乐地出发了。

图 4-6

这是孩子们第一次尝试捞乌龟,过程并不是很顺利。首先是工具的问题:小脸盆太重了,倾斜着放进水里根本拿不起来。小网兜呢?从左到右来回移动,也一无所获。换个大网兜呢?小熙提起一个 1 米长的大网兜,和蔓蔓一起放到水里,一会儿左右移动,一会儿拿着金属柄在水里画圈,网兜在水面上画出许多圆圈,可是连乌龟

图 4－7

影子都看不见。一时间，大大小小的网兜浮在水里，池塘里好不热闹。

为什么捞不到小乌龟呢？

安诗："小脸盆太大了，不好捞。"

贝贝："网兜太小了。"

果儿："大网兜也捞不到呀。"

萌萌："水面上的网兜太多了，小乌龟以为是蜘蛛网，被吓得逃走了。"

那怎么样才能捞起小乌龟呢？用网兜到底能不能把小乌龟捞起来呢？

图 4－8

"我来试试！"正当孩子们感到困惑的时候，黄老师自告奋勇地拿起了一个大网兜准备捞小乌龟。只见黄老师把大网兜轻轻地放在水面，然后把金属柄慢慢地往水下放了一些，好久都没有再动。孩子们的眼睛一直盯着水里的大网兜……一只小乌龟从水底游了上来！黄老师非常缓慢地移动大网兜，靠近小乌龟，当小乌龟朝着大网兜游过来时，黄老师仍然没有动，等小乌龟游到大网兜中间的位置时，黄老师立刻快速抬起了金属柄，小乌龟正好落在了大网兜中。孩子们欢呼雀跃地喊起来，鼓起了掌。

孩子们把小乌龟带回班上做客，围绕着水桶里的小乌龟，师幼展开了讨论：黄老师是怎样捞到小乌龟的？在讨论中，老师鼓励孩子们说一说捞不到小乌龟的原因和捞小乌龟的方法。

教师的思考

这是我们第一次捞小乌龟，幼儿遇到了很多麻烦。结合自身的失败经验和对老师榜样示范的观察，幼儿总结了不能捞出小乌龟的原因：网兜太小、水里的网兜太多、网兜在水里一直动把小乌龟吓到了等。同时，幼儿也总结了捞小乌龟的方法和注意事项：① 要选大网兜，轻轻地把大网兜放到水下面。② 大网兜放在水里后要安静地等待，用眼睛去找小乌龟。③ 移动大网兜时一定要很慢很慢，靠近小乌龟时不能再动，等小乌龟游到大网兜里时，要快速提起大网兜。

活动结束之后，我们引导幼儿将自身失败的经验和黄老师成功捞出小乌龟的过程进行对比，主动寻找原因，提出解决办法，总结能成功的方法。引导幼儿大胆尝试各种操作工具，面对失败不气馁，及时分析问题，总结原因，逐步养成自我反思的习惯。

4. 我来捞小乌龟

我来捞乌龟

黄老师成功地捞上小乌龟后，孩子们对自己捞捕小乌龟的活动更加充满期待。正式开始之前，我带领他们再次回忆了捞捕技巧和相关注意事项。他们挑选了适合捞捕的大网兜自信地出发了。

图 4－9

图 4－10

抵达小池塘时，孩子们一脸严肃地放低音量，蹑手蹑脚地四散开来。宝宝慢慢地放下网兜，让网兜在水里跟着小乌龟一路漂浮。机灵的小乌龟却忽然潜入水底。“哗啦！”她着急地拿着网兜用力一划，结果网兜里是空空如也。这么大的动静引来了身旁同伴的埋怨：“你要轻一点。”“要快一点呀，要不然小乌龟就跑了。”另一边的安诗静静地把网兜放在水里，檬檬看到一只小乌龟朝安诗游过来了，兴奋地快要叫出来时，安诗马上将手指放在嘴巴上

图 4 - 11

做"嘘"的动作，提醒她不要发出声音。等小乌龟游到网兜正上方时，安诗果断地把网兜往上抬起，小乌龟落入网兜中。安诗捞上来了一只小乌龟！孩子们热烈地欢呼。安诗费劲地把网兜往上拉，靠近她的檬檬和爱琦急忙帮安诗一起往上抬，终于把小乌龟捞了上来。在孩子们的共同努力下，小池塘里的小乌龟们全部被捞了起来，一共有 5 只小乌龟。小乌龟们来到了孩子们的面前，接下来，他们可以近距离地观察和探究关于小乌龟的秘密啦！

图 4 - 12

图 4 - 13

教师的思考

有了前期的经验，在这一次的捞小乌龟行动中幼儿很自信，这不仅仅是因为对捞小乌龟活动感兴趣，更是对自己的肯定。幼儿的一举一动都透露出他们的小心翼翼、他们的期待，当成功捞起小乌龟时，幼儿也获得了满满的成就感。看似简单的捞小乌龟活动，持续了约一周时间才顺利地捞起小乌龟，此时，数一数小池塘里小乌龟的数量已经不重要。当问题出现时，教师没有直接解决，而是鼓励幼儿通过各种方式寻找答案，尊重幼儿的想法，给予幼儿探索不同捕捞工具的机会。在幼儿经过各种尝试却总也捞不到小乌龟时，教师又不动声色地提供了榜样示范，引导幼儿对比分析，查找捞不到小乌龟的原因。通过连续的几个活动，幼儿获得了新的认知，提高了自我学习能力，逐步形成爱思考、乐于学习、敢于尝试新事物的品质。

第一次课程审议

通过这几次活动，可以看出幼儿对幼儿园里的小乌龟表现出了浓厚的兴趣，从数乌龟的过程中产生了新问题“小乌龟能捞上来吗?”到“寻找答案——小乌龟可以在水里游，也可以在地上爬”，再到探究捞小乌龟的方法——“怎么捞小乌龟?”最后付诸行动——“我来捞小乌龟”。

初识幼儿园里的小乌龟，幼儿就表现出了强烈的求知欲。幼儿想知道有几只小乌龟，却怎么也数不清，于是想到了把小乌龟捞上来数的方法，可是对“能不能把小乌龟捞上来”又产生了分歧和疑问，捞上来后又想把小乌龟带回班级……这些行为体现了小班幼儿的认知特点：3—4 岁的幼儿以直觉行动思维和无意注意为主，兴趣点随时会转移。我们看到，幼儿对捞小乌龟的活动始终保持着强烈的好奇心和探究欲。在尝试捞小乌龟失败后，幼儿能根据自身的生活经验大胆猜测、分析推理。教师及时提供的高级榜样激发了幼儿再次尝试的意愿。教师根据小班幼儿的年龄特点和学习方式，跟随幼儿的脚步，及时给予适宜的引导，推进活动的开展，同时在帮助幼儿解决问题的过程中，让幼儿的经验得到了提升。

(二) 小乌龟大调查

1. 小乌龟有牙齿吗?

孩子们从 5 只小乌龟中选了 2 只，带回班级中做客。它们被放在悦悦带来的两个金鱼缸里，孩子们每天都会兴奋地包围着它们，他们时而用手碰碰龟壳，时而晃动金鱼缸。一天早上，几个孩子在逗小乌龟玩。一只小乌龟试探着伸出了头，离得最近的小奕好奇地想用手指去碰小乌龟的头。

贝贝喊道："不能碰！"

檬檬忍不住问道："为什么不能碰啊？"檬檬的疑惑顿时引发了同伴的各种猜测。

贝贝："小乌龟会把小奕的手指咬掉。"

爱琦："小乌龟的牙齿很厉害的。"

伊伊仔细看了一下小乌龟后反驳："小乌龟嘴巴里好像没有牙齿。你看！"

其他孩子立刻围过来，仔细地看小乌龟的嘴巴。可是小乌龟这时候把头又缩进了壳里，等了好久也没有伸出头来。小乌龟到底有没有牙齿呢？孩子们并没有因为小乌龟没有伸出头来而放弃对这个问题的讨论。此时糖果大声说道："小乌龟没有牙齿的，我在书上看到过小乌龟的嘴巴，它没有牙齿。"

教师："小乌龟不肯把嘴巴张开，我们怎么才能知道小乌龟有没有牙齿，会不会咬人呢？"

"等小乌龟张开嘴巴的时候再看看。"

"让爸爸上网查一查。"

"给小乌龟喂好吃的，让它张开嘴巴……"幼儿积极回应着。

第二天，糖果的妈妈带来了一本关于小乌龟的幼儿科普图书。宝宝带来了一些小鱼干，说要喂给小乌龟吃，趁机看看小乌龟有没有牙齿。还没等同伴发现宝宝带来的食物，糖果就把书放到桌子上边翻书边喊叫起来："你看，我说的吧，小乌龟没有牙齿。"听了糖果的话，我和孩子们一起过来看书。糖果一边翻书一边向同伴介绍书中的内容。我和孩子们一起倾听，遇到需要文字解说的地方就及时阅读给孩子们听。孩子们围在我和糖果的身边饶有兴趣地听着，目不转睛地看着插图，迫切地想要从书中得到答案。

图 4 - 14

为了验证小乌龟没有牙齿，我又拿出了宝宝带来的小鱼干去喂水缸里的小乌龟。我用手拎着小鱼干，对着小乌龟的头部抖一抖，引起小乌龟的注意。当小乌龟快要张嘴时，孩子们兴奋地喊起来：“快看，快看，小乌龟张开嘴巴了。”孩子们瞪大眼睛看着小乌龟张开嘴巴，为了让孩子们更清楚地观察小乌龟的嘴巴，我反复几次拿着小鱼干逗小乌龟，小乌龟张开了嘴巴想要吃小鱼干。“小乌龟真的没有牙齿哎！”“真的！”“和书上的小乌龟一样！”孩子们兴奋地分享着自己的发现。

图 4 - 15

教师：“没有牙齿，小乌龟是不是就不咬人了呢？”

檬檬：“不是的，小乌龟嘴巴里有喙，比牙齿还厉害呢。”

教师：“是吗？到底怎么厉害呢？”

宝妹：“它会把手指吸到嘴巴里。”一边说着她一边把自己的手指放在嘴里做吸的动作。周围的孩子都被宝妹逗笑了。“小乌龟没有牙齿都能咬人，那以后我们和小乌龟在一起的时候，应该怎么做才能保护好自己呢？”我又提出了新问题。“把手指头藏起来。”“用眼睛看着它。”“可以摸摸它的壳。”孩子们的答案五花八门。

教师的思考

小乌龟到底有没有牙齿？它咬不咬人呢？当新的问题出现时，幼儿试图通过观察找到答案，在失败后幼儿能结合之前获得的调查经验积极主动地提出上网查一查、再次观察、查阅书籍、给小乌龟喂食让它张开嘴巴等解决方法。一名幼儿阅读过关于小乌龟的科普书，已有了这方面的经验并将书带到了班上。同伴渴望的眼神和教师默默传递的鼓励激发了幼儿表达的意愿。她借助书上的图片将自己的已有经验与同伴分享，充分发挥了同伴示范的榜样作用，再一次丰富了幼儿的探究经验。通过同伴的讲述和教师适时的讲解，幼儿知道了小乌龟没有牙齿，但是有喙。而通过喂食，观察小乌龟吃小鱼干的过程，幼儿运用感官对之前间接获得的经验进行了再次验证，并转为宝贵的直接经验。

不同的幼儿有着各自不同的生活经验和认知基础，我们给予了幼儿充分的信任和机会，让幼儿在同伴的分享中融合知识经验，促进幼儿认知能力的发展。在“小老师”的面前，我们作为陪伴者，和幼儿一起学习。而当幼儿有阅读的需求时，我们又及时地作为支持者，帮助幼儿获得准确完整的答案。采用喂食验证的方法，帮助幼儿体验科学活动的完整探究过程。最后，幼儿总结出简单而实用的保护自己的方法，虽然幼稚有趣，但来自幼儿自己，而不是我们的告知。

2. 小乌龟吃什么？

乌龟吃什么

除了班级中两只做客的小乌龟，孩子们在每天入园和离园时，还会去看池塘里其余的小乌龟。每次散步去看池塘里的小乌龟时，孩子们都喜欢拔地上的杂草扔进池塘里，试图引起小乌龟的注意。

然然大声制止：“不要给小乌龟扔草，小乌龟不喜欢吃。”

贝贝：“小乌龟吃草的，你看。”说完还指着池塘里的一只小乌龟给然然看。然而，当大家看时，小乌龟用头顶了一下草又游走了。

“那它吃什么呢?”我追问道。“吃小鱼干!”因为看过老师喂小乌龟吃小鱼干，所以孩子们都知道小乌龟爱吃小鱼干。

“它和小鱼一样还吃小虫子。”

“它吃米饭。”

“它吃肉肉。”

“我要带米饭给它吃”

“我要带肉肉给它吃。”

“我要带小鱼干给它吃。”

图 4－16

因为平时观察过保安叔叔投喂小乌龟和小乌龟抢食的情形，相对于班级中的两只小乌龟，孩子们似乎对投喂池塘中的小乌龟更感兴趣，所以第二天孩子们带来了多种食物，有生肉、火腿肠、小虾干、米饭、龟粮等，他们要用这些去喂池塘里的小乌龟。在池塘边，孩子们兴奋地将手中的各种东西扔到水里，东西很快沉到了水下，没看清小乌龟到底吃了没有。第一次试验失败了，孩子们耷拉着脑袋，一脸沮丧。

图 4－17

图 4－18

站在一旁观看的保安叔叔说：“你们把东西放在这个石头上，小乌龟会爬上来吃的。”听到保安叔叔的建议，孩子们立刻兴奋起来，他们快速来到池塘右侧的大石头边上，把带来的东西一点一点地扔在大石头上，然后站在一边等着小乌龟爬上石头。等了好一会儿，小乌龟都没有上来。我提议下午再来看看石头上的东西有没有少，离开之前我们拍了一张石头的照片。下午孩子们再次来池塘边观察，发现生肉没有了，小虾米和米饭也少了一些，我们又拍了一张照片，将两张照片一起呈现在孩子们的面前。

教师的思考

在小乌龟吃什么的问题上，幼儿基于自己的主观想法和经验，猜测并自发带来了小乌龟可能会吃的东西，渴望通过观察来获得答案，他们对感兴趣的事物有着强烈的探究欲望，而我们教师则以旁观者的角色认真倾听幼儿的猜测和疑问，既了解幼儿的不同想法，也掌握幼儿自主探究的方向。

保安叔叔平时负责给小乌龟喂食、换水，对于小乌龟的习性比较了解，是很有价值的活动资源。从保安叔叔那儿，幼儿知道了可以通过观察东西数量的变化得知小乌龟吃了什么。幼儿通过观察我们在投喂前后拍的两张对比照片，就能发现小乌龟吃了什么，没吃什么，什么吃得多、什么吃得少。我们用拍照的方式潜移默化地给幼儿提供了另一种探究经验，为之后开展的记录活动打下基础。

3. 小乌龟能听见吗?

“小乌龟能听见吗?”

“小乌龟有耳朵吗?”

“它肯定有耳朵，我们一拍手它就出来了。”

保安叔叔经常用拍手的方法把小乌龟从水底吸引上来。所以，孩子们认为小乌龟能听见，可是他们并没有看到小乌龟的耳朵。我将金鱼缸里的一只小乌龟拿出来，放在桌子上。已经来到班级几天的小乌龟，胆子大了许多，不一会儿就伸出了头。我和孩子们一起观察小乌龟的头部，可是除了眼睛、鼻孔、嘴巴，并没有发现他们认识的“耳朵”。

涣兮：“这个红色的是不是耳朵呀?”涣兮小心地指着小乌龟头部两侧的红色块，提出了自己的猜测。

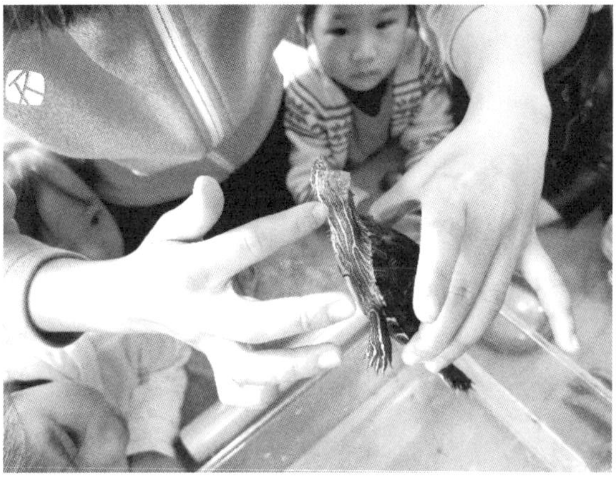
图 4 - 19

图 4 - 20

在涣兮的指引下，孩子们开始观察小乌龟头部两侧的红色块。这到底是不是小乌龟的耳朵呢？

我和孩子们一起开始了一个有趣的试验：用保鲜膜盖住红色块后再拍手看小乌龟的反应。当我将两块红色块用保鲜膜盖起来并拍手时，小乌龟并没有动；而拿掉保鲜膜再拍手时，小乌龟就会不停地动，变得很活泼。看到小乌龟的变化，孩子们得到了答案：小乌龟头部两侧的红色块就是小乌龟的耳朵。

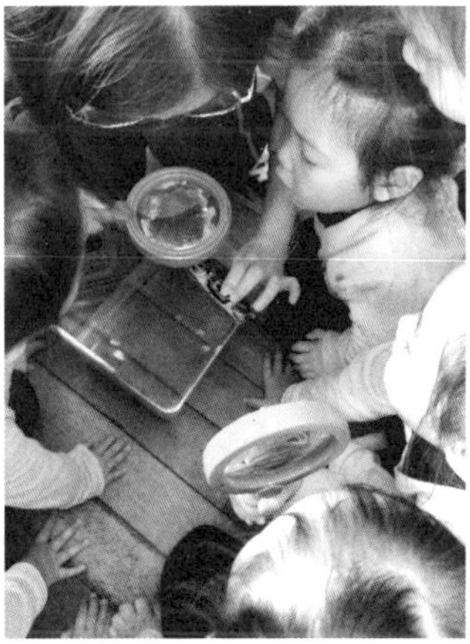
图 4 - 21

图 4 - 22

教师的思考

幼儿看到拍手可以让小乌龟游到水面，就理所当然地认为小乌龟肯定能听见，可是却没有找到小乌龟的耳朵。仔细观察后，幼儿并没有在小乌龟的头上发现跟人一样的耳朵，于是便提出了大胆的猜测：头两侧的对称红色块是否就是耳朵呢？在幼儿的探索停滞时，我们及时参与，与幼儿共同进行了一次操作性很强的小试验。相比较阅读书籍和网络查阅的形式，小试验的方式可以让幼儿更直观地获得答案，也更符合小班幼儿以直觉行动思维为主的思维方式，它能让幼儿运用自己的多重感官与真实的场景、真实的任务相互作用，从而积累丰富的直接经验。

4. 八条腿的巴西龟

在去操场的路上，檬檬和安诗聊起了小乌龟。

檬檬："我爸爸说了，幼儿园里的小乌龟都是巴西龟。"

"巴西龟？巴西龟是八条腿的乌龟吗？"安诗提出了自己的猜测。

"哈哈哈，瞎说，乌龟只有四条腿。"走在旁边的小朋友听到她们的谈话，也开心地笑了起来。

"巴西龟是它的名字吧？"珈滢疑惑地问道。

"还有大海龟。"希希说道。

巴西龟是不是有八条腿呢？它和其他乌龟有什么不同呢？为了消除孩子们的疑惑，我们利用课件和孩子们共同认识了巴西龟，其实巴西龟和其他乌龟一样都是四条腿，它是日常生活中最常见的一种乌龟。认识巴西龟之后，孩子们还通过课件认识了多种多样的乌龟，知道可以通过乌龟的背甲来进行区分。世界上最大的乌龟——象龟和最小的乌龟——颈龟的图片一出现，立刻引起了孩子们的极大兴趣，他们兴致勃勃地模仿了乌龟爬行和游泳的样子。

图 4－23

图 4－24

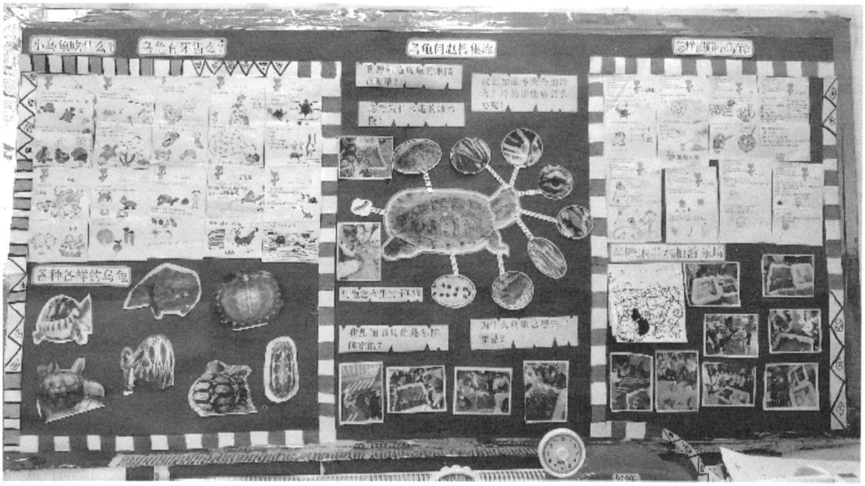

图 4－25

教师的思考

幼儿对巴西龟的理解让人忍俊不禁，我们必须纠正他们这种错误的认知。为此，我们由认识巴西龟开始延伸到对乌龟种类的认识。我们先向幼儿展示了巴西龟的图片，让幼儿通过与其他乌龟的观察比对，了解了巴西龟的特点，也找到了它们的相同和不同之处：巴西龟和其他乌龟一样，都是四条腿，但是背甲上的花纹不同。由此，幼儿也获得了新的经验：可以通过背甲上的花纹来区分不同种类的乌龟。我们最后出示了世界上最大和最小的乌龟的图片，让活动达到了高潮，幼儿自发地模仿乌龟的动作，在认识比人高大的象龟和比硬币小的颈龟的时候，也能借助动作表达自己对大和小的理解。

源于幼儿的错误认知，我们及时开展了认识各种各样的乌龟的活动，这是追随幼儿生成的新活动，通过活动，既拓展了幼儿的认知，也促进了幼儿科学探究、语言表达能力的发展。

5. 爱晒太阳的小乌龟

一天，孩子们在小池塘边看到几只小乌龟在大石头上，经过连续几天的观察孩子们发现：小乌龟经常会聚在大石头上，有太阳时小乌龟还会把脖子伸得长长的。

小乌龟喜欢晒太阳吗？孩子们对此产生了极大的兴趣，为了保证他们的持续观察，我们和孩子们共同设计了一张观察记录表张贴在科学区域中，每天由孩子们轮流记录天气和小乌龟晒太阳的情况。通过连续 25 天的观察和记录，孩子们发现，只要太阳照射在大石头上，小乌龟就会来到石头上晒太阳。由此，他们得出结论：小乌龟确实喜欢晒太阳。那小乌龟为什么喜欢晒太阳呢？“到书里看看有没有答案吧。”“你看，这几只乌龟也在晒太阳。”小石在书中找到了答案，验证了自己观察的结果。孩子们把书放到我的面前，让我给他们讲解书中的文字内容。通过我的讲述，孩子们了解到小乌龟爱晒太阳，是因为晒太阳可以杀死小乌龟身上的细菌，增强小乌龟的体质，让小乌龟不生病，还可以让背甲更坚固。

图 4-26

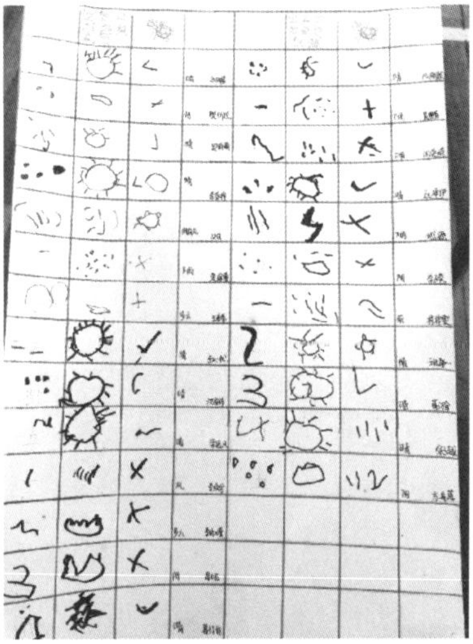

图 4 - 27

图 4 - 28

教师的思考

经过这段时间有效的不断推进式的探究，幼儿已经能在持续的观察中发现一些有趣的规律性问题，为了让幼儿的观察更有目的性和针对性，我和幼儿共同制作了观察记录表，给幼儿的探究提供了支架，让全班25名幼儿每人都有机会记录。幼儿用各自的方式记录每天的天气情况，画出小太阳表示有太阳，画几条直线表示下雨天，用画圈和打钩的方式表示小乌龟出来晒太阳了。25天的记录结束后，幼儿通过数据分析确定了小乌龟喜欢晒太阳的生活习性。当通过阅读获得了答案时，幼儿获得了自主探究的愉快体验。我适时的鼓励与引导，既保护了幼儿的求知欲和好奇心，又给幼儿提供了充分探究的自由，正是师幼积极有效的互动，促进了主题活动的顺利开展。

6. 特别的乌龟壳

“小小乌龟爬山坡，嘿嘿呦嘿嘿，带着面包和糖果，嘿嘿嘿嘿呦。”表演区中，三五名孩子跟着音乐一边唱儿歌一边举起双手，模仿小乌龟做抬脚抬手爬的动作。苒苒突然停下了，她跑到表演区对面的材料筐里拿起一个一次性泡沫碗，递给旁边的桐桐，让她帮忙放在自己的背上，然后苒苒弯下腰，双手着地边唱边爬。周围的孩子看到了，拍手笑了起来，纷纷学着苒苒的样子又拿了几个泡沫碗，互相帮忙放在各自的背上，边唱边爬，活动室里出现了几只活泼的“小乌龟”。

图 4-29

图 4-30

第二天，檬檬背着一个特别的“乌龟壳”来了——一个洗脸盆，盆的两边打了洞，穿上了松紧带。“老师，你看，这是我的乌龟壳。”这个乌龟壳立刻引起了其他孩子的注意，大家都投来羡慕的目光。

“檬檬用什么做了乌龟壳呀?”

“还可以用什么材料做乌龟壳呢?”孩子们在家长和我的帮助下，制作了各种各样的乌龟壳：书包乌龟壳、饼干盒乌龟壳、草帽乌龟壳、小伞乌龟壳、收纳盒乌龟壳……有的乌龟壳里还有几个“乌龟蛋”。太阳充足的午后，孩子们都以最快的速度吃完饭，乐此不疲地背上自己的乌龟壳，唱着儿歌，学着乌龟的样子，去池塘边看乌龟朋友。

图 4 - 31

图 4 - 32

教师的思考

在观察乌龟的活动中，幼儿发现所有种类的乌龟都有硬硬的壳，且壳上的背甲无论是什么图案都是13块，这个特别的发现引发了幼儿对乌龟壳的探究。

苒苒和檬檬无意中创作的泡沫碗乌龟壳引起了幼儿强烈的兴趣和创作欲望，我顺势激发幼儿去寻找、发现、拓展更多更丰富的材料进行自主创作，在家长的帮助下，幼儿充分发挥想象，运用生活中的各种材料进行艺术创作。幼儿创作个性化乌龟壳的过程，促进了幼儿对美的感受力和表达力的发展，也提高了幼儿创造美和欣赏美的能力。

第二次课程审议

两只乌龟来到班级中做客，为幼儿深入了解乌龟的种类、外形特征、生活习性创设了条件。在对乌龟的观察中，幼儿发现了很多有趣的事情，特别是对乌龟的耳朵、牙齿、乌龟壳、品种以及爱晒太阳的习性等产生了兴趣。

在探究的过程中，教师追随幼儿的兴趣，寻求多样适宜的方法支持幼儿的探索。

小班幼儿对吃很感兴趣，这让他们对乌龟的牙齿产生了兴趣，在探索的过程中，教师给予合适的支架辅助幼儿的探究，幼儿通过观看图片获得了间接经验，通过喂食小试验获得了直接经验，这两类经验结合，充分验证了乌龟是没有牙齿的。保鲜膜盖耳朵的小试验直观地验证了乌龟的耳朵是头两侧的红色块。乌龟喜欢晒太阳的习性则是通过分析记录数据验证的。幼儿还亲身体验，创造性地制作了个性化的乌龟壳。在每一个活动中，教师都帮助幼儿充分利用各种感官获得直接经验，并帮助幼儿把获得的间接经验和幼儿的直接经验相融合，最终让幼儿积累了很多宝贵的经验。

教师要关注幼儿的兴趣，可以引导幼儿通过照顾小乌龟来进一步了解乌龟的生活习性，从而知道养成良好生活习惯的重要性。

（三）照顾小乌龟

1. 我当哥哥姐姐啦

孩子们将两只小乌龟捞上来后，就迫不及待地请它们来班级做客了，大家商议后决定将小乌龟放在班上两个闲置的水缸里，小乌龟就这样在班级“安营扎寨”了。刚来的几天，大家都热衷于围着小乌龟叽叽喳喳地讨论，和小乌龟聊天，没过几天，大家发现小乌龟总喜欢长时间地在水缸里缩着脑袋，一动不动，很快，孩子们的兴趣下降，逐渐冷落了小乌龟，慢慢地，几乎没有人会再主动去看小乌龟了。在区域活动时，我和孩子们一起聊天，谈论小乌龟。

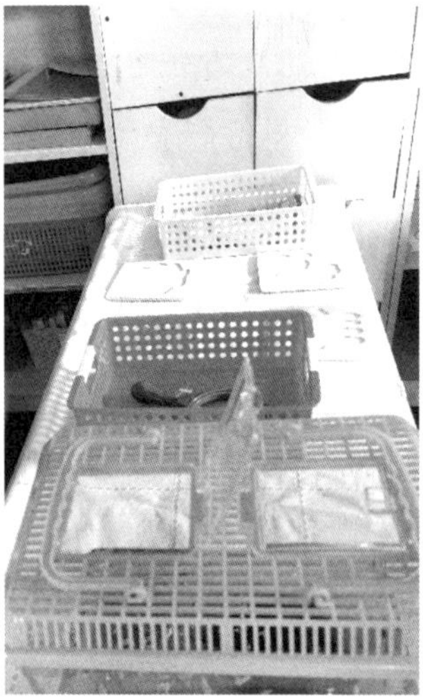

图 4-33

我先问了平时最热心照顾小乌龟的檬檬：“今天怎么不去看小乌龟啦？”

檬檬摆弄着手里的积木没抬眼:“刚才看过了,它们一动不动的,真没意思。”檬檬的这句话引起了其他孩子的共鸣。

小石:“是的,每次小乌龟都在睡大觉,它怎么睡那么长时间啊?”

如何才能重新激发孩子们对小乌龟的兴趣呢?我看着水缸里有些灰蒙蒙的水开始思考。

图 4-34

我故作夸张地说:“哎呀,水缸里的水怎么这么脏呀!”听到这句话,孩子们的目光顿时被吸引过来,有的还伸头去看了看。

我故作委屈:“小乌龟现在就住在我们班了,需要有人照顾它们,谁愿意照顾呢?”

孩子们争先恐后地说着:“我愿意,我愿意。”

我:“小乌龟是我们班的小客人,你们就像它们的哥哥姐姐一样,哥哥姐姐会怎样照顾弟弟妹妹呢?”

“会一起聊天,一起玩儿,带好吃的给他……”孩子们欢快地讨论着。

我:“那从今天起,你们就都是小乌龟的哥哥姐姐了,小乌龟就靠你们来照顾啦!”

教师的思考

小班幼儿受年龄特点的影响,兴趣不易稳定和保持,兴趣指向性、稳定性还处于较低的水平,因为小乌龟大部分时间都待在水缸里一动不动,所以幼儿在观察了几天之后就不再对它们感兴趣了。我考虑到幼儿已经对小乌龟的外形特征、生活习性等有了初步的了解,于是便决定从“照顾小乌龟”入手,再次激发幼儿对小乌龟的兴趣,并给予幼儿一定的任务,引导他们在实际照料小乌龟的过程中进一步观察、了解小乌龟。

2. 火腿肠事件

图 4-35

孩子们在照顾小乌龟的时候，最喜欢的就是给小乌龟喂食物，他们从家里带来了各种各样的食物给小乌龟吃。这天，喂食区突然传来了争论声。宝妹："你看'爱莎'这里已经有好多火腿肠了，你怎么还在喂？"

满满急忙解释："我怕小乌龟不够吃。"

宝妹生气地说："水缸里还有这么多火腿肠呢，它肯定是不想吃了，你吃饱了我再喂你，你会高兴吗？"

满满委屈地撇了撇嘴巴："它才没吃饱呢！"

于是，我带着孩子们一起讨论："水缸里还有这么多的火腿肠，满满说小乌龟没吃饱，宝妹说它吃不下了，你们觉得呢？"

大多数孩子同意宝妹的看法："肯定吃饱了，不然怎么会还剩这么多呢？"

我："怎么才能知道小乌龟到底有没有吃饱呢？"

静一大声喊起来："看看小乌龟的肚子会不会鼓起来，如果小乌龟不继续吃就是饱了。"

我："前段时间你们已经做过了试验，知道小乌龟喜欢吃肉、火腿肠、小鱼干这些食物，但是即便是喜欢吃也要适量，你们看，有这么多的火腿肠在水缸里，小乌龟已经吃不下了，换成是你们，已经吃撑了，还一直给你们吃，你们会喜欢吗？"

孩子们纷纷摇头，这时我继续追问道："小乌龟到底能吃多少呢？"大家都一言不发，没了声音。

我："幼儿园里的保健医生曹老师对于吃饭问题最有经验了，不如我们去请教一下她吧。"孩子们眼睛一亮，顿时充满了期待。

下午，曹老师准备充分地来到班上，她将油泥搓成了拇指大的一小块，很形象地向大家介绍道："小乌龟很小，大概只要喂这么多就行了。"紧接着曹老师又拿出了这周的幼儿食谱，摆了几个碗并装上了今天的菜，展示给孩子们看。

曹老师指着碗里的饭说："看，你们要吃的米饭这么多。"

曹老师指着另外一个碗说："蔬菜要吃这么多。"曹老师一边比画着一边在孩子们中间来回地穿梭，孩子们伸长了脖子，都想看清自己一天的标准食量到底有多少。

图 4－36

图 4－37

在曹老师的分享之后，孩子们知道了小乌龟进食有限，不需要每天喂食，大概 3 至 4 天喂一次，一次的量就像曹老师搓的油泥那么大即可。不仅如此，他们还了解了自己的食谱，知道了自己每天的标准食量。大家感叹原来小乌龟吃饭还有这么多的学问呢！那究竟该如何更好地给小乌龟喂食呢？大家想到可以为小乌龟做一个食谱，这样我们就能够根据食谱进行喂食了，于是，一个用 KT 板制成的乌龟食谱便诞生了，喂食成了孩子们每天早上来园后最喜欢玩的一个区域活动。

图 4－38

图 4－39

教师的思考

当“火腿肠事件”引起幼儿争吵时，我敏锐地抓住此教育契机，以问题“小乌龟到底能吃多少呢？”引导幼儿开展深入探究。由于幼儿缺乏相关经验，我就积极利用人力资源，幼儿园保健医生的介绍让幼儿快速地获得了关于小乌龟喂食的相关经验，同时幼儿也知道了自己每天在幼儿园的食谱都是严格按照要求科学制订的，这也为后期幼儿通过迁移自己食谱的经验去制订小乌龟的食谱提供了支架。

3. 爱散步的小乌龟

孩子们正吃饭的时候，教室里不时传来“刺啦刺啦”的声音，这个声音是从哪儿来的呢？吃完饭后，大家好奇地在班上找了起来，最后发现是水缸里的小乌龟往上爬时发出的声音，大家好奇地围着水缸讨论了起来。

图 4 - 40

我：“小乌龟这是怎么啦？”

凡凡：“它要被淹死了吗？”

宝宝反驳道：“才不是，小乌龟不会被淹死的，它一定是想出去玩儿了。”

贝贝：“小乌龟不高兴了，会不会是想晒太阳啦？”

贝贝继续补充道：“它们最喜欢晒太阳了。”

想到平时就爱在石头上晒太阳的小乌龟的确很久没晒太阳了，于是大家决定先听从贝贝的建议将小乌龟挪到阳光充足的美工区。果然，小乌龟安静了下来，可没过几分钟，两只小乌龟又“刺啦刺啦”地往上爬了起来。

伊伊对着贝贝说道：“贝贝，你看小乌龟不是想晒太阳，它们还在往上爬。”

伽莹："它们一直待在水缸里不高兴了，想出来玩了吧。"

凡凡："它们想出来跟我们做游戏。"

小石："老师，我们能把小乌龟抱出来吗？"

我："当然可以。"

出了水缸的小乌龟一动不动，但没一会儿，它们便伸长了脖子，左看看、右看看，在活动室里快速爬了起来，孩子们兴奋地紧随其后，还有部分孩子和小乌龟一起爬了起来，一边爬一边说"它们爬得好快啊！快点跟上……"没一会儿，孩子们小脸通红，额头上还沁出了汗水。蔓蔓小朋友提议把小乌龟带到外面走走，于是大家又在活动室外面和小乌龟一起走走爬爬，开心地玩了起来。

图 4-41

我："刚才的活动中你们有什么新发现？"

凡凡："小乌龟爬得好快，我都要跟不上了。"

小石补充："我们就像在比赛一样。"

我："是的，原来小乌龟爬起来的速度没我们想象的那么慢。"

大家纷纷感叹："以后再也不能说小乌龟爬得慢了！"

教师的思考

活动过程中我们尽量为幼儿营造自由、轻松的活动氛围，让幼儿和小乌龟一起玩耍、爬行。在自由游戏时，幼儿模仿小乌龟手脚并用地往前爬，并与小乌龟进行比赛，这是健康、科学两大领域内容的相互融合。幼儿在游戏中切身体会到印象中"慢吞吞"的小乌龟爬起来并不慢，这打破了大家对于小乌龟"慢"的固有印象，且幼儿对"快"与"慢"产生了浓厚的兴趣，这也是我们理解、尊重幼儿自主表现、探索的体现。解放身体，感受快乐，幼儿在行动中收获了真知，并提高了身体素质。

4. 比比谁快

饭后，孩子们又带着小乌龟去教室外面玩了，来到亭子里的时候，忽然，心宝在树下的鹅卵石上发现了一只小蜗牛，心宝指着小蜗牛，兴奋地喊着大家："快来看，这里有一只小蜗牛。"

图 4-42

孩子们纷纷围了上去，小蜗牛吓得躲进了壳里，好一会儿，它才慢慢地伸出来，又过了好久，小蜗牛才缓慢地向前爬了几步。

宝宝："小蜗牛爬得真慢。"

我："有多慢呀？"

沁然："比小乌龟还慢。"

安诗："不如我们让小乌龟和小蜗牛比一比。"

大家将小蜗牛和小乌龟放到一起，准备比赛。小乌龟被抓起时爪子一直在挥舞，一落地便唰唰唰地向前爬了起来，再看小蜗牛还停在原地，好一会儿才伸出头来。

沁然："我说小乌龟爬得比小蜗牛快吧。"

爱琦表示同意地说道："是的，小乌龟和兔子比赛都能赢呢。"

果儿反驳道："才不是，那是因为兔子睡懒觉啦。"

我："幼儿园小四班刚好养着一只兔子，我们可以去试一试呀。"

图 4-43

图 4-44

经过了一场别开生面的龟兔赛跑后，孩子们亲眼见证了兔子跑起来比小乌龟快多了。于是大家共同得出了一个结论：小乌龟爬起来比我们想象中快，但是跟兔子比起来还是慢，“快”和“慢”要通过比较才能得出结果。

教师的思考

个别幼儿在散步时发现了一只小蜗牛，对小蜗牛感到好奇，个别幼儿的好奇心引发了全体幼儿的兴趣，这是一件由“个体好奇”转变为“全体关注”的典型事件，幼儿因此产生了新的兴趣点，并将其与班上的小乌龟联系了起来。前期幼儿学会了用比赛的形式对自己的猜想进行验证，所以这一次他们继续采用比赛的办法让小蜗牛、小乌龟、兔子三种小动物一起来比一比，最后通过比赛结果，幼儿认识到速度的“快”和“慢”是相对的，这其实是物理知识在幼儿生活中的一次自然渗透，这次活动在幼儿心中埋下了科学探究的种子。

5. 小乌龟日记

这天檬檬在给小乌龟喂食的时候又有了新发现。

她指着缸底，神秘地对我说：“你看‘安娜’拉了两条像黑点点一样的粑粑。”

我凑近看了看：“是嘛，那你能不能把它记录下来，等会儿告诉所有的小朋友，让他们也都知道小乌龟的粑粑是什么样子的呢？”

檬檬看了一圈：“记录在哪儿呢？”

我俩商量后，檬檬从美工区找来了一个本子和一支笔，贴着水缸，认真地记了起来。区域活动结束时，我请檬檬介绍，大家对小乌龟的粑粑都很感兴趣。

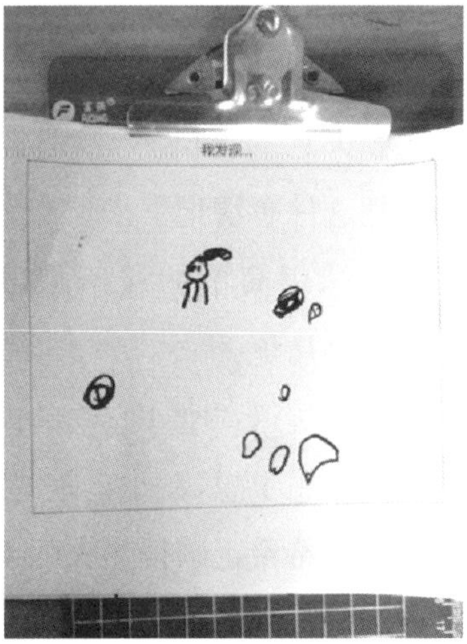

图 4－45

结束时，我捧起装着“安娜”的水缸：“檬

檬画得对吗？我们一起来看一看吧。”

大家纷纷围上来：“小乌龟的便便真的是黑黑的，和檬檬画的一样……”

我及时说道：“檬檬有了发现就立刻把它记录下来了，你们会有什么不同的发现吗？你们也去记录看看吧。”回到家里，孩子们和爸爸妈妈一起精心准备了自己专属的“乌龟”日记本，大家记录的热情也居高不下。

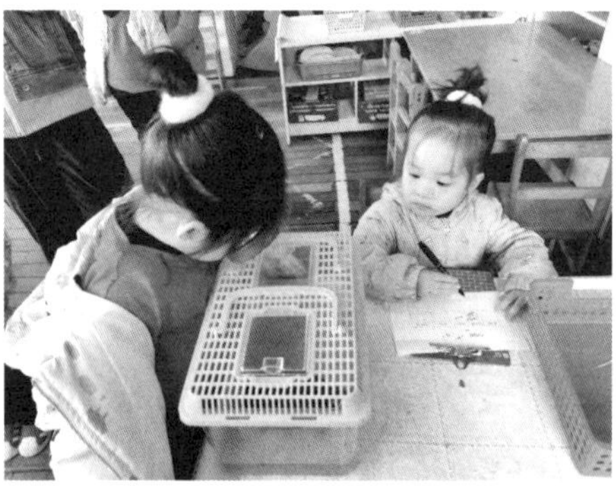

图 4 - 46

在我的帮助引导下，孩子们逐渐开始用简单的线条尝试记录，每天我都会在和孩子们沟通交流后将大家的作品及时标注下来。但是过了没几天，新的问题又出现了：孩子们记录的内容太多太杂乱了，而且很多内容自己都记不清，也看不出来了。

这天轮到宝妹和希希观察小乌龟，她们分别观察“爱莎”和“安娜”。

我：“宝妹，‘爱莎’正在做什么呀？”

图 4 - 47

宝妹：“宝宝喂的三条肉都被‘爱莎’吃完了。”

我故作惊讶状：“是吗？看来今天它的胃口不错，那你可以把这件事情记下来。”

宝妹用简单的线条画出了一只小乌龟。

我提醒道：“刚才它吃的肉呢？”

宝妹想了想，在小乌龟的嘴边上画了三条竖线。

这边希希正画得热火朝天，仔细看去，像是无数的圈圈乱七八糟地叠加在一起。

我：“你记的什么啊？”

希希看着自己的画，迟疑了一下，笑着说：“我在用杯子给小乌龟洗澡。”

我立刻将她的话记录在了旁边。

经过一段时间的记录和交流，孩子们逐渐学会了用简单的线条进行表征，用稚嫩的笔触讲述有趣的故事，他们开始加入更多的细节元素，如画上太阳、雨滴等表示天气，用笑脸、哭脸等各种表情表示小乌龟的心情或进食情况，个别孩子甚至还能用数字表示记录的日期……孩子学会了用表征的方法记录自己的所见所闻，慢慢地也能看懂同伴的记录了。

图 4 - 48

图 4 - 49

教师的思考

小班幼儿年龄小，没有记录的经验，所以在照顾小乌龟的过程中也没有出现过记录的愿望，如何让幼儿学习记录？我一直在等待一个合适的时机。当檬檬对小乌龟粑粑产生兴趣时，我便抓住了这个机会，引导檬檬尝试记录并引导她和其他幼儿进行了分享，幼儿初步学会了绘画这种记录方式，感受到了记录的快乐，逐渐地喜欢上了记录。通过每一次交流介绍，幼儿逐步提高了表征技巧。

我及时用文字在旁边标注的行为让幼儿感受到文字与图画一样，都是能够记录并传递信息的媒介，同时也让幼儿感受到自己记录的内容被重视与认可了，这些记录也能够帮助我们捕捉主题活动中遗漏的“高光”时刻，预设后期活动的潜在方向。

第三次课程审议

在对幼儿园池塘里的小乌龟进行了初步的了解后，幼儿持续探究的热情不减反增，于是教师敏锐抓住幼儿的兴趣点，将小乌龟“请进来”，让幼儿以多种活动形式从课堂“走出去”，走进现实生活，走进身边常见的动植物中。在与小乌龟亲密接触的时间里，幼儿不断地发现各种各样的问题，如“小乌龟吃多少？小乌龟为什么往上爬？”等，进而生发了一系列的科学探究活动，这让幼儿在解决问题的实际情境中进一步深入地了解了小乌龟。在“爱散步的小乌龟”和“比比谁快”的活动中，幼儿学会了观察比较的探究方法，并通过多次与不同参照物进行比较的亲身体验，推翻了自己的固有想法，学会重新以科学的眼光认识周围的事物，养成了严谨、认真、务实的科学态度。在最后的“小乌龟日记”中，教师及时抓住教育契机鼓励幼儿用绘画的方式进行表征记录，培养幼儿记录的习惯。记录是幼儿表达个人发现并进行分享的依据，也是幼儿观察活动中收集信息的重要手段。这些细碎、平常的小事件让幼儿潜移默化地走近科学，爱上科学。

(四) 小乌龟游乐场

1. 水池游乐场

经过长时间的陪伴，大家对于照顾小乌龟都有了自己的心得。自由活动时间，我问：“你们是怎么照顾小乌龟的？”

大家争先恐后地说了起来：“我帮小乌龟洗澡，我带小乌龟散步、晒太阳……”

伊伊说道：“我带小乌龟去游乐场玩，玩球，还玩滑梯。”

伽莹立刻反驳道：“班级里哪有游乐场啊？还玩滑梯呢！”

伊伊继续说：“我要给小乌龟建一个游乐场，里面什么都有。”

孩子们听了伊伊的话，对游乐场格外地感兴趣，大家都表达了想带小乌龟去游乐场玩的愿望：“我也想带它去玩球，玩滑梯，还玩旋转木马呢……”

我："那我们可以怎么建这个游乐场呢？"

大家语塞，一时想不到什么好主意。

我提醒道："你们看看，班上有什么合适的材料可以当作游乐场吗？"

大家寻找了一圈，发现了积木、插塑、木板、塑料瓶等材料，但是第一步该做什么呢？就在这时，安诗又有了新发现。

她指着沙土区的充气水床兴奋地说："可以让小乌龟在这里面玩。"

沁然靠上前去："哎呀，这可比水缸大多了。"

星蓓："小乌龟可以在里面做游戏了，它们肯定会喜欢的。"

…………

图 4－50

大家都很满意安诗为小乌龟找到的充气水床。在黄老师的帮助下，大家顺利地将小乌龟转移到了充气水床，刚一入水小乌龟就立刻欢快地游了起来。

教师的思考

小班幼儿的年龄特点决定了他们有时会将现实与想象相混淆，这并不是撒谎。伊伊十分渴望带小乌龟去游乐场玩，这件事情经过反复想象后在她的头脑中留下了深刻的印象，以至于伊伊将它当成是真实发生过的了。伽莹的质疑并没有难倒伊伊，她迅速想到了另一个切实可行的办法——自己建个游乐场，这自然而然地引出了幼儿感兴趣的另一个话题。

建游乐场对于小班幼儿来说是有难度的，当幼儿的愿望与实际能力产生了巨大差距时，这就需要我们教师给予支持，降低并调整活动的难度，帮助幼儿达成愿望。于是幼儿的任务便从建游乐场转变到寻找合适的材料来充当游乐场，在感受了不同材料的特性后，幼儿找到了最合适的材料——充气水床。

2. 半陆地半水栖游乐场

幼儿最喜欢的事就是看着小乌龟在水池游乐场玩耍，这天“安娜”似乎有点反常，它从一入水就几乎没怎么游动，周围的小朋友好奇地议论了起来。

凡凡：“‘安娜’游累了吗？”

雯雯：“每天都在水里游，这样太没意思了。”

果儿：“它们是不是想出来走走呀？”

静一：“它可能是想到陆地上走一走，不如我们再建一个陆地游乐场吧。”

周围的孩子热烈地附和着，这个话题一下子打开了孩子们的话匣子。

我：“如果再建一个陆地游乐场，需要的材料是哪些呢？”

爱琦：“我们可以在班级里找一找。”

有了之前建造水池游乐场的经验，孩子们首先想到在班级里寻找合适的材料，他们快速地找来一些积木、插塑、纸盒等废旧材料尝试搭建。

图 4－51

图 4－52

爱琦最先想到用积木紧靠着水池游乐场围一个半圆，但我们将小乌龟放进去后，却发现小乌龟总是不断地推倒围墙，插塑和纸盒也难逃相同的命运。

我：“为什么我们搭建的陆地游乐场没能成功呢？”

爱琦：“因为小乌龟一碰到它们就散了。”

小玉补充：“而且它们好轻啊，小乌龟一下子就跑出去了。”

我：“想一想，用什么材料来搭建围栏才不会被推倒呢？”

大家根据刚才多次失败的经验进行交流讨论："要很重、不会散、足够高……"有了新的目标，大家又一鼓作气地再次寻找了起来，最后小玉和果儿从建构区找到了木头栅栏，他们将栅栏连接在了水池游乐场边上，这次小乌龟没能从里面爬出来，大家既开心又满足地欣赏着小乌龟在围栏里乖乖地"溜达"。

图 4－53

图 4－54

我提议："现在我们既有水池游乐场，又有陆地游乐场，你们想给它们起一个好听的名字吗？"

大家听了，立刻开始了头脑风暴：乌龟游乐场、冰雪奇缘游乐场、半陆地半水栖游乐场……

我追问："子奕，你为什么要叫它半陆地半水栖游乐场呢？"

子奕想了想，说道："因为小乌龟既可以在地上爬，也能在水里游呀！"

我接着问："在之前的活动中你们了解到乌龟是半陆地半水栖动物，所以你才将游乐场也叫作'半陆地半水栖游乐场'，对吧？"

我由衷地夸赞道："哇，真棒，你们还能记得把这个词用在游乐场上。"

大家都很喜欢这个特别的名字，半陆地半水栖游乐场成了我们班最炫酷、最受欢迎的区域。

教师的思考

"好奇、好问"是幼儿的天性，"安娜"入水后不再游动这个反常的举动引发了幼儿多种猜想，师幼通过讨论决定建构一个陆地游乐场，以满足小乌龟的活动需求。因为前期活动中幼儿有寻找材料、自主建构的经验，所以这一次他们很快就想到了从身边的环境（班级）里找，在经历了“观察—实验—思考—验证”等一系列环节后，幼儿挑选出了合适的材料——木头栅栏。

给游乐场命名时，我原以为幼儿会起一个很卡通的名字，但没想到他们会用“半陆地半水栖”这样一个学术性强的专业词汇，这都源于幼儿在前期活动中了解了乌龟半陆地半水栖的生活习性，从而将已有经验在命名环节进行了运用，我用夸奖的口吻进行总结也再次帮助幼儿强化了对“半陆地半水栖”概念的理解。

3. 可以上楼的游乐场

孩子们喜欢看小乌龟在半陆地半水栖游乐场玩耍。游戏时间，孩子们看到小乌龟“安娜”在陆地游乐场玩了一会儿，忽然向水池游乐场爬去，滑滑的充气水床让它使不上力，好不容易爬上去一些，它又四仰八叉地掉回到地上，孩子们看到这有趣的一幕，都哈哈地笑了起来。

图 4 - 55

我：“‘安娜’在做什么？”

凡凡：“‘安娜’想去水池游乐场玩了。”

贝贝指着充气水床的边缘：“应该是这里太高了，它上不去。”

星蓓热心地提议：“不如我们帮帮它吧！”

孩子们小心地帮助“安娜”，将它运回到水池游乐场，一进水池，“安娜”便欢快地游了起来。

我追问：“这次我们帮助‘安娜’去了水池游乐场，如果我们都不在这儿，‘安娜’还想去的时候该怎么办呢？”

凡凡：“可以给它搭一座桥，让它自己走。”

贝贝:“不如给它做个楼梯呀!”

…………

图 4 - 56

图 4 - 57

最后大家都觉得贝贝的主意好,想试一试搭建生活中比较常见的楼梯。楼梯是怎么搭的呢？大家提出可以去外面找一找,看一看。

孩子们首先观察的是班级门口的小楼梯,接着还看了大厅前面的大楼梯,平时每天都走的楼梯有什么特别之处呢？孩子们带着问题走上走下,前后左右认真地观察起来。

大家兴奋地交流着自己的发现:“楼梯是越来越高的,每一层楼梯看起来都是一样的……”

回来后孩子们就积极地寻找积木开始做试验了。但很快问题来了:搭建第二层的时候,积木便不断地往下倒。

我:“为什么第二层的楼梯总会倒下来呢?”

果儿:“因为第二层楼梯的下面是空的。”

我追问:“那我们怎么才能让第二层的楼梯不往下倒呢?”

果儿:“用积木把空的地方都填起来。”

图 4－58

图 4－59

于是，大家开始用相同单位的积木将第二层楼梯的底部填满，虽然歪歪扭扭，但第二层楼梯没有倒下，试验成功了！孩子们兴奋地用相同的手法又搭了 6 层，最后通过侧面观察，大家总结出搭楼梯的规律：第一层需要一块积木，第二层需要两块，第三层需要三块，以此类推……

图 4－60

图 4－61

大家充满期待地将“安娜”放在楼梯边，只见它先在周围缓慢观察了一会儿，然后好奇地将爪子搭上积木，一使劲，积木散架了，大家不约而同地发出“哎呀”的叹息声，既心疼又惋惜。

我：“有什么办法能让积木不散开呢？”

图 4-62

大家积极思考："用胶水粘起来吧！"

这是孩子们在美工区经常使用的材料，也是他们想到的唯一起粘贴作用的工具，但令人失望的是，胶水并没有达到孩子们预想的效果。

悦悦用手摸了摸积木："黏黏的，好滑。"

宝宝也说："等了那么长时间也没粘住。"

我："既然胶水不合适，那你们可以去美工区看看有没有其他合适的材料呀！"

孩子们从美工区找来了双面胶和泡沫胶，他们一致认为它们一定可以把积木粘贴好，于是，他们撕双面胶和泡沫胶，一起拼接、粘贴，就这样，一个看起来歪歪扭扭并不完美的楼梯在孩子们的共同努力下完成了。

孩子们请"安娜"再次尝试从陆地游乐场爬楼梯到水池游乐场，在孩子们的加油鼓劲声中，"安娜""扑通"一声跳进水池，积木楼梯搭建成功啦！

教师的思考

《3—6岁儿童学习与发展指南》中提道："幼儿的'好探究'表现在当看到新奇的事物、发现有趣的现象时，感到兴奋，乐在其中，而且有交流的愿望和冲动。""安娜"爬水池壁的事件引发了幼儿探究的欲望，通过猜想幼儿认为"安娜"是想去水池游乐场了。"如何能让小乌龟在两个游乐场之间自由爬行呢？"我们受到了启发，将问题抛给了幼儿，幼儿结合自己的生活经验提出用积木来搭建楼梯，这对于大部分仅能够将积木横向铺开或纵向垒高的小班幼儿来说是一个挑战。小班幼儿以具体形象思维为主，他们通过观察获得了感知经验并在真实情景中不断试错，最后终于将楼梯搭建好了，在此过程中幼儿所接触到的空间位置、方位等概念为后期幼儿感受数学的魅力、进行更为复杂的建构活动打下了基础。

4. 游乐场嘉年华

积木楼梯搭建成功了，孩子们每天看着小乌龟在半陆地半水栖游乐场里穿梭，开心极了，“小小建筑师们”对于加工、设计半陆地半水栖游乐场的兴趣也持续高涨着。他们总是绞尽脑汁地给游乐场添砖加瓦，不断地丰富、完善游乐场。

游乐场嘉年华

有一天，子奕和静一在玩娃娃家的时候发现了一个大袋子，里面装了很多的废旧材料，他们好奇地问：“这不是我们从家里收集来的废旧材料吗？”

图 4－63

图 4－64

子奕看着袋子里的彩色塑料棒说：“我们可以将这些彩色的塑料棒插在围栏上面，小乌龟会以为这是彩虹，它看见了会更开心的。”

静一指着木板：“这个可以用来搭滑梯哦。”

更多的孩子从袋子里翻找着小乌龟可能喜欢的“礼物”。

中午散步时，大家带着彩色的塑料棒和各种材料，开始装饰小乌龟的游乐场，过了一会儿，围栏四周便插满了五颜六色的塑料棒。

第二天，小玉带来的一只橡胶小兔子吸引了大家的注意。

小玉：“我把它带来是陪小乌龟玩的。”

孩子们听了，纷纷说道：“我家有玩具乌龟，明天我也带来。”

“我家有玩具转盘。”

“我家有充气水球,能变大也能变小。”

当大家都把自己心爱的玩具带过来和小乌龟分享时,游乐场顿时变得五彩缤纷,充满了童趣。

图 4-65

图 4-66

慢慢地,游乐场里的玩具越来越多,小乌龟尽情玩耍的空间也越来越小了。

我:“游乐场的玩具太多,小乌龟都没有地方爬了。”

悦悦:“那我们拿出来几个吧。”

大家知道要拿出几个玩具,可是,谁都不乐意将自己的玩具拿出来:“小乌龟喜欢我的转盘。”“它喜欢我的小兔子。”……

我:“大家都不想把自己的玩具拿出来,那怎么办呢?”

图 4-67

贝贝想了想说:“我们可以轮流

放，今天放几个，明天放几个。”

最后大家决定听贝贝的，轮流投放带来的玩具。

教师的思考

幼儿是天生的“艺术家”，他们有发现美、追求美的眼睛，所以他们能利用身边各种各样的材料不断装饰、丰富游乐场。想象力是幼儿建立审美感受的基础，就如同幼儿将彩色塑料棒当作彩虹、木板当作滑梯一样，我在此过程中一直鼓励并尊重幼儿的表达、表现，给予了幼儿充分发挥想象力与创造力的机会。

在丰富游乐场的过程中，小玉率先带来橡胶小兔子的行为引发了其他幼儿的模仿，他们纷纷将自己心爱的玩具带给小乌龟玩，这是实际生活中个体影响诱发群体分享行为的事件，是幼儿在实际生活中去自我中心化的一次很好的体验，这表明幼儿的分享意识开始萌芽，表明幼儿开始出现分享行为，也表明幼儿“亲社会”品质开始形成。

第四次课程审议

在寻找材料打造半陆地半水栖游乐场、搭建积木楼梯、给小乌龟带玩具等活动中，幼儿的经验随着活动内容的丰富与难度的提升呈螺旋式上升，在活动开展的过程中，他们学会了从多种角度观察身边的常见事物，学会了利用周围随处可见的材料组合拼装，他们将科学、数学、艺术等领域进行融合并用来解决现实生活中的问题，这与 STEAM 的教育理念不谋而合。我们看到，幼儿决定搭建一座连接水陆游乐场的楼梯，这就明确了需要解决的问题，于是他们寻找方法确定楼梯的结构，这涉及了很多方面的知识，如形状、空间、方位等，随后经历了“制造—尝试—及时修改—再探索”的一系列过程，这其实就是在搭建积木楼梯的过程中发现问题、解决问题。师幼不断地尝试、总结并及时调整活动方案，可见领域的融合与渗透为主题活动的开展孕育出了无限的可能，多样化的活动促进了幼儿的全面发展。

尾声：再见，小乌龟

半陆地半水栖游乐场竣工之后，孩子们最喜欢和小乌龟一起在游乐场玩耍，但是这几天他们发现，小乌龟只要一进游乐场就不断地往外爬。这是为什么呢？

图 4 - 68

悦悦失落地问："它不喜欢这个游乐场了吗？"

雯雯好奇地问："它想去哪里呢？"

为了弄清楚小乌龟"越狱"的原因，我们将小乌龟从游乐场拿出来，大家围上去敲敲它的壳，上下左右地打量着。就在这时，小乌龟快速地跑了起来，孩子们立刻跟上，结果就发现它跑到亭子下面的土堆里去了。大家的心里充满了疑惑："小乌龟这是怎么啦？"一番讨论交流下来，也没能找到合适的解释。

我："老师也不知道小乌龟钻土堆的原因，不如我们回去把《乌龟百科全书》翻开来看一看吧。"大家迫不及待地阅读书籍，寻找答案。果然，书里详尽地描述了小乌龟这一特殊行为背后的原因：原来小乌龟想要冬眠了。

通过进一步的阅读，孩子们还了解到小乌龟可以在水下冬眠，可以在沙土里冬眠，还可以在温暖的洞里冬眠。

满满连忙问："那我们这里没有洞，不如我们给它挖个洞吧。"

宝妹建议道："小乌龟喜欢睡在亭子下的土堆里，可以去那儿冬眠呀。"

伊伊立刻反驳道："那样太不安全了，如果有人把小乌龟拿走了怎么办？"

我："那你们还有什么更好的办法吗？"

伊伊想了想："那我们把它送回去，让它和爸爸妈妈一起睡觉吧。"

凡凡也补充道："对，它离开了那么久，肯定很想自己的爸爸妈妈了。"

图 4-69

图 4-70

虽然有诸多不舍，但孩子们最后决定还是将小乌龟放回池塘，让它和家人朋友一起冬眠。小乌龟在水面上游了好一会儿，像是在跟孩子们说再见，然后恋恋不舍地钻入了水中。

中午散步的时候，孩子们决定去看看小乌龟还在不在。果然，以前热闹的水面上现在只有一两条金鱼偶尔游过，小乌龟都不见了踪影。看来小乌龟真的是去冬眠了。

我安慰道："明年春天小乌龟冬眠醒来还可以和我们一起玩儿呢！"

孩子们围着池塘，动情地说："等春天来了，再请你来做客，现在你和爸爸妈妈好好地睡一觉吧！"

图 4-71

图 4-72

教师的思考

小乌龟为什么会突然去钻土堆呢？这个问题经过讨论后大家并没有找到答案，就连我也不清楚这背后真正的原因，于是师幼共同利用身边的资源——班级的《乌龟百科全书》来探寻真相，通过阅读发现原来小乌龟是要去冬眠了，而且小乌龟冬眠的地点可以在水下、沙土里，还可以在温暖的洞里。在冬眠事件后，幼儿不仅学会了借助书籍来解决生活中遇到的问题，而且对冬眠这一科学常识有了更直接、真实的认知与体验。

通过大半学期的相处，小乌龟早就成了我们班不可分割的一部分。送小乌龟回家是幼儿自己决定的，最后的放生也是幼儿为小乌龟所能想到的最好安排。这是幼儿初步了解自然的“探脚石”，从中幼儿懂得了要尊重大自然里的每一条生命，所以放生活动是结束也是开始。

三、主题总结

（一）活动脉络图对比

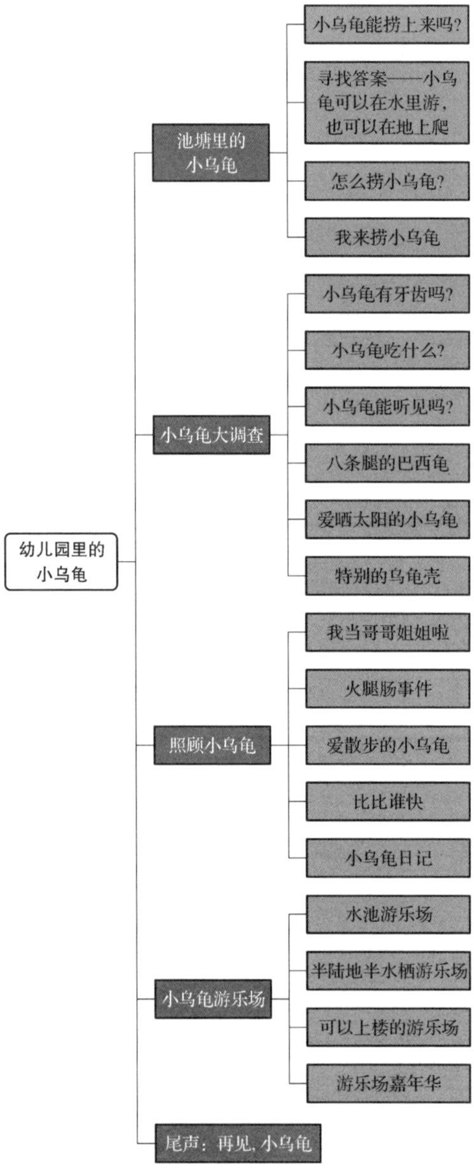

原有的活动脉络图从教师预设的内容出发，活动的设计是基于教师对幼儿现有水平及可能获得的发展的判断，是对活动中所需的多方资源的预估，是展开主题活动的“草稿”。现有的脉络图与之最大的区别是幼儿在主题推进过程中逐渐将小乌龟当成了自己的伙伴、朋友，所以活动走向更注重于情感表达，如“半陆地半水栖游乐场”，幼儿以给小乌龟塑造一个更好的生活环境为初衷，描绘出了一幅幅温暖、有爱、互助的画面。幼儿的年龄特点决定了他们的学习方式是生活化、经验化的，这也决定了以幼儿为主体的主题活动也将是动态的、极具创造性的，而实际活动开展中的每一次“意外”都在这张“草稿”上增添了色彩与生命力，赋予了其鲜活的气息。

首先，偶发事件使主题的内容更加丰富。如由数乌龟引发的一系列活动——怎么捞小乌龟、请小乌龟做客、照顾小乌龟等，都是从最开始幼儿对小乌龟数量的好奇而生发出来的，在与小乌龟朝夕相处的过程中，幼儿有了更多的机会对小乌龟进行观察，从而产生了很多关于小乌龟的有趣问题，如“小乌龟能听见吗?”“小乌龟有牙齿吗?”等。由此可见，一日生活皆课程，在有准备的环境中，将偶发事件因势利导地转换为教育资源能够使主题活动更为丰富且焕发生机。

其次，开放和自由的探究环境给予了幼儿自由体验、自我表达的舞台，是生成活动的先决条件。“巴西龟是八条腿的乌龟吗?”这让人忍俊不禁的童言稚语背后蕴藏着的教育契机被教师及时抓住，教师顺势展开了一系列的活动——“小乌龟有牙齿吗?”“小乌龟吃什么?”“小乌龟能听见吗?”等，这一系列从幼儿生活中来的活动就这样顺理成章地进入了主题探索过程中，幼儿后期也通过做小试验的方式亲身体验、实际操作，不断地揭秘真相，从而开启科学启蒙的大门。

最后，幼儿的兴趣是主题不断发展的助推器。在主题开展过程中，最让教师始料未及的就是“小乌龟游乐场”子主题的诞生，当幼儿对建构小乌龟游乐场表现出极大的兴趣时，我们开始了新一轮的思考与选择，最后我们决定将课程的决定权还给幼儿，让他们从自己的视角和经验出发，推动活动的开展，而“水池游乐场”“半陆地半水栖游乐场”“可以上楼的游乐场”“游乐场嘉年华”等活动则充分证明幼儿是活动的主人，是保持课程生命力的新鲜血液，教师要相信幼儿，与幼儿一起做课程的推手。最后的放生环节让幼儿学会尊重自然与生命，这也是幼儿对朝夕相处的小乌龟进行的一场充满仪式感的告别。由此可见，对主题的预设是后期主题活动顺利开展的坚实基础，是活动过程中的有效参照，它能让教师心中有脉络，眼里有幼儿，生成与预设交织，这也是课程具有生命力与活力的象征。

（二）儿童经验分析

主题活动的实际走向决定了幼儿获得既定领域相关经验的必然性，主题活动在不断变化的同时幼儿获得的经验也随之变化，现有脉络图真实记录了幼儿活动过程中所获经验的来源与发展，展现了教师通过多种活动引导幼儿自主探究与深度学习的轨迹。如在“火腿肠事件”这一活动中，幼儿通过自己的观察对比尝试着给小乌龟制作食谱，他们通过每天的记录情况将小乌龟喜欢和不喜欢的食物进行分类。幼儿这些在真实活动中获得的经验是环环相扣的，教师需要结合《3—6岁儿童学习与发展指南》为幼儿创造有挑战的环境，灵活转换自身角色，为幼儿制订切合实际的发展目标，为幼儿提供层级清晰的引导与支持，并及时根据活动开展中出现的问题进行反思与总结，挖掘幼儿潜能，使其在不断超越最近发展区的基础上全面发展，具体体现在以下方面。

1. 运动与健康

幼儿进行了捞乌龟、学乌龟爬等一系列的身体活动，知道并能够在探索过程中进行自我保护，如不触碰小乌龟的嘴巴，避免被咬伤；知道要像制订小乌龟营养餐一样，不挑食、不浪费，均衡膳食，健康成长；学会了利用身边的材料，如双面胶、积木、水床等。

2. 交流与读写

在遇到问题或者与他人观点不一致时，愿意表达自己的需要和想法；乐意向同伴或家人讲述自己搭建小乌龟游乐场的过程，交流自己建构游乐场过程中的发现；大胆介绍自己装饰、美化游乐场的想法；会根据自己或他人记录的画面，大致说出记录的内容。

3. 交往与适应

能够以“哥哥姐姐”的身份承担起照顾小乌龟的任务；通过喂食、居住、散步、晒太阳等活动给予小乌龟更好的生活环境，为自己的活动成果感到高兴；在教师的指导下，学会轮流记录、照顾小乌龟，分享自己心爱的玩具；尝试从他人角度思考问题，将小乌龟送回家。

4. 认知与理解

热爱大自然，热衷于探索身边的小乌龟、小兔子、小蜗牛等小动物及它们的特征；在照顾小乌龟的过程中能及时发现问题，并在教师的引导下，通过做试验的方式持续地探索观察；通过亲身参与建构，感知并认识周围物体的软和硬、光滑和粗糙、是否具备粘贴作用等；知道池塘里的小乌龟是巴西龟，认识更多不同种类与习性的乌龟；感受数学在生活中无处不在，能够仔细观察身边物体的形状并发现其中的规律。

5. 表达与创造

乐于用绘画、泥塑、手工制作等多种形式表现小乌龟；喜欢哼哼唱唱并能用有趣的动作、表情和声调表达自己的想象与感受；能够选择多种多样的材料及合适的方式，对小乌龟游乐场进行装饰和美化；用简单的线条大体画出自己想表达的主题，如小乌龟及其每日生活。

6. 习惯与态度

幼儿变得好问、好思、敢想、敢做，喜欢对有关小乌龟的问题刨根问底，在教师的支持、引导下，能够对发现的问题及背后的原因表现出极大的探究愿望，展现出持续性的认真、专注、不怕困难、乐于想象与创造等优秀品质。

幼儿个体经验的提升依托于每一次主题活动中的问题解决，是基于幼儿感兴趣且发挥主观能动性的基础上的。主题之始，教师小心翼翼地转换角色，引领着“步履蹒跚”的幼儿自己走进活动，转瞬间他们已经能够迈着坚定稳健的步伐自己前行，如“小乌龟游乐场”这一子主题的各个活动中，幼儿开始独立思考，能明确探究方向并创造性地参与活动，幼儿的经验也在重组和改造的过程中不断地充盈，呈螺旋式上升发展。

（三）教师的感悟

1. 旺盛的好奇心推进活动的不断生发与形成

小班幼儿虽然年龄小，身心发展尚未成熟，但他们好奇好问，对周遭奇妙的世界表现出了强烈的探究欲望，这是主题活动持续推进的基本条件，也是教师组织并开展活动的灵感与方向。教师在整个探究过程中以观察者、支持者、引导者的角色出现，充分信任幼儿，让幼儿用适宜的方式开展调查与试验，在实际生活中通过一次次的科学活动，如“小乌龟有牙齿吗？”“小乌龟能听见吗？”“小乌龟吃什么？”等活动使其通过对客观事物的直接感知，进行一系列有深度、有意义、有理解性的学习，让幼儿基于自发活动与自己的兴趣去主动探究。

2. 自由开放的探究氛围触发活动的隐性支线

活动初期，教师的活动预设及幼儿的探究主要是围绕着科学活动展开，但在这一系列显性活动里还隐藏着很多非计划、非预期的隐性活动，如在与小乌龟朝夕相处的过程中，幼儿通过一系列的探究活动更深入地认识且熟悉了小乌龟，于是大家将小乌龟看成是自己的同伴与好友，随即社会性领域内容也悄然凸显，如“小乌龟游乐场”子主题中幼儿设身处地为小乌龟建构游乐场，并不断地装饰与美化游乐场，他们费尽心思地想把最好的游乐场给小乌龟，让小乌龟感受来自“哥哥姐姐”的爱与温暖，这次的体验让他们获得了极大的成就感与自我满足，让他们学会了了解他人的感受，为幼儿形成良好的社会行为和认知做了铺垫。

3. 师幼彼此润泽、共同成长

乌龟是生活中常见的动物，教师原以为能够以成人的视角与眼光帮助幼儿共同推进活动，然而在活动实际开展的过程中，教师意识到大自然中的一草一木、花鸟虫兽皆是一本本读不完的“书”，如“小乌龟能听见吗？”“小乌龟为何钻土堆？”这些问题连教师自己都不知道背后的答案，在带领幼儿走进活动的同时，教师也与幼儿共同学习、一起成长，如最后的放生环节是幼儿初步了解自然的“探脚石”，也是教师领悟生命教育的开始。

小鸡宝宝出壳记

丁　杉　郭思为

一、主题畅想

（一）活动缘起——我妈妈会孵小鸡

游戏后喝水时，曦曦小朋友神秘兮兮地对同伴说："我妈妈会孵小鸡……""啊？你妈妈真厉害！"玥玥小朋友嘴巴一嘟，并质疑道："你骗人！小鸡是鸡妈妈生出来的，才不是你妈妈生出来的！"曦曦激动地说道："我没有骗你！我妈妈在家用孵蛋器真的孵出小鸡了……"心悦小朋友说道："小鸡是从鸡蛋里出来的，鸡妈妈把鸡蛋放在屁股下面，小鸡就能出来了。"听着她们的谈话，在一旁静静观察的我没有参与孩子们的争执，一个有趣的主题在一次无意的谈话中产生了。

（二）活动可能的发展脉络图

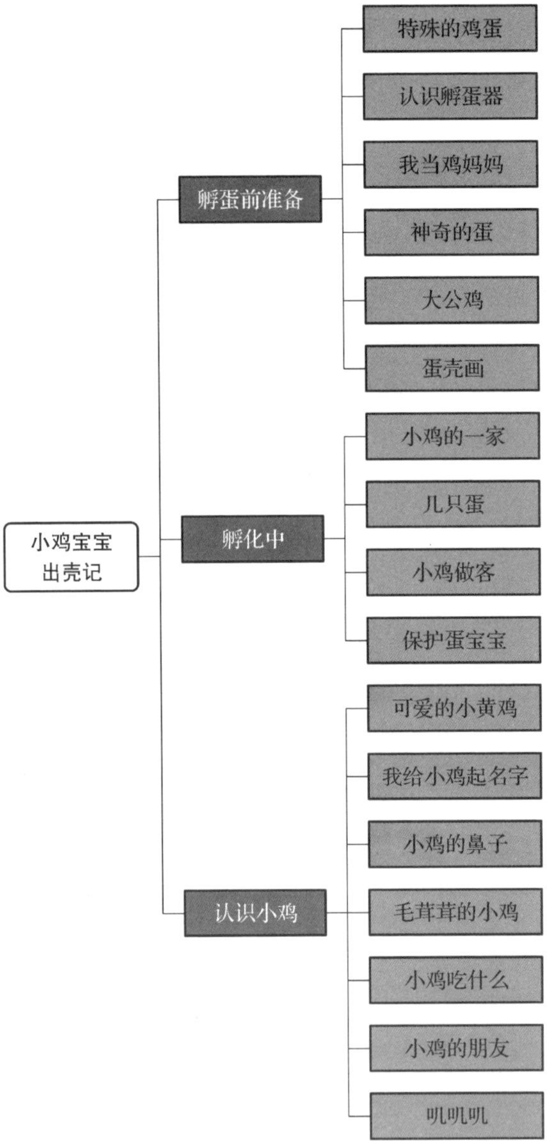

(三) 幼儿可能获得的经验图

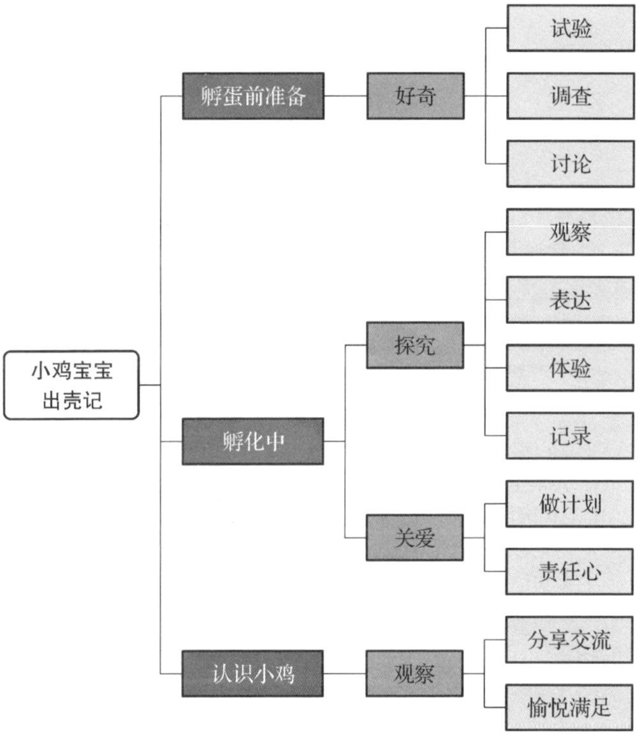

（四）主题可能涉及的资源图

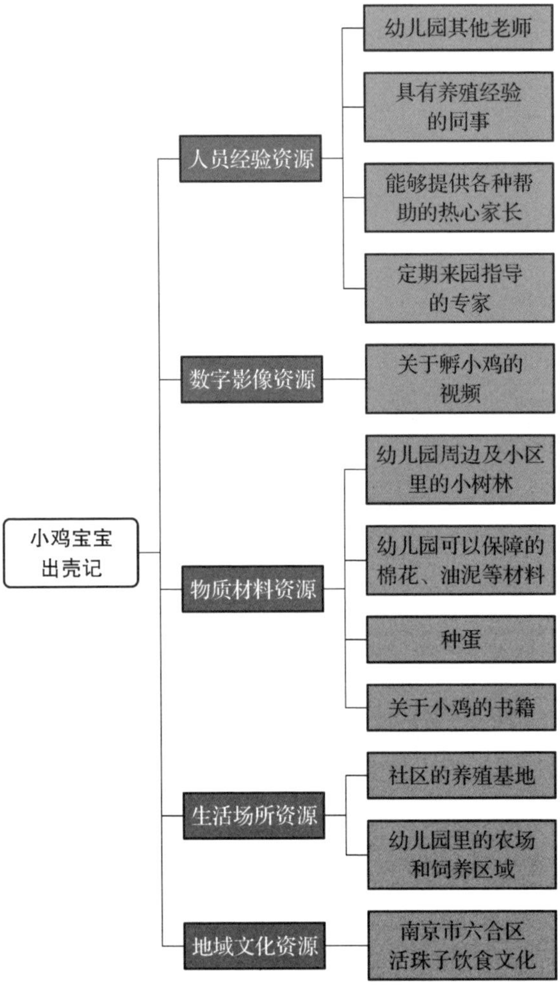

专家点评

对自然中的事物抱有好奇心、探索欲是幼儿的天性所在。小鸡是幼儿生活中常见的事物，比较适合小班幼儿进行观察、饲养和照料，但是他们对小鸡孵化的过程并不了解，虽然我们可以让幼儿通过看图片、视频进行感知，但是随着现代科技的发展，很多便捷的孵化方式已经能够让幼儿通过直接参与和亲身体验来观察鸡蛋的孵化过程。虽然结果有可能会失败，但是为什么不大胆尝试一下呢？从孵蛋到小鸡出生，对蛋宝宝的关注和关爱，一定能够让小班幼儿从关注自我发展到关注小动物，从而实现情感的转移。教师要创造条件并设计多种活动，让幼儿有更多的机会去接触、感知、了解整个孵化过程。

教师的预研究

对于这个主题教师需要哪些活动资源？从物质资源方面来说，首先是鸡蛋，什么样的鸡蛋才能够孵出小鸡？用什么样的孵蛋方法能够让幼儿直接感知鸡蛋孵化的全过程呢？其次是环境，什么样的环境适合饲养？如何利用周边环境和材料来帮助幼儿安顿这些孵出来的小鸡宝宝？什么样的材料适于小鸡生活？这些问题能引发幼儿一连串的问题和思考，并为主题活动的开展提供线索和依据。最后，资源的收集整理也相当重要。教师、家长和幼儿在主题活动开展前和活动中，要不断收集、整理关于小鸡以及小鸡孵化的书籍、图片、音像等资源，并根据主题实施的需要设置相关的主题墙和区域活动，以求帮助幼儿获得完整的经验。

二、主题开展

(一) 孵蛋前的准备

1. 特殊的鸡蛋

小鸡到底是怎么孵化出来的？这在当天晚上就成为孩子们和爸爸妈妈讨论的热点问题。得出的结论是——小鸡是从鸡蛋里面孵化出来的。曦曦说：“我妈妈说，要用特殊的鸡蛋才可以孵出小鸡。”特殊的鸡蛋？什么才是特殊的鸡蛋呢？幼儿、教师、家长一起查阅了相关资料，了解到这种特殊的鸡蛋是指受精蛋，又叫作种蛋，和我们日常生活中吃的鸡蛋是不同的。

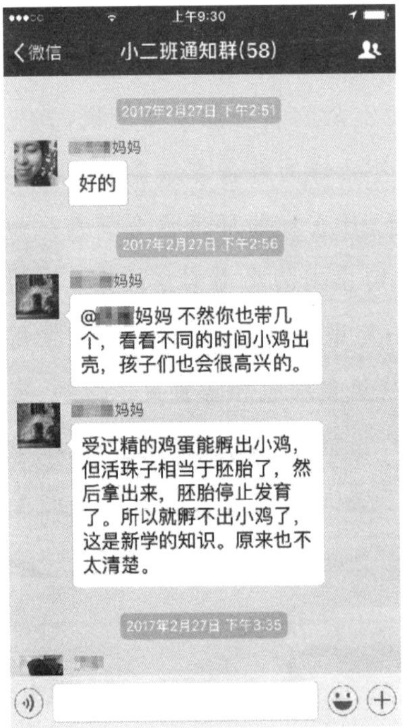

图 5-1

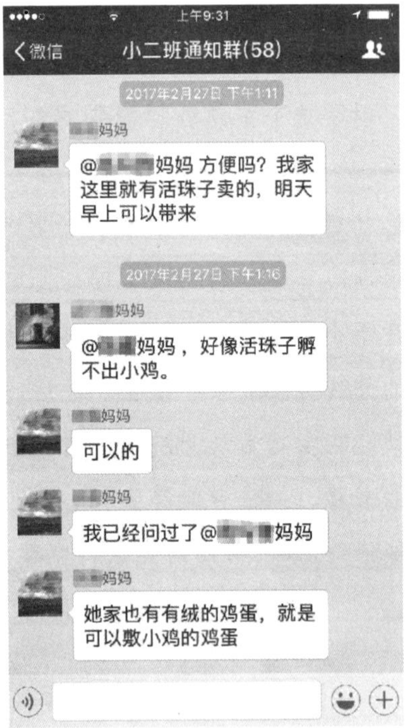

图 5-2

第二天，曦曦小朋友还专门带来了一个受精蛋，孩子们看了看曦曦手上的蛋，诧异地说道："咦，这个鸡蛋不是和我早上吃的鸡蛋一样吗？""这就是我们吃的鸡蛋。"孩子们七嘴八舌地讨论着，曦曦告诉大家："这个是受精蛋，从外面看长得和其他鸡蛋一样，但是它能孵出小鸡来，不信你们就试一试呗！"

图 5-3

2. 认识孵蛋器

真的能孵出小鸡吗？孩子们都想试一试，可问题又出现了：是用传统的方法来孵化，还是用先进的机器来孵化？他们七嘴八舌地争论着。

坤坤说："我看动画片里都是鸡妈妈在孵，鸡妈妈把鸡蛋放在屁股底下。"

曦曦说："像我妈妈那样，用孵蛋器，我们可以天天看见。"

图 5-4

图 5-5

绝大多数孩子更加倾向于鸡妈妈孵蛋，于是，我们就决定遵从孩子们的意愿，用老母鸡来孵小鸡。当晚，我们把这个决定告诉家长，家长也在班级微信群里激烈地讨论开来。

坤坤妈妈说："在班上孵小鸡，不卫生，也不安全吧？"

钰彤妈妈说："用活鸡来孵化，不可控因素太多了，能成功吗？"

玥玥妈妈说："鸡妈妈在孵蛋的时候，鸡蛋在鸡屁股底下，不方便小朋友们观察。"

曦曦妈妈说："孵蛋器更加快捷和方便，重要的是安全系数高，能够避免孩子们直接与母鸡接触，也便于孩子们进行每一天的观察和记录。"

第二天，我们又和孩子们进行了讨论，把爸爸妈妈和我们的担忧告诉了他们，如果用孵蛋器孵小鸡我们就可以每天看到鸡蛋的变化，听到这个消息，孩子们纷纷表示想每天都能看到蛋宝宝，于是，我们在家长的大力支持下，直接购买了产下一周的受精蛋和一个漂亮的恒温孵蛋器。

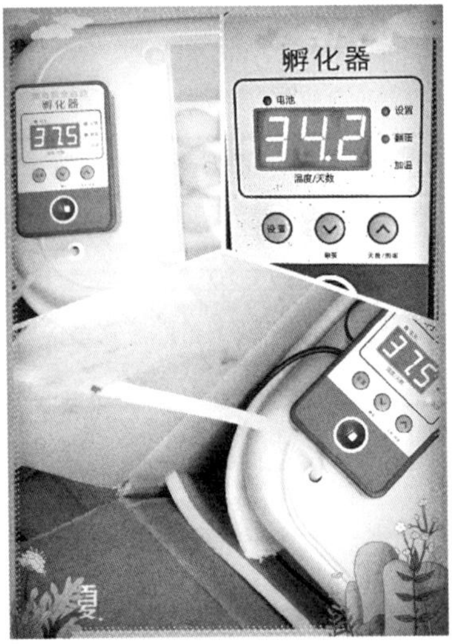

图 5-6

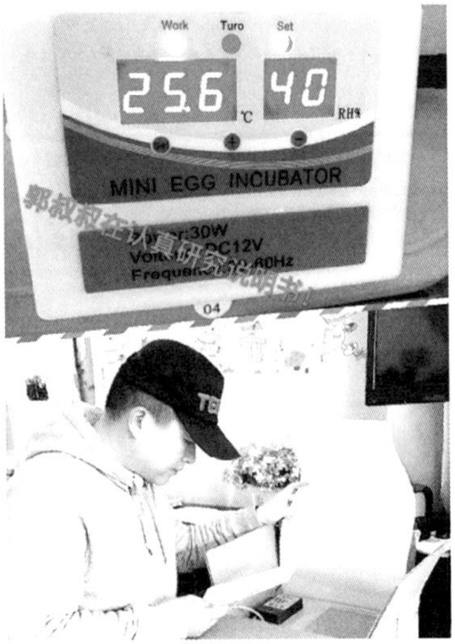

图 5-7

"这个小小的盒子能把鸡蛋孵化出来吗？"

"鸡蛋放进去，就能变成小鸡吗？"

孩子们好奇地围在孵蛋器旁边，充满了疑问。怎么使用孵蛋器？我们和孩子们一起研究机器的操作说明。孵蛋器盖子上有两个数字，分别表示箱内的温度和湿度，使用时要保证数值都在规定的范围内，而保证湿度的前提条件就是要在箱内的水床内加入适量的水。这些操作都完成之后，我们插好电源，等温度和湿度都适合后，把种蛋一个一个放在箱内。孩子们看着小小的孵蛋器欣喜而又充满期待，真希望小鸡宝宝能够早一点孵化出来。

图 5-8

教师的思考

陈鹤琴先生强调了教育的主导因素——教师的积极作用，我们想，这里的“教师”还应该包括孩子的父母。在课程建构初期，家长资源作为课程人力资源的重要部分，为课程健康顺利地发展提供了宝贵的建议，家长资源成为课程发展中强有力的支撑，也给主题活动带来了更多的可能性。同时，我们也意识到，课程的实施在追随幼儿兴趣、想法的同时，也要尊重家长的想法和建议，不能将家长仅仅看成是完成课程教育的配合者，要将家长视为课程的合作伙伴和幼儿园教育的重要人力资源，让家长逐步意识到自己也是幼儿教育的主体，自己有责任与教师、幼儿园合作，共同陪伴幼儿的成长。

3. 认领蛋宝宝

鸡蛋入箱以后，我们每天都会和孩子们一起去看一看。

若嫣护着孵蛋器说：“你们声音轻一点，不要吵醒蛋宝宝。”

顺顺更是夸张地护着孵蛋器说道：“不要用手去碰蛋宝宝，千万不能碰。”

图 5-9

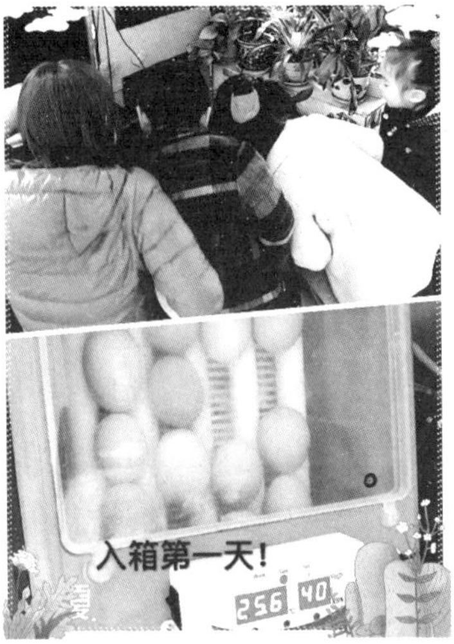

图 5-10

图 5-11

一天，若嫣和顺顺两个小朋友突然吵了起来。若嫣说："最边上这个是我的。"顺顺说："这明明就是我的，我天天都来看它。"

原来，两人都说最右边的种蛋是自己的，为此争执不下。

钰彤说："你们别吵了，我们每人观察一个鸡蛋，在鸡蛋上做好记号，这样就不会看错啦！"

顺顺说："对呀，我们可以在蛋上编号，这样每人都有自己的蛋宝宝了。"于是，大家一起动手，各自认领了属于自己的一个鸡蛋，用记号笔进行了编号。

教师的思考

课程往往是由一个小小的疑问、一次不经意的对话，甚至一次争吵产生的，这次争执，我们没有直接介入帮助幼儿，而是在一旁观察幼儿自己解决问题，我们发现，钰彤通过迁移上学期为班服做标记的经验，想到了可以用做标记的方式来区分每个鸡蛋，顺利地解决了这个问题。对于小班幼儿来说，这是一种难能可贵的学习品质，幼儿迁移经验来解决问题让我们惊叹的同时，也给了我们启发：在平时的教学和游戏中，是否关注了幼儿这方面能力的发展？在活动的设计和材料准备上，有没有给幼儿发展这方面能力的充分支持？幼儿的经验是个整体，它不受教学领域的控制，只要有迁移和提取的机会，我们都应帮助幼儿理解内化，并在不同环节以不同的方式提取，真正让经验迁移成为幼儿学习的有效方式。

(二) 孵蛋中

1. 照顾蛋宝宝

(1) 照蛋

在连续几天的观察之后，孵蛋器里的鸡蛋仍然没有变化，孩子们开始有些着急了。

玛雅说："怎么还没有出来，小鸡宝宝会不会不出来了？"

曦曦问："老师，这个孵蛋器里的鸡蛋多少天才能出小鸡呢？"

是呀，怎样才能看到每只鸡蛋的变化呢？

围绕这个话题，教师、孩子和家长在班级微信群里进行了讨论，我们汇总大家的经验后得知，鸡宝宝一般到了21天就会破壳而出，种蛋在孵化第7天的时候，会出现红色的血丝。曦曦妈妈特别叮嘱我们，在这个阶段可以用手电筒在黑暗的环境下近距离观察种蛋内部的变化。

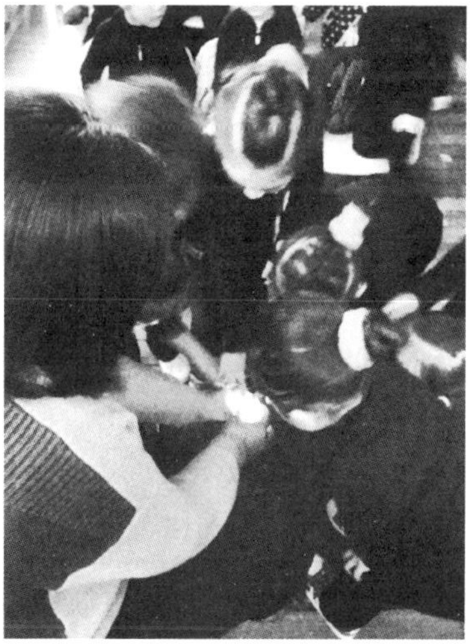

图 5-12

一周之后，我们将鸡蛋取出，拉上所有的窗帘，用手电筒照射。在手电筒光的照射下，孩子们立刻发现了鸡蛋里的神奇现象：鸡蛋中间好像有一团黑色的影子，影子有大有小，有的鸡蛋里面还有很多粗细不等的“黑线”。家童说：“哇，像医生在给我妈妈做B超。”欣晨说：“嘘！小鸡宝宝睡着了！”

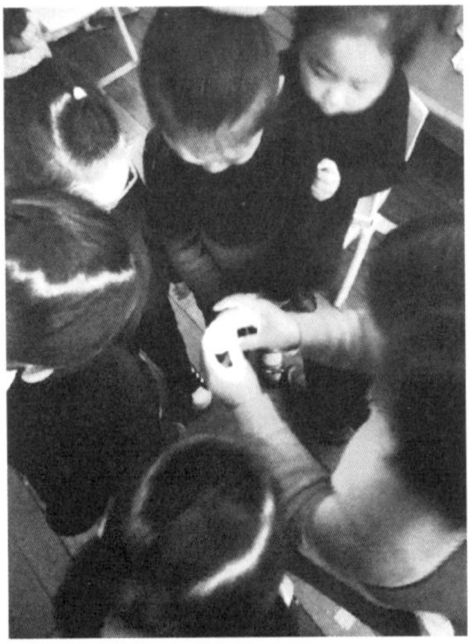

图 5 - 13

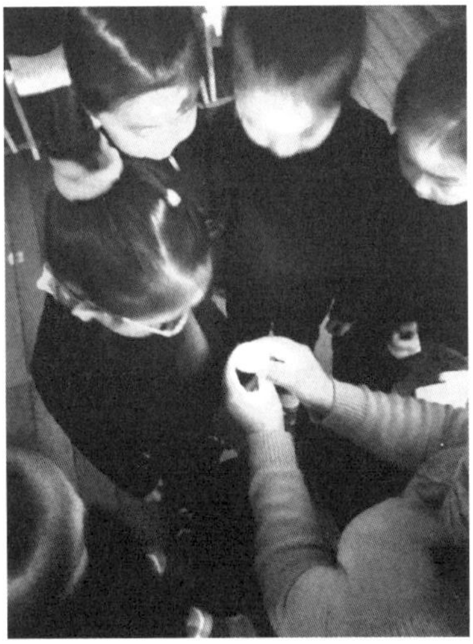

图 5 - 14

教室里异常的安静，我们静静地陪着孩子们一遍又一遍地观看这神奇的现象。“我们把它拍下来吧。”欣晨提出。“对呀，我们不仅可以将它拍下来，还可以画下来呀！”于是我们和孩子们商讨后，设计出一个简单的观察记录表，便于他们记录种蛋的变化。

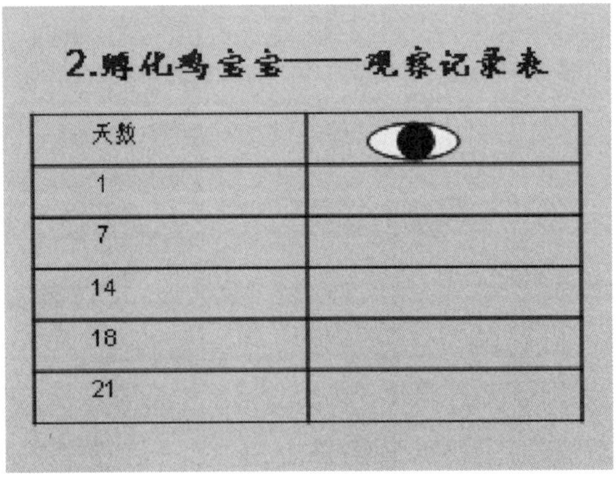

2.孵化鸡宝宝——观察记录表

天数	
1	
7	
14	
18	
21	

图 5 - 15

下午，孩子们就迫不及待地用稚嫩的笔触将自己的观察用图画的方式表现了出来，这些图画表达更多的是他们的兴奋、探究和想象。

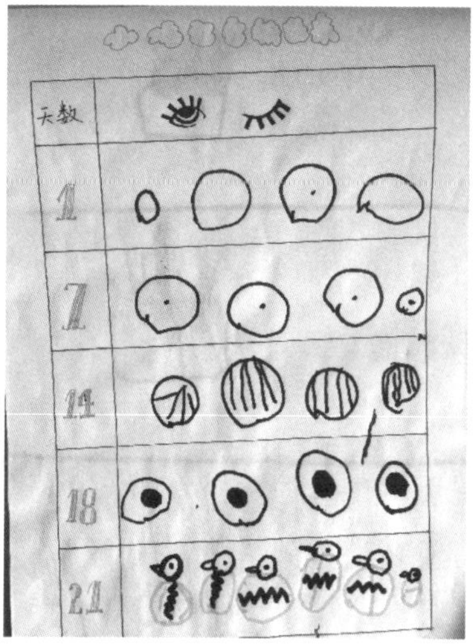

图 5－16

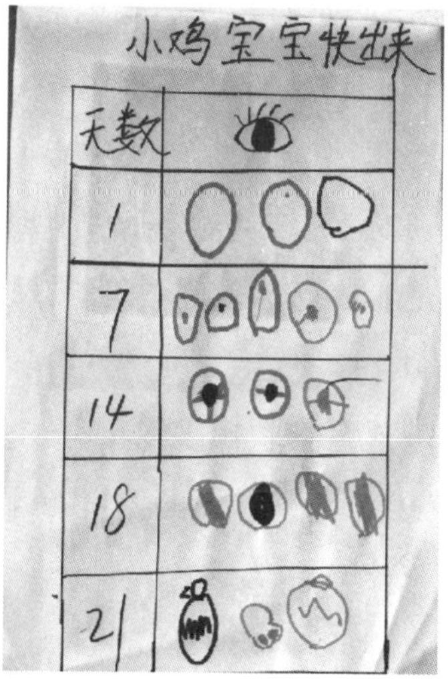

图 5－17

在进行照蛋活动之后，孩子们对种蛋内部的构造和变化产生了很大的兴趣。于是，我们在科学区创设了“种蛋的变化”区域游戏，投放了“21 天孵化蛋”的一组仿真材料，供孩子们更加详细地进行观察和记录。这个游戏让孩子们更加直观、细致地感受到了种蛋在 21 天当中不同天数的变化，并在观察活动中提高了语言讲述的能力。

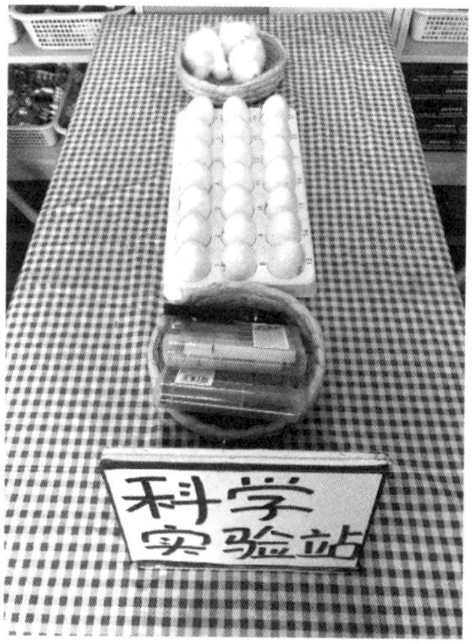

图 5－18

（2）剔蛋

又过了几天，曦曦妈妈仔细观察孵蛋器里的鸡蛋后，建议我们可以进行剔蛋活动了。

曦曦妈妈问：“小朋友们，你们知道什么是剔蛋吗？剔蛋是特别有意思的事情。我们将孵化一定天数的鸡蛋放在平静的水中，如果鸡蛋是活的，就会在水中转动起来。”

紫菡好奇地问:“真的吗? 好神奇啊!”

曦曦妈妈的话成功地激起了孩子们的干劲,他们马上开始动手准备。他们在水桶里装上大半桶水,然后小心翼翼地把鸡蛋从孵蛋器里拿出来放到水中,果然,有好几个鸡蛋立刻就在水里跳动起来。

“你们看,这个蛋一上一下地动呢!”

“它们在转圈圈呢,好像在跳舞。”

“哇,小鸡宝宝真有力气呀!”

“小鸡宝宝快出来吧!”

看到在水里跳动的鸡蛋,大家都兴奋得手舞足蹈。

图 5-19

图 5-20

(3) 保护公约

突然,佳怡小朋友生气地说:“你们轻一点,不要把小鸡宝宝吵醒了,不要吓着它。嘘!”

听到佳怡的话,教室里立刻传来了反对的声音:“为什么不能吵? 小鸡宝宝在蛋壳里又听不见!”大家你一言我一语地讨论着。

佳怡说:“反正我们应该保护机器里的小鸡宝宝。”

曦曦问:“那需要我们做什么呢?”

瑶瑶说:“管住其他小朋友,不能随便打开孵化器的盖子,这样小鸡宝宝就不会冷了。”

坤坤说：“我们在教室里说话的声音太大了，小鸡宝宝耳朵都疼了，所以就躲在鸡蛋里不出来了。”

钰斐说：“我们走路的时候也要轻轻地，如果重重地，地板就会抖，小鸡宝宝也会害怕。”

董周说：“我们应该每天当小老师，看一看孵化器的灯有没有关掉，如果灯不亮了，就要赶快告诉老师，不能让小鸡宝宝冻死。”

大家的想法都不错。于是，孩子们把自己的设想用画笔记录了下来，汇总成“保护鸡宝宝公约”，张贴在活动室中，公约就像一个无声的老师一样每天提醒着每一个孩子要自觉遵守。

图5－21

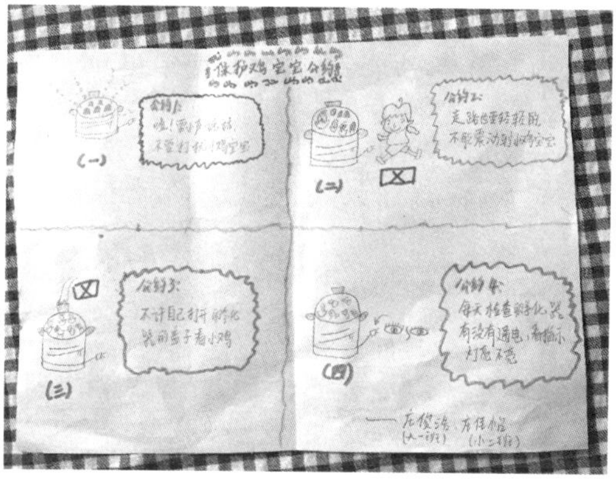

图5 22

图5－23

图5－24

第一次课程审议

在前期活动中一直听到不同的声音，但是教师能够融合家长和幼儿的力量，三方共同努力，从幼儿出发，追随他们的经验，遵从他们的意愿，根据幼儿的兴趣走向来开展活动。

鸡蛋孵化过程中蛋的内部结构变化是非常缓慢和细微的，家长向教师和幼儿传授了照蛋和剔蛋的经验和方法，让幼儿能够直接观察到鸡蛋的内部结构，体验生命科学的奇妙，这对于幼儿来说是意义非凡的。教师鼓励幼儿用绘画的方式记录自己的观察结果，留下生命科学的轨迹，幼儿在用图画、符号做记录的同时，也在体验着“书面语言”的学习过程。小班幼儿的绘画技能相对较弱，并不能很准确地表达自己的发现，但是教师可以根据幼儿绘画的内容和想法在一旁辅以文字记录，将幼儿的探索“可视化”，若干年后再回顾，这都是非常珍贵的资料。

下一步，应该密切关注破壳的过程，特别是第一个鸡蛋的裂开，对幼儿来说意义重大，相信幼儿除了惊喜和激动，还会产生更多新的疑问，这个时候教师就要多倾听他们的声音，进一步观察、记录幼儿和幼儿之间的学习过程，敏锐捕捉幼儿活动的需求和兴趣，鼓励他们大胆质疑、提出问题，与同伴一起分享自己的想法，要让幼儿的问题和观察带领着我们朝着新的、有趣的方向继续研究。

2. 做鸡窝

(1) 做什么样的鸡窝

21 天就快到了，小鸡宝宝就快要来到我们身边了，孩子们的话题越来越多，新的想法也不断冒出来。

筠清：“我们给它们做个漂亮的鸡窝吧，可以拎着走的鸡窝，就像我妈妈给我家猫咪买的背包那样，这样就可以把它们带到草坪上玩了。”

雨晨：“我们家的小狗也有一个漂亮的窝，它天天在窝里面睡觉。”

玄彦小声地问：“那我们也可以给小鸡做一个窝吗？”

“可以呀！”其他小朋友大声回应。

“那可以做什么样的鸡窝呢？怎么做呀？”玄彦问。

“我们画下来吧，想做什么样的就画什么样。”佳煦说。

于是大家兴致勃勃地拿起画笔记录下自己的设想，商讨怎么给即将出生的小鸡宝宝做一个漂亮的窝。

图 5－25

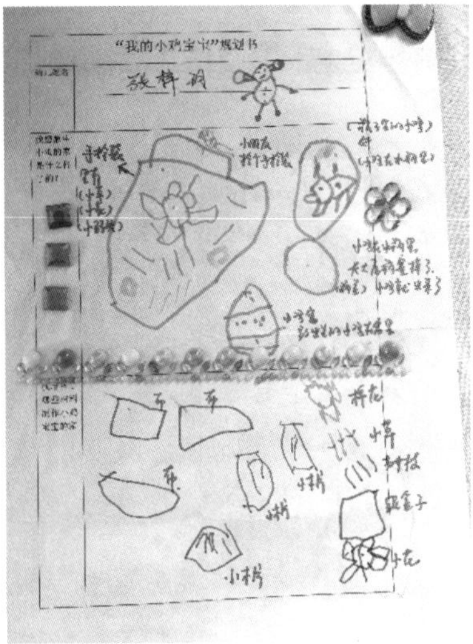

图 5－26

孩子的绘画内容，成人并不一定能真正解读，因此我们始终鼓励他们把自己的记录内容大胆地讲述出来，同时帮助他们用文字记录下来，并读给他们听，让他们知道说的话是可以用文字记录下来的，并从中了解到文字的用途。

图 5－27

凯琪小朋友在完成绘画后高兴地对我们说：“我设计的小鸡的家有圆圆的房顶，方方的房子，太阳公公笑眯眯的，房顶上有五颜六色的鲜花和两个绿色的小蘑菇。房子周围有很多小草，我会撒花瓣进去，这样它的家会有香味，小鸡宝宝睡在窝里很快就会睡着了。”听完她的讲述后，我们异常欣喜，一幅看似简单的画被这个仅3岁的孩子用如此生动的语言描绘得如诗一般！

(2) 做鸡窝的材料

画好后，孩子们议论最多的就是鸡窝的装饰。那么，如何把想象变为现实？孩子们自己能完成吗？我们开始引导他们多多关注鸡窝的形状、构造，以及制作鸡窝所使用的各种材料。

图5-28

紫渝说：“我们可以用稻草来做。”

玥玥说：“我们可以用美工区的毛根和黏土做花篮呀。”

坤坤说：“对，还要用彩色冰棒棍，那样搭出来的鸡窝才漂亮。”

根据孩子们的想法和需求，我们准备了棉花、冰棒棍、黏土、稻草、树枝、蛋托、纸盒、毛根、吸管等材料。

在没有任何参照物的情况下，孩子们充分发挥自己的想象，将各种材料进行了组合。有的用黏土或毛根将吸管、冰棒棍捆绑在一起；有的将棉花填充在蛋托内；有的用柳条编织成半圆形，然后嵌入到黏土中；还有的将纸盒进行折叠和分装，随后在纸盒里铺上满满的稻草……有的孩子甚至还考虑到一只小鸡宝宝太孤单，用一个大树枝挂上丝带放在窝里，说是要给小鸡当玩具！在这个过程中，他们想出各种办法让小鸡宝宝的窝既柔软又暖和，操作过程中他们能关注到颜色的搭配、形状的比较，同伴之间也开始初步尝试相互配合，共同合作。

图 5－29

图 5－30

图 5－31

图 5－32

图 5－33

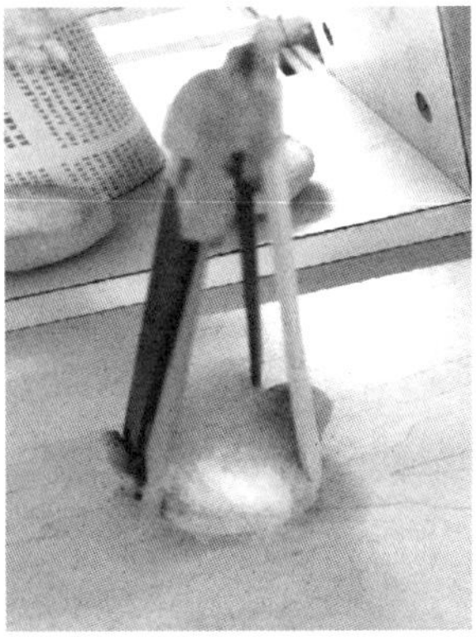

图 5－34

教师的思考

在活动中,我们为幼儿提供多种材料,活动过程中我们并没有做过多的干预和指导,但是材料的多样性给了幼儿充分想象的空间,他们做出了各种各样的窝。例如材料中的黏土,幼儿既能用黏土本身做窝,又能够将它作为其他材料的连接工具,这既实现了材料的充分利用,也体现了幼儿的创造性。我们也发现,幼儿对于材料的选择是有针对性的,他们大多选择棉花和树枝两种材料放在窝里,这其实是他们通过经验迁移对真实鸡窝的情景再现。活动中,我们始终支持、鼓励幼儿的学习与探究,用心倾听他们的想法或感受,领会并尊重他们的创作意图,让幼儿尽情表达自己的想法和见解。

3. 初次孵化失败

遗憾的是,二十几天过去了,仍然等不到小鸡的出壳,我们班的初次孵化实验以失败告终,我们和孩子们一起查找原因。

如熠说:“会不会是天气太冷,小鸡宝宝冻死了?”

彦涵说:“是不是我们太吵了,小鸡被我们吵死了?”

溪溪说:“不对,不是我们吵的,我们每天都有值日生保护小鸡宝宝。”

我们开始仔细地回忆每一天的细节,突然想到清明节放假回来后机器响起了警铃声,我们分析可能是水床干了,导致机器里的温度过高。大家在失望的同时将这次孵化失败的经验进行了详细的总结和记录。

所幸的是曦曦妈妈在家中的孵化实验成功了。我们请曦曦妈妈来介绍经验,并和孩子们一起反思、讨论,总结出有可能导致我们这次孵化失败的原因:① 孵蛋器是插电的,在孵化过程中有一次断电,导致温度不够;② 孵蛋器里的水床干了一次,导致湿度不够;③ 我们进行照蛋观察的频率过高,时间过长,导致胎停。

看到孩子们沮丧的样子,我们安慰他们:“没关系,失败并不可怕,我们已经找到了原因,我们可以再试一次,下次一定能成功!”

失败其实并不可怕，有意义的失败会变成下一次成功的契机。有了第一次的经验总结，第二次的孵化过程孩子们更加细心，也更加有耐心了，他们能按捺住自己的好奇，约束好自己的行为，并且相互提醒："我们不能老去看，最好在小鸡快要出来的时候再看，不然又孵不出来了。"我们每天多次关注孵蛋器上的温度与湿度，周六周日我们也会来班级检查孵蛋器，确保每天的数值都在正常的范围。终于，第二次的孵化如愿成功了！第二次孵化实验中小鸡奋力出壳的全过程，让我们充分感受到生命的力量与神奇！

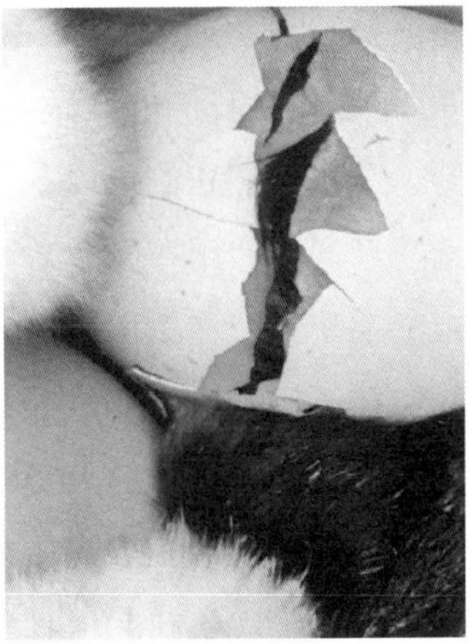

图 5－35

图 5－36

图 5－37

4. 小鸡的家

(1) 建个大房子

在第二次孵化实验中，孩子们对小鸡的出生有了更多的期待，他们经常会把自己做的鸡窝拿出来让同伴欣赏。

华容小朋友看着自己做的鸡窝说："我们之前做的鸡窝太小了吧？小鸡宝宝根本住不进去。"

梓乔说:“这个鸡窝没有房顶,没有大门,不安全。”

婧晗说:“会很冷,小鸡宝宝会生病的。”

“那现在我们应该做一些什么呢?”

紫菡说:“我们可以在操场上给它们盖一个大大的房子。”

彦涵说:“用布围起来,就不冷了。”

玥玥说:“在里面铺上棉花,会更暖和。”

孩子们提出的要求我们都一一满足,于是新的任务产生了——为小鸡建造一个宽敞舒适的大“家”。

在哪里建造?需要什么工具?建造的房子多大?怎么测量?我们和孩子们一起将这些问题梳理后制作了规划书,请他们带回家和爸爸妈妈一起设计。

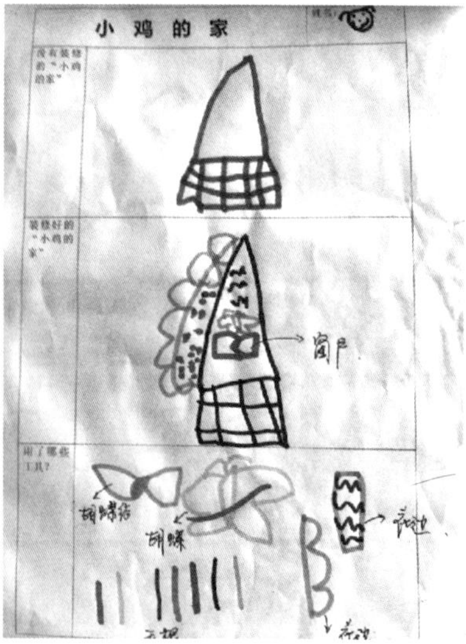

图 5-38

图 5-39

从孩子们的反馈来看,他们设计的房子多数是三角形屋顶、方形房体的,于是我们就将这种形状确定为即将建造的房屋的外形。在种类丰富的材料中,孩子们经过反复比较,最后选择用网格栅栏和KT板进行搭建。

在哪里搭建合适呢?我们和孩子们一起考察了幼儿园门厅、操场和四楼露天农场。

“我喜欢大大的农场，小鸡肯定也喜欢。”

“农场里有小麦，可以给小鸡宝宝吃。”

图 5－40

孩子们一致认为四楼露天农场空间大，能晒到太阳，而且有正在种植的小麦，可以直接给小鸡做食物，所以我们最终确定在四楼的露天农场建房子。在活动中，孩子们将四个网格栅栏摆成长方形，然后用毛根将相邻的网格栅栏紧紧地捆绑住，长方形的房体就做好了。然后他们又将整块的 KT 板对折，折成一个三角形架在房体上，再用毛根在 KT 板上穿洞，将房顶和房体固定在一起。一个“项目工程”完成了。在搭建房子的活动中，出现了或多或少的问题，但孩子们都运用自己的智慧将问题一一解决了。

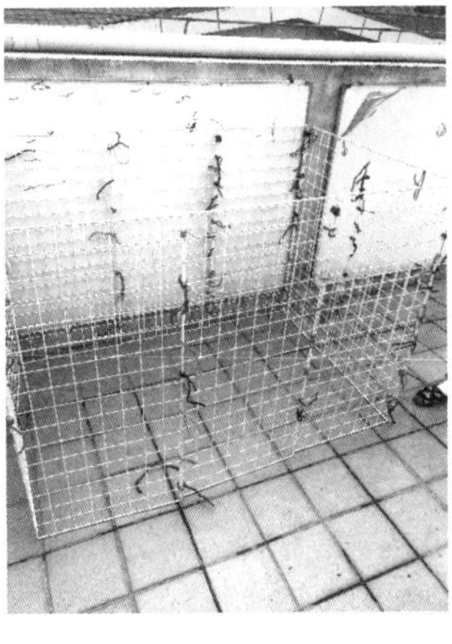

图 5－41

图 5－42

(2) 测量风波

在建构小鸡宝宝的家的活动中，“测量风波”让我们记忆尤为深刻。

在讨论房子大小的时候，牵涉到一个测量的问题。用什么工具来测量呢？这个问题我们请孩子和家长一起商量解决。第二天，孩子们带来了一些测量工具，有皮尺、卷尺、直尺等，他们用这些工具把教室里大大小小的物品都量了一遍，忙得不亦乐乎，有的孩子还信心满满地用数字记录下自己的测量结果。

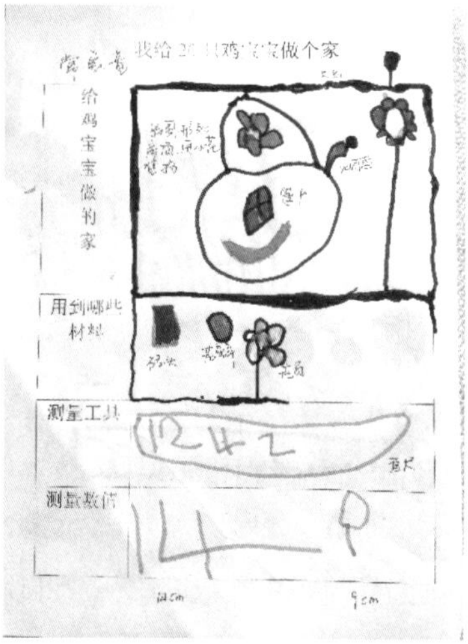

图 5－43

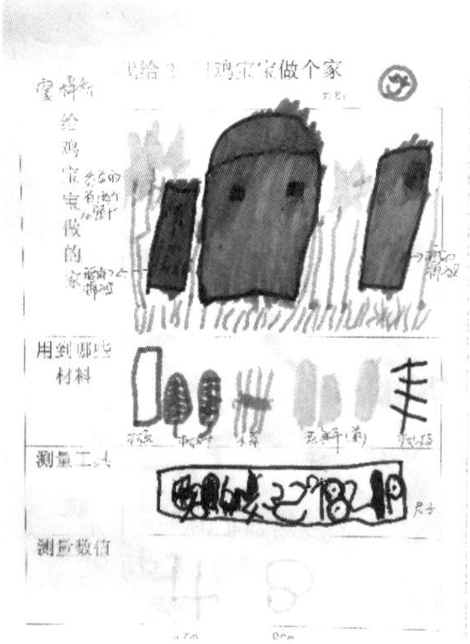

图 5－44

图 5－45

随后我们来到了露天农场，孩子们选择了 KT 板来做屋顶。可是问题来了：这个 KT 板有多长呢？要把 KT 板对折变成三角形，从哪里开始折呢？手中拿着卷尺的他们不知所措。

“这个上面有好多数字我不认识，我根本不知道这是什么东西。”

“我也不认识。”

“这个板子太大了，我不知道怎么量了……”

看起来孩子们是在用尺子测量，但其

实他们只知道尺子是一种测量工具,并不认识尺子上的刻度,不能理解刻度的真实含义。

不认识数字就不能测量了吗?还可以用什么方式来测量呢?在参与建造活动的专家老师的指点下,我们鼓励孩子们利用自己的身体或者找一找周围有没有可以利用的工具来测量,我们还专门脱下了一只鞋子借给他们。原来鞋子也可以用来测量,孩子们受到了启发,纷纷脱下了自己的鞋子,在我们的指导下,他们把鞋子一只一只连起来放在了 KT 板的边缘。

“鞋子不一样大,我们这样量不对!”

“那找一样大的鞋子?”

“我们可以用自己的小脚走着来测量呀!”

经过一番讨论,大家都同意用自己的双脚来测量。钰彤自告奋勇地做了“小模特”,脚跟脚尖、脚跟脚尖,1,2,3,4……哇,一共有 12 只脚那么长!这个 KT 板有钰彤 12 只脚那么长!那在哪里开始折呢?这个问题难住了小朋友们,他们询问了专家老师如何找到对折的位置,在专家老师的指导下,他们在钰彤走了 6 步的脚尖处做了标记,对折后,一个漂亮规整的三角形房顶果然就做好了。

(3) 温暖的家

四月底,南京一连下了几天大雨。假期一结束,孩子们就吵着说要去露天农场看一看我们搭建的房子。当我们来到农场的时候,孩子们都惊呆了,我们搭建的房子孤零零地倒在了地上。

梓乔喊道:“老师,我们的房子倒了!”

小依伊说:“雨太大了,房子应该是被雨给淋倒了!”

佳煦跑到我面前说:“老师,这里的风太大了!”

…………

图 5-46

孩子们三三两两地讨论着，并跃跃欲试地想要把它扶起来。

“老师，我们把它靠在墙边，是不是就不会倒了？”

“老师，这个家上面应该撑一把雨伞。”

“可以给它裹一层布吧？”

“我们换个风小的地方吧。”

图 5－47

图 5－48

图 5－49

图 5－50

孩子们提出的这些建议可行吗？我们又让他们自行解决。根据孩子们的想法，我们提供了防雨布、野餐垫等材料，带着这些材料我们和孩子们再一次来到了农场，孩子们一致决定用大块的白色防雨布把房子包裹起来。大家费了好大的劲才把又厚又重的防雨布搭在了房子上。可是，刚搭上去，房子就再一次倒塌了。为什么会倒呢？

钰彤说："我刚刚看到防雨布盖上去的时候下面的栅栏都在抖。"

曦曦说："我们刚刚拉的防雨布特别重，差点把房子拉倒了。"

看来，防雨布虽然防风防雨性很好，但同时它也很重，我们的栅栏房子太轻了，承受不住防雨布的重量，这可怎么办呢？正在一筹莫展的时候，彦涵说："那我们换个轻一点的布吧。""用野餐垫试试呢？"这时，孩子们的眼睛一下子又亮了起来："对呀，野餐垫很轻，应该是可以的。"孩子们拿起野餐垫："哇，果然比防雨布轻好多呀！"孩子们轻松地把野餐垫搭在了房子上，并用毛根进行了加固，随后孩子们又将房子靠在了墙边，他们用手推了推房子，开心地说："这下终于牢固了！"温暖的家建好了。

教师的思考

建造过程中出现的或多或少的突发事件，是我们无法提前预设的，"测量风波"是建造中的一次真实的、有意义的事件，问题的出现并不可怕，我们需要用自己的智慧以及经验和幼儿共同解决问题，当幼儿发现自己并不懂得如何用尺子去测量 KT 板的实际长度时，我们及时和幼儿进行对话，充当幼儿游戏和问题解决促进者的角色，在专家老师的建议和指导下，幼儿发现可以用身边的物品——鞋子来测量，把客观的物理尺寸变成鞋子的数量，符合小班幼儿的学习认知特点。"温暖的家"引发了幼儿的"真行动"，在活动中我们对幼儿的行为以及他们之间的对话进行了细致观察，及时加入他们的游戏，与幼儿共同参与、真实对话，促进幼儿的深度探究。在防雨材料的选择上，他们选材、对比、操作试验。经实践后他们发现：防雨布虽然是最专业的防风防雨材料，但是对于小鸡的家来说却不是最适宜的。这种结果对于我们成人来说可能是一眼就能看出的，但是对于幼儿来说却是探究学习的好机会，这种操作经验比直接经验来得更加宝贵。我们也在不断深入学习，在幼儿寻找“答案”的过程中探究“幼儿在前，教师在后”的学习理念。

(4) 漂亮的家

温暖的家建好了，孩子们每天都要跑到四楼去看一看，有一天下雨，孩子们楼上楼下跑了几次，特别担心房子会再次被雨淋倒。

小依伊说：“老师，我们能不能把房子搬到我们的教室旁边呢？这样我们随时都能看到它。”

若嫣说：“我们可以将房子放在教室旁边的紫藤花园里，紫藤花香香的。”

心悦说：“紫藤花园离幼儿园大门很近，小朋友们放学的时候都可以来看一看。”

于是，我们便一起将“温暖的家”搬到了紫藤花园里。没有了风吹日晒，小屋显得异常的温暖。每天散步的时候孩子们都会去看一看，如果看见其他班级的孩子经过，他们会自豪地告诉大家：“这是我们小二班给小鸡宝宝盖的房子，你们看的时候要小心哦，不能弄坏了，否则小鸡宝宝会生气的！”有的孩子还会主动地向其他孩子介绍房子的作用和特点。随着园内越来越多的孩子开始关注我们的房子，孩子们便想把房子装饰得更漂亮。有孩子提出：“可以用贴画给小鸡的家装一个窗户，房顶上贴一点蝴蝶结，这样会更漂亮的。”说干就干，孩子们自己搜集了贴纸、毛根、糖纸、黏土等材料开始装饰、美化我们的小屋，在孩子们的精心打造下，我们的小屋更加靓丽了。

图 5－51

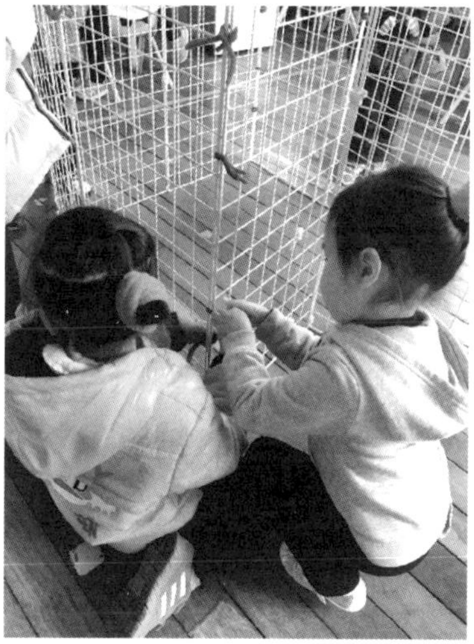

图 5 - 52

图 5 - 53

图 5 - 54

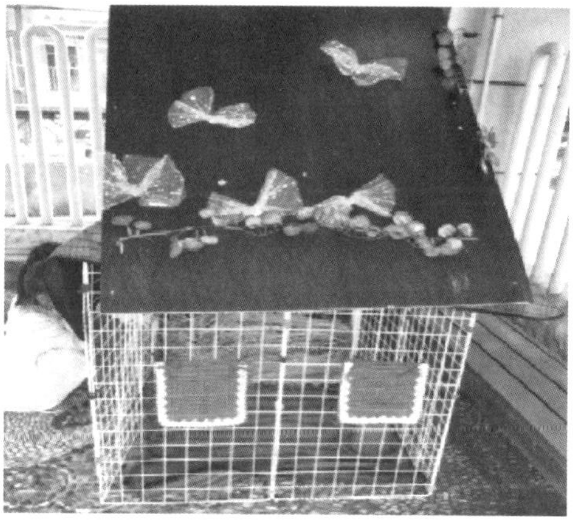

图 5 - 55

第二次课程审议

幼儿的兴趣是整个课程的主轴。原先，教师预设的活动脉络是在小鸡出壳之前，幼儿的活动重点是围绕着观察孵化中的蛋宝宝而开展，但是随着课程的发展，幼儿的兴趣点从观察蛋宝宝转为给即将出生的小鸡宝宝建造一个窝，一个家，并且是一个温暖、漂亮、足够大的家。

活动中教师与幼儿一起设计房屋造型、建造房屋、加固房屋、换址、美化房屋等，这其实就是 STEM 理念在建造活动中一次很好的体现，幼儿在反复的尝试、验证、反思、再尝试、再验证中不断发展科学探究的思维和能力。在这个项目活动中，幼儿深层次的学习已经有所体现，如他们自发组织、讨论、设计房屋，尤其是尝试利用生活中的物品进行测量对于幼儿来说是科学测量的一次初步体验。在这个过程中幼儿对一系列问题进行探索，他们合作、模仿和自由分工，合作能力和解决问题的能力均得到了锻炼和提高。

幼儿在一系列的探究过程中获得新经验的同时也引发了教师的深刻反思：要把握幼儿的"最近发展区"，要对幼儿的认知、行为、学习品质等方面的发展保持敏感性，并进行适宜的指导，这里的指导绝不是替代，教师要欣赏并鼓励幼儿探索过程的"曲折回旋"。

（三）迎接小鸡宝宝

小鸡宝宝出生啦

1. 小鸡宝宝出生啦

孵化蛋宝宝的第 21 天终于要到了，在这 21 天的盼望中，孩子们一边给即将出生的小鸡宝宝搭建温暖、漂亮的家，一边按照公约要求尽职尽责地保护机器里的蛋宝宝，期盼着小生命的出现。

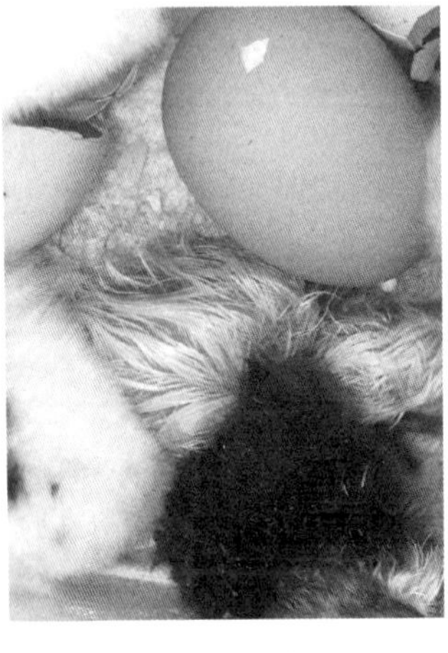

图 5 - 56

终于在一个风和日丽的上午，孩子们发现 4 号蛋壳破了，有一个黑黑的东西在里面动，到了下午，蛋壳上的破洞越来越大，小鸡宝宝的头慢慢从洞中伸了出来。这一刻，我们都屏住呼吸，瞪大了眼睛盯着 4 号宝宝，有孩子自言自语地说道："加油！加油！再用一点儿劲，你就能出来了！"在孩子们的鼓励下，我们的小鸡宝宝终于破壳而出，和我们见面了！刚出生的小鸡宝宝摇摇晃晃，细细的声音、小小的眼睛、柔弱的身躯，孩子们充满怜爱地看着它，生怕它会站不稳，倒下去。我们和孩子们共同见证了一只只小鸡出壳的瞬间，它们用自己的尖嘴巴把蛋壳一点点啄开，然后身体用力挣出，我们既惊喜又激动，孩子们逢人就骄傲地宣布："我们班的小鸡出生啦！"

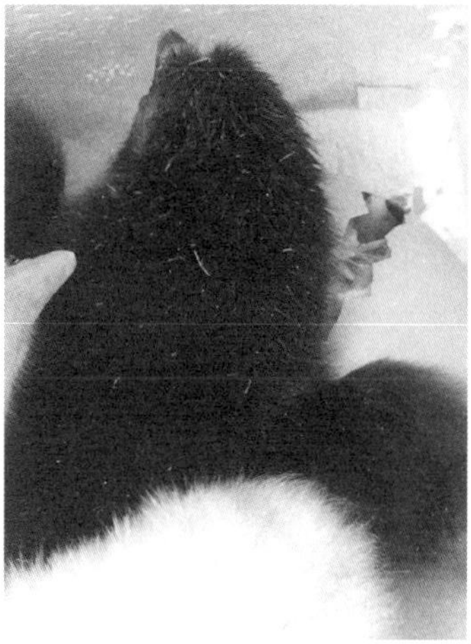

图 5－57

图 5－58

2. 剥壳记

在出壳的过程中，有的小鸡出壳很快，有的却相对慢一些。直到第二天上午，最后的 11 号蛋宝宝还没有出壳。

家童说："老师，11 号蛋宝宝怎么还不出来，是不是蛋壳太硬了？我们要不要帮帮它？"

紫菡说："对呀，肯定是它没劲了，睡着了。"

的确，11 号蛋宝宝从早上起就只开了一个小孔，一个上午过去了，小孔似乎没有任何变化。

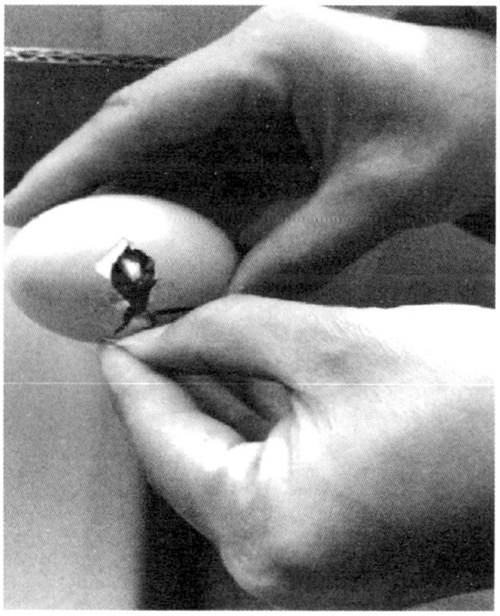

图 5－59

看着兴致勃勃的孩子们嚷嚷着要帮助小鸡出壳，我们同意了。大家一起动手，小心翼翼地从小孔的位置一点一点剥开蛋壳。十分钟之后，小鸡宝宝在孩子们的帮助下终于出壳啦！我们把小鸡宝宝轻轻地放入保温箱，孩子们便甜甜地午睡了。

起床后，家童大声喊道："老师，小鸡宝宝不动了！"我们赶紧冲过去，发现小鸡宝宝的身上像被涂过胶水之后风干的样子，浑身的羽毛变得硬邦邦的。怎么会这样呢？我们立刻拿来了温水和毛巾，把小鸡宝宝的身体一点一点地擦拭干净，遗憾的是，没过多久，11 号小鸡宝宝还是没有了生命迹象。

"都怪家童，是她要抠蛋壳的！"

"一定是吵到小鸡宝宝休息了。"

为什么会这样呢？孩子们回家后在爸爸妈妈的帮助下查阅了资料得知，小鸡宝宝在壳里拼命挣扎的过程，也就是身体不断得到充血、快速生长的过程，如果人为手动帮它剥开蛋壳，即使小鸡宝宝能够破壳而出，缺少挣扎出壳过程的它，身体也会比较弱，小鸡宝宝腹部的脐带还会紧紧地粘在蛋壳上，这样的它一出生就成了弱雏，会自然地被淘汰掉，适者生存，这是生命发展的规律，不可以人为地干预。虽然 11 号小鸡宝宝的离开让孩子们很悲伤，但他们也在悲伤中获得了新的经验。

教师的思考

在随时都可能有意外发生的孵化实验中，幼儿善意的干预导致了意外状况的发生，虽然我们懊悔和自责，但这也是一次对幼儿进行生命教育的好机会。生命成长过程中的每一个细节都不可省略，亦不可快进，我们要尊重生命发展的自然规律，在实验中保持严谨的科学态度。这次意外的发生也让我们反思自己的教育过程，在幼儿的学习成长中，我们要尊重他们的学习特点和规律，不要揠苗助长，很多时候，慢养才能教出更优秀的幼儿，让我们怀揣着"牵着蜗牛去散步"的心态，欣然享受幼儿在成长中带给我们的独特的美。

3. 相依相伴

相依相伴

由于小鸡刚出生，暂时还不能把它们单独放在孩子们在户外建造的房子里，于是，我们就先将它们放在曦曦妈妈带来的泡沫箱里，接下来，孩子们和小鸡朝夕相伴的生活开始了。渐渐地，小鸡可以站起来了，也开始吃东西了。有的孩子每天中午会悄悄地把自己饭碗里的米饭留下一点点，揉碎了给小鸡吃；有的孩子会更细心地用瓶盖子装一点温水放在小鸡身边，轻轻地对小鸡说“你要多喝水，这样你才会长大”；有的孩子特别喜欢和小鸡说悄悄话，还会把自己的发现和同伴交流。偶尔，几只调皮的小鸡会时不时地飞起来，孩子们开心地手舞足蹈；他们会主动清洁、更换小鸡窝里的棉花和碎布，天气晴好的时候，还会带着它们到户外的草坪上晒太阳；晚上离园后，住在附近的孩子还拉着爸爸妈妈来到幼儿园听一听小鸡的叫声。

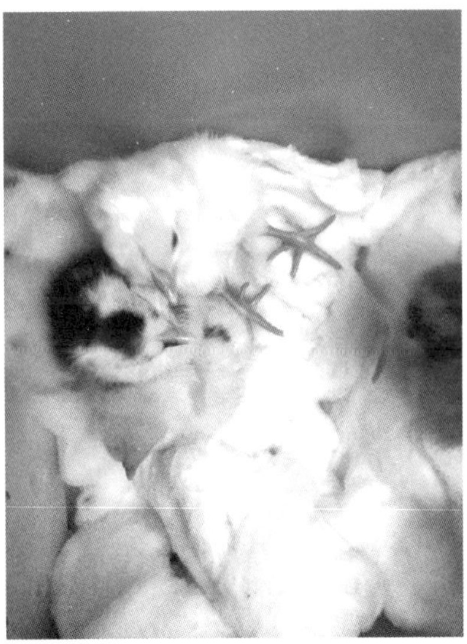

图 5 - 60

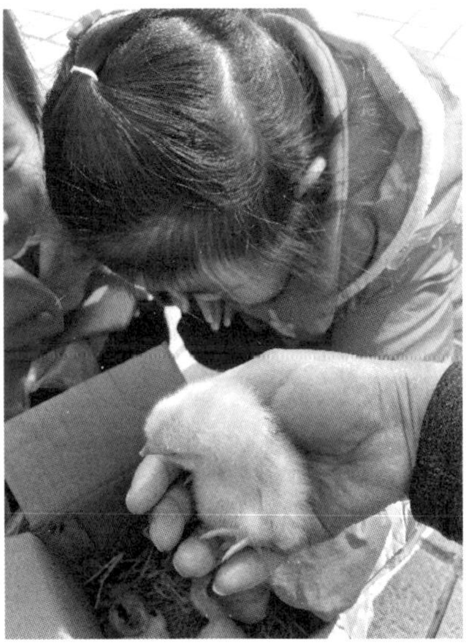

图 5 - 61

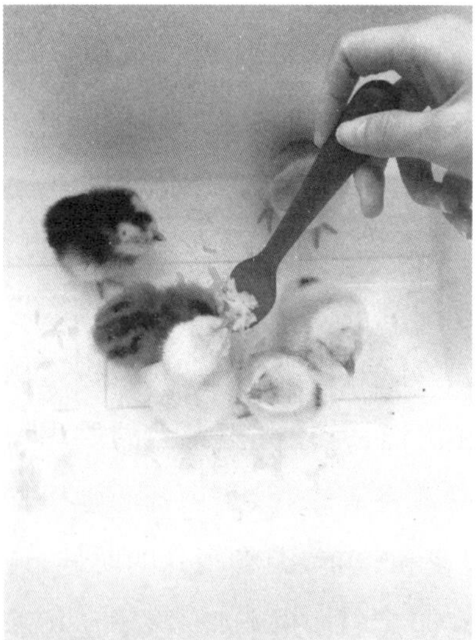

图 5－62

图 5－63

图 5－64

图 5－65

为了进一步满足孩子们照顾小鸡的需求，“小鸡农场”和“小鸡乐园”这两个生活区游戏也应运而生。在“小鸡农场”游戏中，孩子们将小麦从管道口投入，透过透明的管道观察小麦的滑落轨迹，并手口一致地点数小麦的数量，在观察记录的过程中，孩子们了解到小麦是小鸡爱吃的食物之一，孩子们的计数能力也得到了锻炼和提高。孩子们在游戏情境中尽情地展开他们的“工作”，这里成为他们陪伴小鸡之外的“工作间”。

图 5 - 66

图 5 - 67

“小鸡乐园”游戏也很受孩子们喜爱，在这里，孩子们可以尽情地打造小鸡的专属“乐园”，还可以自由地装扮小鸡，将小鸡的生活安排得丰富多彩。在“小鸡乐园”里孩子们将苹果扣在大树上，将花朵扣在草坪上，制作了仿真大树和花园；“喂小鸡吃饭”游戏中，孩子们能大胆地尝试使用筷子给小鸡夹食物；“小鸡的项链”游戏中，孩子们会选用不同的材料给小鸡做项链，通过对应和数数的方式来比较两组物体的数量；“小鸡的玩具”游戏中，孩子们选用各种形状进行拼贴，制作他们认为的小鸡喜欢的玩具。

图 5 - 68

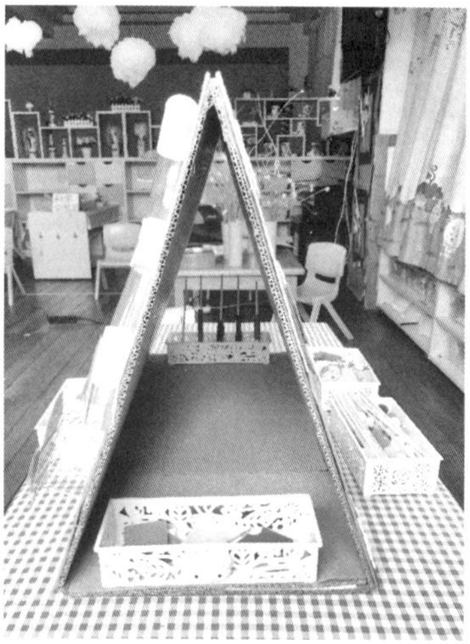

图 5-69

图 5-70

第三次课程审议

生命教育作为贯穿人一生的全人教育，必须以生命为出发点，直面生命，满足生命的需要，实现生命全面和谐的发展。生老病死是人生常态，但是对于小班幼儿来说，他们不了解生命的起源，也惧怕死亡。很少有幼儿具有生与死的直接体验，而小鸡的出壳与死亡对幼儿来说是一次对生命全过程的初体验，他们在细心呵护生命成长的过程中体会生命的可贵、脆弱和伟大，并理解抚育生命成长的艰辛，从而体会父母的艰辛。

教师是幼儿园进行生命教育的关键，教师对于生命和生活的态度耳濡目染地影响着幼儿。在活动中可以看到，教师对小鸡充满怜爱之心，对于发生意外的那只小鸡一直懊悔不已，生命教育的意义也正在于此，让幼儿树立对生命尊重的态度，并不需要刻意为之。教师也能够将理论落实到课程实践中，以渗透的方式将生命教育融入五大领域的教育活动中，将幼儿的生命体验放在第一位，重视生命“在场”，尊重生命发展的整个过程，倾听生命、关怀生命。在观察小鸡出壳的过程中，每一名幼儿都成了“我自己”，把生命中的爱和亮点全部展现了出来。

（四）离别

1. 家长的顾虑

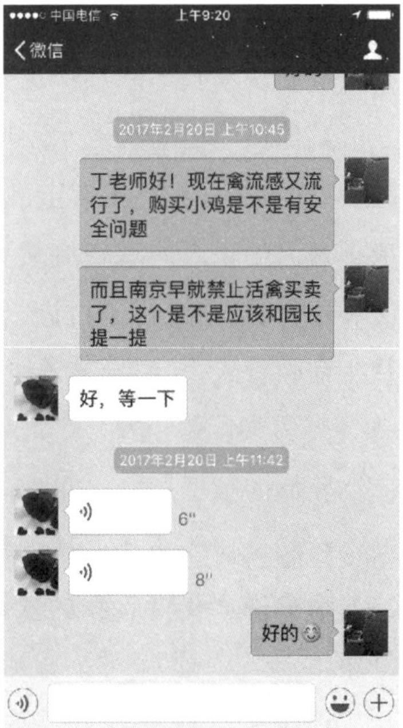

图 5－71

从孵化活动开始到小鸡宝宝出生，我们的活动得到了家长们的大力支持。活动中后期恰逢春季禽流感流行，家长们出于安全和卫生的考虑，开始担心孩子们每天和小鸡生活在一起，会对他们的身体健康造成影响，于是家长们向老师反映了他们的顾虑。针对家长们的顾虑，我们特意召开了一次家长会，重点讨论了小鸡应该如何安放的问题，家长们认为小班孩子自我防护意识较为薄弱，不太适合在禽流感流行的时期与小鸡朝夕相处。我们理解家长们的担忧，也认同他们的想法，但是我们更愿意听一听孩子们的心声：是否应该给小鸡换一个更加适合的环境来饲养？

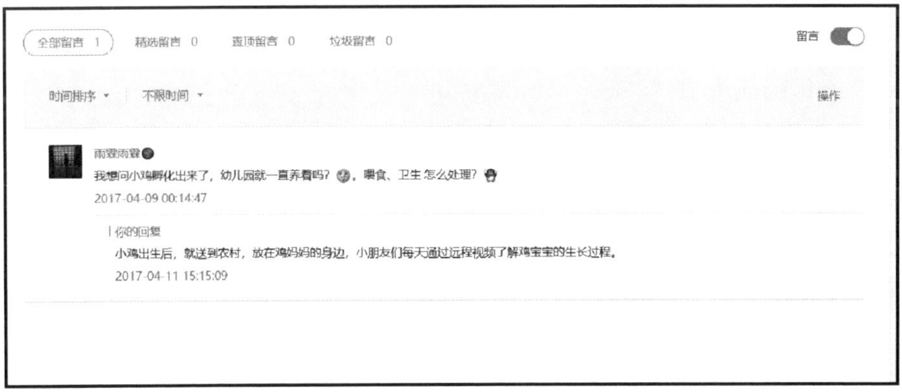

图 5－72

2. 我不同意

我们和孩子们进行谈心活动，想听一听他们的想法。

梓乔听后，突然大哭："不要把小鸡宝宝送走！我要带回家！"

紫菡说："小鸡还没有住进我们建的房子里！"

静和说："我不同意！我要和小鸡永远在一起！"

其他孩子也纷纷表示不同意送走小鸡。我们突然意识到，经过长时间的相处，孩子们和小鸡宝宝已经建立了深厚的情感，他们俨然把小鸡宝宝当成了自己的家人。现在突然要送走，他们是真心舍不得！怎么办呢？我们又和家长、同事进行了讨论，也请教了相关的专家，专家老师建议我们可以从生命教育入手，引导孩子讨论什么才是关爱小鸡宝宝的正确方式。

3. 假如我是小鸡

我们向孩子们抛出问题："假如你是小鸡，你喜欢在哪里生活呢？"

彦涵说："我喜欢在我自己的家，因为我的家里有很多玩具。"

曦曦说："我喜欢我的家，因为奶奶每天把家里打扫得干干净净，特别舒服。"

梓宸说："我喜欢和爸爸妈妈在一起，他们下班回来后可以陪我玩游戏。"

顺顺说："每天放学，楼下会有很多小朋友一起玩儿，我很开心。"

我们追问："你们每天在舒适的环境里生活、学习，想一想，小鸡宝宝喜欢什么样的环境呢？"

"小鸡宝宝也一定很想和爸爸妈妈在一起。"

"它想在一个更大的房子里。"

"它想在有很多很多小虫子的大草坪上，有虫子吃，还有柔软的小草。"

…………

在讨论中，孩子们发现，相对于我们给它们搭建的大房子，大自然更加适合小鸡宝宝生活，那里有鸡妈妈的陪伴，有各种各样的食物，有柔软的草地，还有温暖的阳光，如果我们爱小鸡，想要保护它们，就应该尽可能地为它们创设一个更好的、更适宜的环境。心结打开后，孩子们转变了之前的想法，不再坚持将小鸡宝宝放在幼儿园的大房子里，也接受了要将小鸡宝宝送到更加适合的环境中去，但是，哪里是更合适的环境呢？

4. 快乐农场

玛雅说："小鸡的新家不要离幼儿园太远吧。"

玥玥说："对，我们还要经常去看它们。"

钰斐说："要给它们找个温柔的鸡妈妈和强壮的鸡爸爸。"

曦曦说："要找个很大很大的地方，这样小鸡宝宝就可以跑步锻炼身体了，它就能快快长大了！"

听了孩子们的想法后，班级的保育员老师提议，可以将这些小鸡宝宝带回自己的江宁老家去饲养，老家场地很大，有充足的食物和阳光，还有很多老母鸡可以保护这些小鸡宝宝，而且，她的哥哥也在江宁老家，方便随时把小鸡宝宝的动态用拍照或者视频的方式发给我们。

"江宁老家？我奶奶家也在江宁，我可以去看一看吗？"

"我也想去看一看……"

孩子们纷纷表示想亲眼去看一看老师描绘的江宁老家。为了满足孩子们的意愿，征得家长的同意后，我们决定派离老师老家比较近的雨晨和妈妈去实地考察，回来后再跟其他孩子分享。周一一大早，雨晨就来到了班里，兴致勃勃地向大家介绍老家的环境，还分享了他们在老家拍的小鸡生活的照片，高兴地告诉大家，那里有许多小鸡宝宝，它们和母鸡妈妈在一起，小鸡宝宝在那里很开心，它们还能在树林里吃到很多小虫子。大家听着雨晨的描述，看着照片中有草有树的大自然，发自内心地为小鸡宝宝感到高兴，小鸡宝宝终于找到了属于它们的快乐天地！

5. 小鸡告别会

孩子们虽然同意小鸡离开，但仍然依依不舍地抱着小鸡久久不愿放开，仿佛有一肚子的话要对小鸡说。

"小鸡宝宝要走了，你想对它们说什么呢？"

"心里有什么想说的，都可以说给小鸡宝宝听。"

我们引导孩子们把心里话说一说，把自己的情绪宣泄出来。

“小鸡宝宝,我要给你们多带点玩具,这样你们就不孤单了。”

“我要把班上的鲜花和蝴蝶结给你带走,这样可以装扮你的新家。”

“小鸡宝宝,你们要多吃饭,不要挑食,这样就不会饿肚子了。”

“小鸡宝宝,你们一定不要忘记我们哦!我们会想念你们的。”

孩子们依依不舍地跟小鸡宝宝话别,眼中是满满的不舍与眷恋。

6. 飞向农场的信

小鸡宝宝已经离开我们一周多了,但是孩子们还是一直牵挂着它们。有的孩子会在看到小鸡的图片时跑来问我:“我们的小鸡宝宝长大了吗?”“今天哥哥发照片了吗?”有的孩子在玩玩具时会自言自语地说:“亲爱的小鸡宝宝,我发现了一个特别好玩的玩具,我把玩具收起来,等我去农村看你们的时候,带给你们玩。”孩子们在与小鸡相处的日子里,已然把它们视为自己的好朋友,虽然小鸡离开了,但他们心中的思念一直未曾淡去。

“都是哥哥发来小鸡宝宝的照片给我们看,那小鸡宝宝看不到我们,会不会忘记我们呢?”

“我们可以给小鸡宝宝写一封信。”

“对,还可以画一幅画,告诉小鸡宝宝,我们非常想它们,这样小鸡宝宝就不会忘记我们了。”

孩子们在爸爸妈妈、哥哥姐姐的指导下,把想对小鸡宝宝说的话用各种形式表达了出来:有的是一封感人的信,有的是制作得漂亮的明信片,有的是精美的连环画……

沐航和爸爸合作,做了一本连环画,把自己想说的话让爸爸用图加文的形式表现了出来,他还给连环画涂上了漂亮的颜色。

亲爱的小鸡宝宝,你好啊!我好想你!你想我吗?这是我的幼儿园,你还记得吗?这是我给你准备的礼物——电话、棒棒糖、皮球,你喜欢吗?过几天,妈妈开车带我去看你哦!

图 5－73

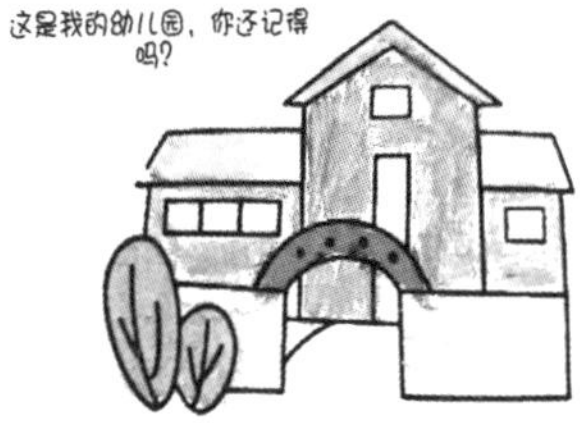

图 5－74

图 5－75

图 5－76

图 5－77

妧之考虑到小鸡宝宝们要多吃饭、多吃蔬菜，特意把奶奶菜园里的蔬菜、稻米拿出来，准备送给小鸡宝宝们。

可爱的小鸡宝宝们：大家好！我是你们的好朋友妧之。好久没见到你们了，也不能照顾你们了，你们要乖乖哦！我最爱的小鸡宝宝们，我每天都会想你的，你们要好好地吃蔬菜，乖乖地吃米饭，要健健康康地长大哦！你们要好好地睡觉哦！

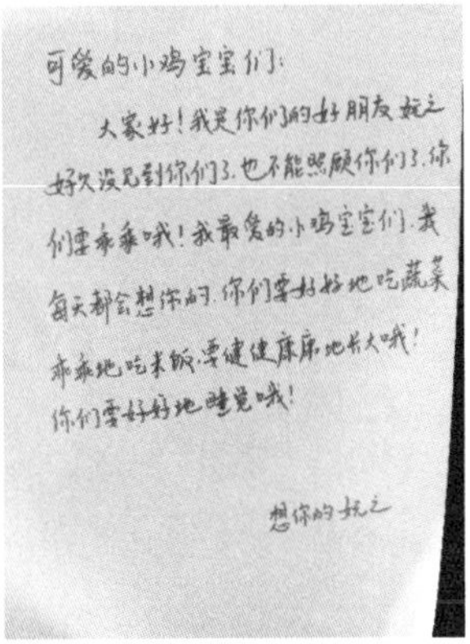
可爱的小鸡宝宝们：
大家好！我是你们的好朋友妧之。好久没见到你们了，也不能照顾你们了，你们要乖乖哦！我最爱的小鸡宝宝们，我每天都会想你的，你们要好好地吃蔬菜，乖乖地吃米饭，要健健康康地长大哦！你们要好好地睡觉哦！
想你的妧之

图 5－78

图 5－79

图 5－80

千予画了很多张画，但总是嫌弃房子是歪的，不好看，于是求助于妈妈，妈妈用尺子帮她在画纸上固定了几个点，这一次千予的房子漂亮多啦！千予很满意。

小鸡宝宝们：你们好！你们在郗老师家玩得很开心吧！我画的是你们在老家玩耍的样子。有的跳上了屋顶，有的在草地上晒太阳，有的刚刚出壳，有的在吃虫，草地上开满了小花，太阳的光线有长有短。你们在郗老师那里，一定要记得好好吃饭哦！

图 5－81

图 5－82

小夕给小鸡宝宝写了一封信，信上说：

小鸡球球，你想妈妈了吗？别害怕！老师家很温暖。小鸡球球，你是不是也会哭鼻子？不要哭哦！你喜欢吃什么呢？我给你带好吃的好不好？我们一起出去玩儿吧！

图 5－83

图 5－84

梓宸是个能干的孩子，独立完成了任务，最后请爸爸把自己想说的话写在了画面上。

小鸡，小鸡，告诉你，千万别乱跑，出门跟着妈妈走，回家多喝水，等到放假那一天，我们去看你。

图 5 - 85

图 5 - 86

梓瑜特别喜欢美工活动，她用黄色蜡光纸撕了一只可爱的小鸡，还在上面记录下她想对小鸡说的话。

小鸡，你好！我还记得你刚从蛋壳钻出来的样子，小小的，软软的，摸起来舒舒服服的，我不想让你长大，长大了就被杀了。等过一段时间，我要带你去吃好吃的，玩躲猫猫，记得一定要听妈妈的话哟！

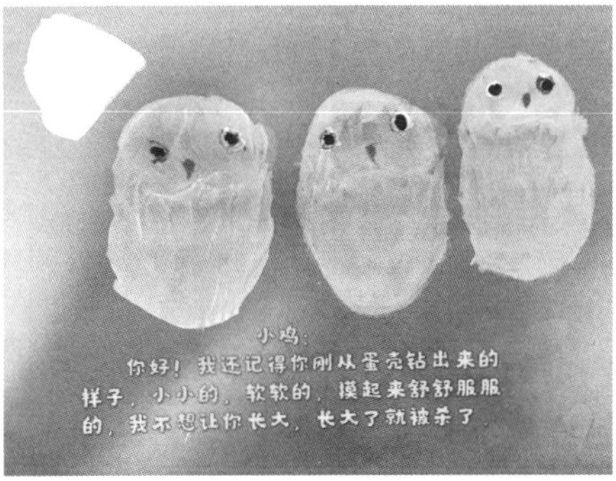

图 5 - 87

图 5 - 88

筱筱是一个心思细腻又有爱心的孩子，对小动物一直都非常的友善。她把自己的生活经验以故事的形式告知小鸡，并设想了和小鸡见面后的所有安排。

小鸡宝宝：你好吗？我想你啦，我可以给你打电话吗？等你来我们小天鹅幼儿园，我就带你一起去白马公园玩。我们一起去野餐、放风筝。我还带你去杧果店，那里有杧果人，杧果人是外星人带到我们地球上的哟，我很喜欢他！

图 5－89

还有很多孩子给小鸡宝宝写了信。

图 5－90

图 5－91

图 5 - 92

图 5 - 93

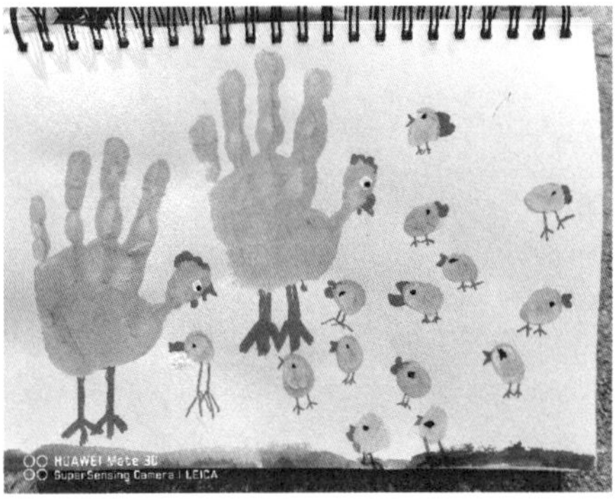

图 5 - 94

图 5 - 95

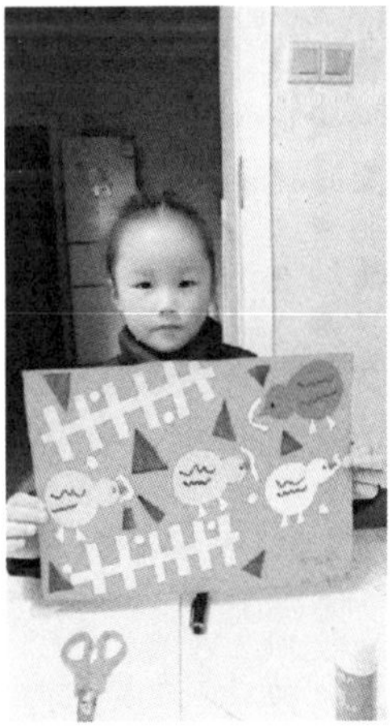

图 5 - 96

图 5 - 97

图 5－98

第四次课程审议

这 21 天守护生命的行动与积极的情感体验，不仅激发了幼儿热爱生命、呵护生命的情感，更让幼儿将珍爱生命转化成一种内在的、真实的积极信念。

最初教师预设后面可能会进行饲养活动，但是考虑到禽流感这样的现实情况以及家长的顾虑，活动应该有所调整。但是教师没有马上终止活动，而是从照顾幼儿心理出发，通过一系列的活动让幼儿自发认识到，任何一种小动物，其实都更喜欢大自然这样的环境，如果我们爱小鸡，想保护它，那就应该尽可能为它创设一个更好的、更适宜的环境，从而让幼儿自己提出送小鸡到养殖场去生活的想法。活动中幼儿能自己思考，教师应当提前做好准备，让教师的目的“不经意间”成为幼儿自己的思考，活动便能体现出真实的儿童立场。

告别会、定期视频、一封封充满童趣而温暖的信、一幅幅充满稚气和爱意的涂鸦……不仅将主题在班级内延续，同时也将关爱小动物、关爱生命、尊重生命的品质悄悄播种在他们幼小的心灵中。

（五）我们的心声

1. 来自孩子、家长的心声

傍晚，钰彤看到妈妈下班回家，立刻拿出在幼儿园的观察记录，兴奋地和妈妈讲述今天在幼儿园发生的故事："妈妈，我们今天给小鸡宝宝做了一个能防风防雨、保温的大罩子，是用布做的。我们不会用卷尺，老师就告诉我们怎么用卷尺来量长短，我们还认识了卷尺上面的数字。在班上，我们练习了很多次，但是到了阳光房后，我们发现房子很大，卷尺不够长！后来我们自己想出了用脚来量的方法，我把脚跟脚尖连起来量长短，老师帮我记下了步数，一共 12 步。我们就用这么长的布给小鸡的家做了一个保暖的大罩子，这样小鸡就不会冷啦！"

晚上，静和躺在妈妈的怀里，奶声奶气地描述着白天在幼儿园发生的一件事："今天我们和老师一起，给小鸡宝宝做了一个漂亮的家，有房顶，有窗户，还有粉色的蝴蝶结。中午散步的时候，看见别的班的小朋友在玩我们小鸡宝宝家的窗户，我一着急就冲过去了，我大声地告诉他们：'这是我们小二班给小鸡宝宝做的家，你们不能碰，碰坏了，小鸡宝宝会很冷很冷的，它也会很伤心的。'看见他们都离开了，我才走。我要像妈妈保护我一样保护我的小鸡宝宝！"

玄彦是一个有爱心且善良的小女孩，对小动物，她喜欢得不得了。院子里的流浪猫，是她平时上学路上的陪伴者。这学期，班级开展了"小鸡宝宝出壳记"的主题活动，玄彦可乐坏了。每天一进家门，她第一件事就是兴致勃勃地给家长们讲述着班级里关于小鸡的话题。有一天，她回来说，孵化的鸡蛋叫种蛋，不是我们平时吃的鸡蛋，孵化的箱子叫保温箱，是透明的，里面还有黄黄的光。

又过了几天，玄彦回来说，她在幼儿园看见保温箱里有几只黄黄的小点点在挪动，凑近看，看到了前几天还在蛋壳里呼呼大睡的小鸡宝宝，突然露出了可爱的小脑袋。她迫不及待地给每一个人汇报今天的发现，还模仿老师的语气"教育"大人："小鸡宝宝才出生，需要温暖，这就是保温箱的作用啦！保温箱能让小鸡宝宝在温暖的环境下愉快地成长，就像我在爸爸妈妈的呵护下成长一样。"

随着小鸡主题活动的深入开展，从前回家看电视、吃零食的玄彦像变了一个人，每天都有无数的问题来询问，有无数的发现和惊喜来分享。她了解了小鸡从出生到长大的每一个阶段，掌握了搭建鸡窝的基本技能，学会了不同的测量方法，还会自己完成各种规划书的制作……她在有趣的活动中收获颇多，既培养了爱心，又增强了责任感，还掌握了大量的科学观察和探究的技能，最重要的是获得了很多快乐！

她的忙于工作的妈妈，看着她每天的变化，无比欣慰，心甘情愿地放下一切，参与其中，和她共同学习、共同成长。孩子们在一系列的活动中，身心健康发展，让家长们心存感激！

2. 教师的心声

快乐，是我们这个主题活动的中心。从幼儿最初的疑惑、好奇到探究和满足，我们以幼儿的兴趣为出发点，活动全程跟随幼儿的需要来进行。通过孵化、短期饲养的工作，幼儿了解了小鸡的生长过程，直接感受到了生命的成长与变化。在看看、摸摸的过程中幼儿了解了小鸡的外形特征，并能通过绘画、手工、歌表演等方式表现小鸡的形态和动态。在照顾小鸡、为小鸡搭建家的活动中，幼儿潜移默化地提高了规划、测量、计算、合作、协商等技能，感受到了和小鸡共同成长的快乐。他们也从最初的关注自我转变到关注小动物，实现了情感的迁移，萌发了爱心和责任心。另外，我们结合主题活动创设了丰富的区域游戏，作为集体活动的延伸和补充，区域活动为幼儿提供了更多发现和发展个性潜能的机会，幼儿在获得游戏体验的同时，获得了身体、情感的发展，发展了社会性，收获了快乐。

此主题活动的开展，离不开家长的大力支持和帮助，从材料的配备到相关资料的收集，从信息反馈到协助幼儿制作规划书，从研讨活动过程到最后的画册制作，家长不遗余力地给我们提供了最优质的保障，也为幼儿知识、经验在一定程度上保持完整性、连贯性提供了有力的支持。

幼儿的潜能是无限的，需要教师用心去挖掘！家长的力量是巨大的，他们的支持与配合是我们主题活动开展成功的阶梯！领导和同事的帮助是温暖的，有了他们，我们才会更有激情，并不断创新！

三、主题总结

（一）活动脉络图对比

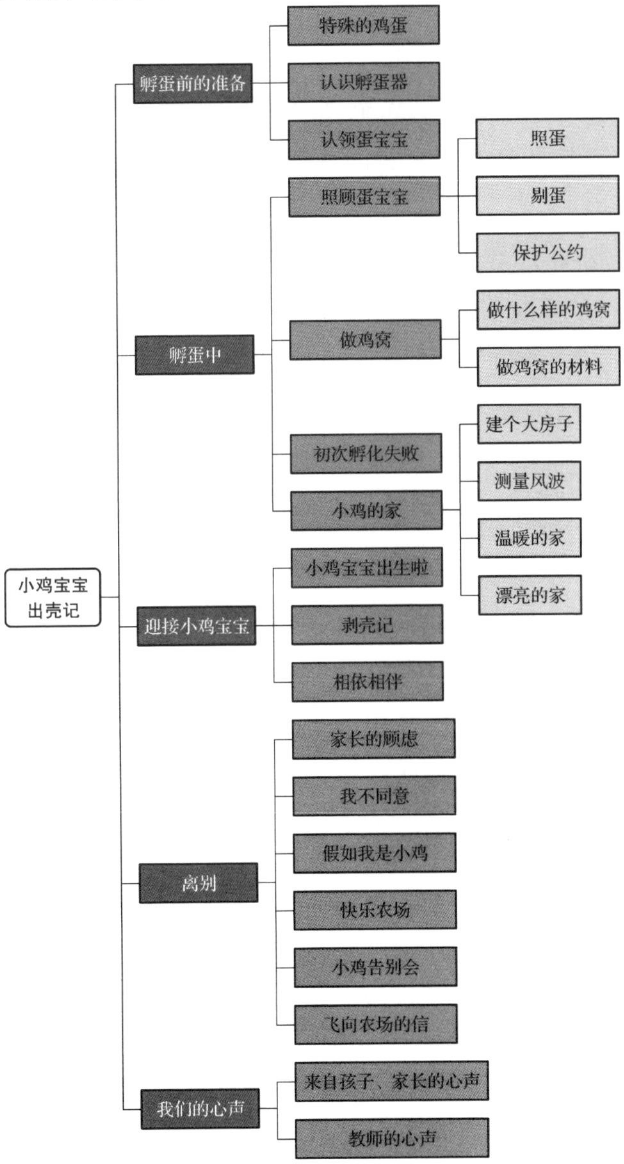

“小鸡宝宝出壳记”始终以小鸡宝宝为主线，围绕预研究中的活动脉络图而展开，但在实际开展的过程中，所进行的活动比预设的脉络图更为广泛和全面，呈现出明显的真实性和挑战性。

孵化小鸡，是一次真实的生命科学实验，实验过程中必然会有或多或少的不确定性。在课程实践中，第一次的孵化失败、小鸡出壳后的意外死亡，这些都是教师无法提前预设在课程脉络中的，也正是因为有了这些突发事件，我们的活动才更加真实有趣。在面对和处理突发事件的过程中，幼儿与幼儿之间、幼儿与教师之间的关系也变得更加紧密，幼儿通过实际操作、亲身体验和探索学习，在获得宝贵的直接经验的同时，也对生命有了一次初体验。

另外，在活动中，我们追随幼儿的兴趣和经验，对原有脉络图中的每一个部分都进行了修改和增加。例如，幼儿在等待小鸡出壳的期间，想到了小鸡宝宝出生后住在哪里、哪里才是安全的等问题，于是我们加入了一个新的板块“小鸡的家”，围绕这个板块，我们开展了给小鸡宝宝做个窝、给小鸡宝宝建一个家等方面的活动。在建造家的过程中，意外事件的发生又延伸出了一系列的活动，我们又根据幼儿的兴趣生成了新的活动，如关于“防风防雨”“测量工具”“保温保暖”“20只小鸡的大家”“漂亮的大窗户”等方面的活动。这些意外事件的发生增强了主题的生成性，也给幼儿增加了挑战性。

主题活动中的预设和生成并不是一个需要舍此取彼的问题，而是一个二者如何整合、统一的问题。预设的活动计划性强，更能指向目标，教师好驾驭，但缺点在于幼儿不一定感兴趣；生成的活动具有不确定性和挑战性，是最直接最真实的，也是幼儿感兴趣的。所以，预设与生成是需要整合和统一的。

（二）儿童经验分析

在预设的经验中，多数是我们对于自己预设的活动可能会带给幼儿的经验进行的预估与分析，但是随着课程的行进，幼儿需要主动的、能参与其中的、有意义的、体验式的学习，这些不仅包括我们预设的结构化的活动，还包括幼儿的随机学习和自发学习。在推进主题活动的过程中，课程的走向、内容、组织形式都在随着幼儿的兴趣随时发生着变化，我们发现，课程行进过程中一定会有或多或少的随机事件和偶发事件，而这些偶发事件的经验是最直接的，也是幼儿获得的最实际的经验，这些是我们无法提前预设的。

（三）教师的感悟

1. 在真实的情境中解决真实的问题

在主题的进行中，我们和幼儿亲眼见证了小鸡的出生、成长，甚至经历了小鸡宝宝的死亡，经历了一次次的成功与失败，幼儿在前进中不断地积累经验：用手剥壳想帮助小鸡出壳，却导致了小鸡的死亡，原来生命的自然规律是不能违背的；看到被风雨吹倒的房子，才发现太重的防雨布不适合，轻便的 KT 板既适合做房顶又能随意变形；不认识卷尺上的刻度，用小脚代替来进行测量也是很好的方法……我们和幼儿共同面对各种突发问题，他们在真实的情境中发现问题、积极讨论，用自己的智慧和方法解决问题，动手能力、协作能力都得到了发展。

2. 课程助力幼儿经验的发展

“儿童经验”替代过去的“学科知识”，已成为幼儿园课程的核心理念。相对于知识的理性、抽象、体系化、符号化等特点，经验是情理融合的、情境化的，难以用知识符号表达。知识可以通过书本、被告知等方式获得，而经验只有通过自己做来获得。幼儿的经验与成人的经验相比，没有本质上的区别，幼儿经验的获得受自己的直接需要和兴趣的影响，在主题活动开展过程中实现。

在最初的班本课程中，我们仅就小鸡本身来预设幼儿可能获得的经验，如喜爱小鸡，愿意和小鸡亲近，在看看、摸摸的过程中了解小鸡的外形特征，了解小鸡的生长过程，等。在主题开展的过程中，师幼共同见证了小鸡出生成长的全过程，也根据幼儿的兴趣和经验生发出了预想之外的活动，如关于认识种蛋、照料种蛋、孵化种蛋、给小鸡搭窝、照料小鸡、与小鸡离别、给小鸡写信等方面的活动，幼儿在活动中也获得了饲养、搭建、规划、设计等新的经验。

专家点评

“生命”自古以来就充满着无尽的未知，在幼儿的眼中，“生命”是简单而又奇妙的。小二班师幼历经2个月的时间，研发了自己的班本课程“小鸡宝宝出壳记”。大自然是幼儿最好的学习素材，四季交替中孕育了万物生灵，幼儿在贴近生活、回归自然的环境下，快乐、专注地学习，很本真，也特别有意义。他们全程参与，直接感知、实际操作、亲身体验，真切地感受到生命的奇妙和珍贵，在获得知识的同时也逐渐懂得了爱、尊重、保护每一个小动物。特别值得提出的是，当幼儿提出给小鸡宝宝做一个漂亮的家时，STEM教育便自然而然地渗入到课程当中，而这正是教师在预设活动时没有考虑到的。面对突发的问题，教师和幼儿都能够凭借已有的经验努力去尝试，并最终一一解决。教师在实践中观察幼儿，总结经验，幼儿也在挑战中收获成功，积累经验。

附录：艺术化课程核心经验

我们根据艺术化课程目标，以《3—6岁儿童学习与发展指南》中的儿童发展目标为纲，借鉴参考了南京师范大学出版社出版的"核心经验与幼儿教师的领域教学知识丛书"、北京师范大学出版社出版的《幼儿园教育与教学大纲》、教育科学出版社出版的"高瞻课程关键发展指标与支持性教学策略丛书"、上海交通大学出版社出版的《学前儿童音乐教育活动设计与指导》、北京联合出版公司出版的《通向数学：教师指导手册》等，制订了艺术化课程中儿童学习与发展的核心经验，具体分为六个方面——运动与健康、交流与读写、认知与理解、表达与创造、交往与适应、习惯与态度，并根据年龄特点进行了层级划分。

一、运动与健康

（一）身心健康

表1　身心健康

小　班	中　班	大　班
1. 愿意参加运动，知道食物的名称及其营养价值 2. 情绪比较稳定，很少因一点小事哭闹不止 3. 有比较强烈的情绪反应时，能在成人的安抚下逐渐平静下来 4. 能在较热或较冷的户外环境中活动 5. 换新环境时，情绪能较快稳定，睡眠、饮食、如厕基本正常 6. 在帮助下能较快适应集体生活	1. 知道食物对健康茁壮成长很重要 2. 经常保持愉快的情绪，不高兴时能较快缓解 3. 有比较强烈的情绪反应时，能在成人提醒下逐渐平静下来 4. 愿意把自己的情绪告诉亲近的人，一起分享快乐或求得安慰 5. 主动锻炼身体，能在较热或较冷的户外环境中连续活动半小时左右 6. 换新环境时，较少出现身体不适 7. 能较快适应人际环境中发生的变化，如换了新老师	1. 知道运动和健康的食物对身体有好处，能坚持运动 2. 经常保持愉快的情绪，知道引起某种情绪的原因，并努力调解 3. 能识别自己的情绪，以恰当的方式表达情绪，不乱发脾气或长时间处于消极情绪状态 4. 表达情绪的方式比较适度，不乱发脾气 5. 能随着活动的需要转换情绪和注意力 6. 积极锻炼身体，能在较热或较冷的户外环境中连续活动半小时以上 7. 天气变化时较少感冒，能适应车船等交通工具造成的轻微颠簸 8. 能较快融入新的人际关系环境，如换了新的幼儿园或班级，能较快适应

(二) 动作发展

表 2　动作发展

小　班	中　班	大　班
1. 能沿地面直线或在较窄的低矮物体上走一段距离 2. 能双脚灵活交替上下楼梯 3. 能连续行走 1 千米左右 4. 喜欢玩球、沙包、圈、绳等小型运动材料 5. 能做简单的移动运动,如能身体平稳地双脚连续向前跳 6. 能单脚连续向前跳 2 米左右 7. 分散跑时,能躲避他人的碰撞 8. 能快跑 15 米左右 9. 能双手向上抛球 10. 能双手抓杠,悬空吊起 10 秒左右 11. 能单手将沙包向前投掷 2 米左右 12. 能用笔涂涂画画 13. 能熟练地用勺子吃饭 14. 能用剪刀沿直线剪,边线基本吻合 15. 在帮助下能穿脱衣服或鞋袜 16. 在提醒下能自然坐直、站直 17. 能原地连续拍接球 18. 对篮球有初步的兴趣和爱好,初步学会投篮(投篮距离:1—1.5 米。篮筐高度:0.8 米) 19. 愿意参加足球游戏活动,会用脚踢球和简单地控制球,有初步的球感	1. 能在较窄的低矮物体上平稳地走一段距离 2. 能连续行走 1.5 千米左右 3. 能连续拍球 4. 能助跑跨跳过一定距离,或助跑跨跳过一定高度的物体 5. 尝试做复杂的移动动作,如能单脚连续向前跳 5 米左右,能快跑 20 米左右 6. 能与他人玩追逐、躲闪跑的游戏,运动时能主动躲避危险 7. 能以匍匐、膝盖悬空等多种方式钻爬 8. 能连续自抛自接球,抛球高度不低于 1 米,能跟随球移动的方向移动身体,动作灵活 9. 能单手将沙包向前投掷 4 米左右 10. 能沿边线较直地画出简单图形,或能将边线基本对齐地折纸 11. 能沿轮廓线剪出由直线构成的简单图形,边线吻合 12. 对篮球感兴趣,学会简单的持球、运球,传球、投篮及时(投篮距离:1.5—2 米。篮筐高度:1.08 米) 13. 能双人原地和行进间地传球,学会基本步法:侧身交叉步、跨步、小碎步、滑步、攻击步、变向跑、变速跑、侧身跑、后退跑等 14. 喜欢足球运动,了解一些足球运动的明星,手、眼、脚能够协调地传球、带球和射门,有一定的体能和耐力	1. 能在斜坡、荡桥和有一定间隔的物体上较平稳地行走 2. 能连续行走 1.5 千米以上 3. 能连续跳绳 4. 能单脚连续向前跳 8 米左右 5. 能快跑 25 米左右 6. 能熟练地做一些协调性的复杂的移动动作,如能以手脚并用的方式安全地爬攀登架、网等 7. 经常保持正确的站、坐和行走姿势 8. 能单手将沙包向前投掷 5 米左右 9. 能根据需要画出图形,线条基本平滑 10. 能手眼协调地沿轮廓线剪出由曲线构成的简单图形,边线吻合且平滑 11. 能熟练使用筷子,吃东西时细嚼慢咽 12. 能使用简单的劳动工具或用具 13. 有运动游戏的基础,乐于参加一些带有比赛性质的游戏,如接力赛 14. 喜欢篮球运动,能正确地持球、运球、传球、投篮,有一定的左右手运球能力和运球速度(投篮距离:1.5—2 米。篮筐高度:1.5 米) 15. 能简单地、不加防地急停急起、变向、后传等 16. 能左右脚交替运球,手脚动作协调,有一定的准确性、协调性和肌肉的力量与关节的柔韧性 17. 足球活动中有一定的团队合作能力

（三）生活自理和自我保护

表3 生活自理和自我保护

小 班	中 班	大 班
1. 在帮助下能完成一些自我生活管理，如能穿脱衣服或鞋袜 2. 能将图书或玩具放回原处 3. 不吃陌生人给的东西，不跟陌生人走 4. 在提醒下能注意安全，不做危险的事 5. 在公共场所走失时，能向警察或有关人员说出自己和家长的姓名、电话号码或家庭住址等简单信息 6. 愿意在成人的陪同下参加幼儿园安全演练	1. 自己能完成一些自我生活管理，如能自己穿脱衣服、鞋袜，扣纽扣。有需要时，能主动请求帮助 2. 主动模仿、学习同伴的生活小技能 3. 知道在公共场合不远离成人的视线单独活动 4. 认识常见的安全标志，能遵守安全规则 5. 运动时能主动躲避危险，知道简单的求助方式 6. 主动参加幼儿园安全演练，了解简单的自护方法	1. 自己能完成大多数的自我生活管理，发展新的自理能力，并能帮助同伴 2. 未经大人允许不给陌生人开门 3. 自觉遵守基本的安全规则和交通规则 4. 运动时能注意安全，不给自己和他人造成危险，遇到危险状况能及时求助 5. 积极参加地震、火灾等安全演练，了解基本的防灾知识和自我保护的方法 6. 能根据冷热增减衣服，会自己系鞋带

二、交流与读写

（一）倾听交流

表 4　倾听交流

小　班	中　班	大　班
1. 能在较短时间内安静倾听他人说话 2. 能用简单完整的句子与熟悉的人交流，会借助动作、表情、图画等方式辅助自己的表达 3. 愿意在熟悉的人面前独立讲述自己熟悉或喜欢的事物 4. 能口齿清楚地说儿歌、童谣或复述简单的故事 5. 基本会说本民族、本地区的语言或普通话 6. 能用常见的动词描述人与事物之间的简单关系 7. 能听懂日常会话、简短的儿歌或故事	1. 在集体中能有意识地倾听与自己有关的信息 2. 能结合情境，感受到不同语气、语调所表达的不同意思 3. 愿意与他人交谈或参与他人谈话，将话题与自己的经验相结合，并有意识地运用动作、姿势、表情等方式辅助表达 4. 喜欢谈论自己感兴趣的话题，能注意运用一些生活中或文学作品中习得的形象生动的词句 5. 会说本地区的方言，基本会说普通话，能用普通话进行日常会话 6. 能基本完整地讲述自己的所见所闻和经历的事情 7. 会使用常用的连接词表明事件发生的顺序	1. 在集体中能注意听老师或其他人讲话，充分理解他人的意思，初步听懂话语中的隐含意思 2. 听不懂或有疑问时能主动提问 3. 能结合情境理解一些表示因果、假设等的相对复杂的句子 4. 能主动发起谈话，会根据不同对象运用不同语言、语气及词汇帮助对方理解 5. 能有序、连贯、清楚地讲述一件事，讲述时能使用常见的形容词、同义词等，语言比较生动。会使用复杂的语言，如带有“当”“如果”“因为”或者“既然”的句子 6. 懂得按次序轮流讲话，不随意打断别人，能根据所处情境，使用恰当的语言，如在别人难过时会用恰当的语言表示安慰 7. 会说本民族或本地区的语言和普通话，发音正确清晰，少数民族聚居地区幼儿基本会说普通话

(二) 阅读书写

表 5　阅读书写

小　班	中　班	大　班
1. 对阅读感兴趣，主动要求成人讲故事、读图书 2. 爱护图书，不乱撕乱扔 3. 能理解图书上的文字是和画面对应的，是用来表达画面意义的 4. 借助已有的生活经验内容，理解作品中相关词汇的意思 5. 翻阅图书，对书中的一些画面感兴趣 6. 记得(复述)故事或书本中的 1—2 个细节 7. 喜欢用涂涂画画表达一定的意思	1. 喜欢把听过的故事或看过的图书讲给别人听 2. 对生活中常见的标识、符号感兴趣 3. 能根据连续画面提供的信息，大致说出故事的情节 4. 说出书的某些部分的名称，如封面、标题和页码 5. 将书正确摆放(正面朝上)；从左向右翻页；从头开始阅读，知道故事从哪里开始 6. 愿意用图画和符号表达自己的愿望和想法 7. 在成人提醒下写写画画时姿势正确	1. 喜欢与他人一起谈论图书和故事的有关内容 2. 对图书和生活情境中的文字符号感兴趣，乐于询问其相关含义 3. 能说出书的许多部分的名称，如封面、封底、文字作者、插画作者和页码 4. 对看过的图书、听过的故事能说出自己的看法 5. 能说出所阅读的幼儿文学作品的主要内容 6. 养成阅读习惯，如按顺序翻动书页；如果错过一页，会往前翻 7. 愿意用图画和符号表现事物或故事 8. 知道文字表示一定的意义，会正确书写自己的名字

三、认知与理解

（一）数与量（数、数量、集合、分类）

表 6　数与量

小　班	中　班	大　班
1. 能感知和区分物体的大小、粗细、长短、高矮、厚薄、轻重等量方面的特点，并用相应的词语描述 2. 能用一一对应的方法对 5 以内两组物体进行数量比较，并尝试将其变成一样多 3. 能排除物体的大小干扰，判断 5 以内数量的多少 4. 用重叠对应的方法，进行 5 以内的长短、多少排序 5. 能一一对应地按大小顺序排列 4 对物体，体验物体从小到大的顺序关系 6. 能把一个集合的东西分成多组 7. 感知几个部分可以合成一个整体 8. 能排除干扰，按颜色、大小、形状、数量等单一的维度进行分类	1. 能用计数的方法比较 10 以内两种物体的多少，理解数与数之间的关系，会用数词描述事物的排列顺序和位置 2. 能按数量 6—10 做等量集合和匹配等量物群 3. 能为物群匹配相应的数字，表示其数量特征 4. 能用计数的方法进行 10 以内的数量比较 5. 理解 5 以内物体的高矮顺序关系 6. 比较 7 以内的数量，感知数的大小关系 7. 比较两个集合，感知其关系 8. 将一组物品分成几组，并进行描述 9. 感知二维（行、列）坐标的意义，综合行、列坐标信息匹配相应物体	1. 对 30 以内的物体能按群计数 2. 感知 10 以内的数差关系，进行自主排序 3. 理解单双数的概念，知道 10 以内的单数、双数 4. 在应用情境和操作中理解加和减的实际意义，感知算式结构，并通过实物操作或其他方法进行 10 以内的加减运算 5. 感知数字的不同用途并应用数字正确表示，如基数、序数、日期、时间、钱币等 6. 理解层级分类板的结构，能做层级分类，体验集与子集的包含关系 7. 能进行简单的调查统计，用记录表、统计图等统计数量关系 8. 理解网格中行、列坐标的意义，用坐标值表征目标物体的位置

（二）图形与空间

表 7　图形与空间

小　班	中　班	大　班
1. 能注意物体较明显的形状特征，并能用自己的语言描述 2. 感知物体的基本空间位置与方位，理解上下、前后、里外等方位词 3. 丰富对圆形、正方形、三角形的认识 4. 能用实物再现图中物体的空间关系 5. 体验以 ABB、ABC 为单位的重复排列，并能全范例复制或按半范例拓展 6. 能根据形状线索和画面线索选择合适的补块，尝试运用平移、旋转完成补图	1. 体验常见立体图形各平面的特征 2. 感知平面图形的边、角的特点 3. 认识三角形、长方形、梯形、椭圆形等常见几何图形的基本特征，并能分类 4. 根据形状的特征选择合适的材料，用来制作其他东西 5. 感知行、列坐标的意义并进行相应的匹配 6. 感知物体或图形的形体结构特征，能拼搭出造型 7. 感知物体的空间位置关系，用方位语言描述物体的位置和方向 8. 创造或扩展一个简单的模式，如：ABAB	1. 分析、比较图形特征，对图形进行定义和分类 2. 感知不同的图形可以合成一个新的图形（组合），或分割成其他图形（分解） 3. 用移动、翻转或旋转变化等方式进行图形变换 4. 区分正方体和长方体，知道其共同点和不同点 5. 理解行、列坐标的意义和空间关系 6. 区分人与物之间的空间关系（以自身为中心的左右和以客体为中心的左右） 7. 理解方向标记的意义，用方向标记做记录 9. 发现立体图形中的遮挡空间关系 10. 识别、创造或扩展一个复杂的模式，如：ABA´B´

(三) 测量

表8　测量

小　班	中　班	大　班
使用测量术语描述单个物体、人或事件,作为其身份的一部分,如:我很大,我是跑得最快的人	1. 能用多种自然测量法进行测量,并用简单的符号和数字表示测量结果 2. 理解测量单位,知道单位相等,且不间断或不重叠才能进行比较 3. 使用比较级测量词语对两个人、物体或事件进行比较或排序	1. 了解和确定物体的属性特征,据此进行比较与测量 2. 理解并使用单位概念,通过测量对事物进行比较排序 3. 使用高级测量词语对三个或更多的人、物体或事件进行比较或排序 4. 知道尺子的用途和刻度的意义,使用厘米尺测量生活中物体的长度

(四) 探究发现

表9　探究发现

小　班	中　班	大　班
1. 认识常见的动植物,能注意并发现周围的动植物是多种多样的 2. 能感知并发现物体和材料的软或硬、光滑或粗糙等特性 3. 能感知并体验天气对自己生活和活动的影响 4. 初步了解并体会动植物和人们生活的关系 5. 感知和发现周围物体的形状是多种多样的	1. 能感知和发现动植物的生长变化及其基本条件 2. 能感知和发现常见材料的溶解、传热等性质或用途 3. 能感知和发现简单的物理现象,如物体形态或位置变化等 4. 初步感知常用科技产品与自己生活的关系,知道科技产品有利也有弊 5. 初步了解人们的生活与自然环境的密切关系,知道尊重和珍惜生命,保护环境	1.能观察到动植物的外形特征、习性与生存环境的适应关系 2. 能发现常见物体的结构与功能之间的关系 3. 能探究并发现常见的物理现象产生的条件或影响因素 4. 感知并了解季节变化的周期性,知道变化的顺序

(五) 探究能力

表10 探究能力

小班	中班	大班
1. 用多种感官探索事物 2. 对感兴趣的事物能仔细观察并发现其明显特征 3. 在操作材料时,会提出关于发生了什么的简单问题 4. 对自己简单的科学观察和发现,期望得到成人关注 5. 通过模仿展示对自然和物质世界的认识 6. 以做选择的方式做预测 7. 探索各种工具本身	1. 用多种感官来探索材料,开始表现出对事物变化过程的兴趣 2. 观察事物如何运用或事情在什么时候发生,当事情发生时表达或评论自己所看到的 3. 能对事物或现象进行观察比较,发现其相同点与不同点 4. 用简单的口语描述自己看到或做过的事 5. 通过简单的调查收集信息,用图画或符号进行记录 6. 通过反复试误去探究材料 7. 使用工具支持自己的游戏	1. 用多种感官更加细致地探索自然和物质世界 2. 通过观察、比较与分析,发现并描述不同种类的物体的特征或某个事物前后的变化 3. 表达一种想法并通过实验对其进行验证 4. 在成人的帮助下,能制订简单的调查计划,并执行 5. 用数字、图画、图表或其他符号记录 6. 在操作材料时,会提出关于发生了什么的问题,并通过实验去寻找答案 7. 根据已有经验做出预测,解释预测。基于观察结果验证预测,对结果进行口头解释 8. 以简单的方式解释工具如何工作以及能够做什么

四、表达与创造

（一）欣赏

表 11　欣赏

小　班	中　班	大　班
1. 喜欢观看花草树木、日月星空等大自然中美的事物 2. 对大自然、艺术作品的美有积极的情感反应 3. 了解各种艺术形式中文学、音乐、美术、建筑、雕塑等基本表现手段，如颜色、声音、形状、动作、手势等 4. 初步感知不同文学作品的特点，如儿歌的韵律，故事的起始与结尾等 5. 喜欢跟读韵律感强的儿歌或童谣，感知儿歌朗朗上口的特点 6. 喜欢倾听运用不同修辞方式的文学作品 7. 愿意在成人陪伴下听音乐，看舞蹈、戏剧，对戏剧游戏有兴趣 8. 观察或参与创造性艺术活动	1. 关注自然界和生活环境中美的事物的形态、色彩等特征 2. 欣赏艺术作品时会产生相应的联想和情绪反应 3. 区分并说出各种艺术形式中的基本表现手段，如颜色、声音、形状、节奏、动作、手势等 4. 了解诗歌、故事、散文等不同体裁文学作品的特点和风格 5. 体会散文中描绘的各个画面的内容与意境 6. 理解文学作品中运用比喻、拟人、夸张等修辞方法的语句所表现的内容 7. 感知声音中的高低、长短、强弱的变化 8. 喜欢欣赏音乐、文学、美术等艺术作品，体会作品所表达的情绪情感，产生喜悦、担忧等情绪反应 9. 对戏剧游戏有积极的兴趣，理解艺术形象，关注人物角色的发展和相互影响 10. 对幼儿园周围的各种建筑有兴趣，了解不同的建筑风格 11. 在空闲时间愿意参加有趣的、丰富的活动，形成一定的休闲文化的基础，如游戏、阅读图书、绘画、泥塑、搭建、参观等	1. 能对自然界和生活环境中有特点的声音产生相应的联想 2. 艺术欣赏时能用表情、动作、语言等方式表达自己的理解 3. 艺术欣赏时能描述风格和内容方面的艺术特征 4. 愿意和别人分享、交流自己喜欢的艺术作品和美感体验，说出自己的艺术作品所表达的内容 5. 进一步感知不同类型诗歌，如数字歌、连锁调、谜语、绕口令等的特点 6. 感知不同风格、不同体裁作品中持续变化所带来的语境效果 7. 能初步感受文学语言的美 8. 爱好音乐、文学、美术等优秀的艺术作品，理解作品所表达的情感 9. 在空闲时间常进行有趣的、有益的、丰富的活动，形成良好的休闲文化的基础，如游戏、运动、阅读、绘画、泥塑、搭建、散步和参观等

(二) 表现

表 12　表现

小　班	中　班	大　班
1. 能口齿清楚地说儿歌、童谣或复述简单的故事 2. 根据成人的讲述或朗诵形成对文学作品中人物的动作、表情等的想象，并做出相应动作 3. 根据自己的经验和想象，替换作品中的单个要素，如角色、动作、对象，初步仿编文学作品 4. 经常自哼自唱或模仿有趣的动作、表情和声调，模仿学唱短小歌曲 5. 倾听环境中的声音，使用日常生活中的材料制造声音，尝试模仿声音 6. 学习串铃、铃鼓、有硬把的碰铃、鼓等可用大臂肌肉动作演奏的打击乐器的基本奏法，学会用适中的力量演奏 7. 能独立随熟悉的歌曲或乐曲有节奏地演奏，或在集体中合拍地齐奏 8. 探索用身体或身体的部分来做律动 9. 经常涂涂画画、粘粘贴贴，并乐在其中 10. 会画一些独立的构造简单的物体和内容简单的情节 11. 能用声音、动作、姿态模拟自然界的事物和生活情景 12. 在音乐的伴奏下，在旁白的配合下能模仿动物的动作	1. 结合已有的生活和文学作品的学习经验，表达对作品的初步感受，尝试有感情地讲故事、朗诵诗歌 2. 通过替换文学作品中的多个要素，仿编一个文学作品的片段或续编一个情节，合理且有逻辑 3. 能唱熟悉的简单歌曲，能唱出歌曲副歌或合唱部分的所有歌词或大部分歌词 4. 给熟悉的歌曲创编歌词，根据歌词即兴创作曲子来表达自己的心情 5. 能用一两种与音乐有关的方式来律动 6. 进一步学习一些打击乐器(如小钹、圆弧响板、吊钹、沙球等)的基本奏法，学会追求适中的音量和美好的音色 7. 学会辨别不同乐器的音色特征，体会各种演奏方案中音乐配置的对比性规律，在老师指导下尝试集体设计演奏方案 8. 进一步学会看指挥齐奏、合奏，保持自己的演奏速度和节奏型 9. 经常用绘画、捏泥、手工制品等多种方式表现自己的所见所想 10. 和同伴一起进行简单的扮演游戏，丰富游戏想法	1. 借助动作或口头语言表现不同类型诗歌的节奏和韵律，有感情地讲故事、朗诵散文 2. 结合生活经验谈论自己对文学作品主题或意境的理解 3. 调动生活经验，尝试用文学性、书面化的语言仿编、续编、创编诗歌、故事、散文等 4. 能唱复杂的歌曲，能唱合唱部分和几小节，游戏时能创作并演唱简单的歌曲 5. 能用律动或简单的舞蹈动作表现自己的情绪或自然界的情景 6. 进一步学习更多种类的打击乐器(如木鱼、双响筒、三角铁等需用腕、指等小肌肉动作演奏的乐器)的基本演奏方法，学会追求音色、音量的表现力 7. 体会各种演奏方案中音色、音量和节奏型配置的表现规律，初步学会独立设计演奏方案，并积极参与展示 8. 迅速、正确地按指挥的手势演奏，能在齐奏或合奏中始终保持自己的声部，并能有意识地与集体形成默契 9. 能用自己制作的美术作品布置环境，美化生活

续 表

小 班	中 班	大 班
13. 在戏剧游戏中能用语言伴随自己的动作,有初步的自主性和积极性 14. 能用平铺、垒高、对称等方式按照自己的构思建造建筑物 15. 游戏后把建构材料整齐地放回盒子 16. 乐于在成人陪同下做戏剧、绘画等有趣的活动,包括节日庆祝活动 17. 在成人的帮助下制作小饰物装扮教室,营造节日的氛围	11. 戏剧游戏中,能创编动物、人物的动作 12. 进行简单的戏剧表演,运用熟悉且富有表现力的手段来表现形象 13. 用多种材料建造建筑物,并用各种配件装饰建筑物 14. 游戏后能主动将建构材料分类收拾整齐 15. 和成人同伴共同庆祝传统的、幼儿园的、国际的节日 16. 积极参加节日准备和庆祝活动,装饰班级环境	10. 能用常见的几何形体进行组合绘画或添画出各种有创意的物体造型 11. 用材料或工具的特征来代表某件东西或创造某种效果,表达自己的感受和想象 12. 在丰富的戏剧表演场景中进行表演,积极参与各种戏剧演出 13. 能为自己的表演选择和搭配简单的服饰、道具或布景 14. 戏剧表演中能运用日用品亲手制作服装配饰等建立起角色的行为主线 15. 即兴创作,自由表达自己对角色的理解 16. 发现周围建筑物之间的联系,根据尺寸和结构创建各种建筑物 17. 热情、积极地对待节日,投身于节日的欢乐(艺术)活动中,活动中自己能亲手制作礼物 18. 庆祝祖国的、民间的、幼儿园的、国际的节日 19. 主动参加节日准备和庆祝活动,装饰班级、艺术大厅和幼儿园区域等空间

五、交往与适应

(一) 人际交往

表 13 人际交往

小　班	中　班	大　班
1. 愿意和小朋友在一起游戏，和熟悉的长辈一起活动 2. 想加入同伴的游戏时，能友好地提出请求 3. 在成人指导下，不争抢不独霸玩具，与同伴发生冲突时能听从成人的劝解 4. 别人对自己说话时能注意听并做出回应 5. 能大方地与人打招呼 6. 在提醒下能做到不打扰别人 7. 长辈讲话时能认真听，并听从长辈的要求 8. 身边的人生病或不开心时表示同情	1. 主动参与自己感兴趣的活动 2. 会运用介绍自己、交换玩具等简单技巧加入同伴游戏 3. 能用帮助、分享、轮流和交换的方式和自己喜欢的人交往 4. 与同伴发生冲突时能在他人帮助下和平解决，不欺负弱小 5. 在群体中能有意识地听与自己有关的信息 6. 活动时愿意接受同伴的意见和建议 7. 愿意与他人交谈，会用礼貌的方式向长辈表达自己的要求和想法 8. 喜欢和长辈交谈，有事愿意告诉长辈 9. 能注意到别人的情绪，并有关心体贴的表现	1. 能较快融入新的人际关系环境；有自己的好朋友，也喜欢结交新朋友 2. 能主动发起或加入同伴的游戏或活动；活动中能与他人分工合作，相互配合，协商讨论 3. 关注并热爱周围的人，有庆祝成人、朋友们值得纪念的事件的愿望 4. 有高兴的或有趣的事，愿意与大家分享；能想办法吸引同伴和自己一起游戏 5. 有问题愿意向别人请教；与别人的看法不同时敢于坚持自己的意见，并说出理由 6. 不欺负别人也不允许别人欺负自己 7. 能关注别人的情绪和需要，并能给予力所能及的帮助 8. 关心年纪小的伙伴，帮助他们，保护他们，热心，富有同情心

（二）社会适应

表 14　社会适应

小　班	中　班	大　班
1. 对群体活动有兴趣 2. 对幼儿园的生活好奇，喜欢上幼儿园，喜欢班上的老师 3. 知道父母的职业 4. 在提醒下能遵守游戏和公共场所的规则 5. 知道不经允许不能拿别人的东西，借别人的东西要归还 6. 在成人的提醒下爱护玩具 7. 不吃陌生人给的东西，不跟陌生人走	1. 愿意并主动参加群体活动 2. 关心了解长辈和身边的人 3. 认识了解常见社会成员的工作和自己的关系 4. 感受规则的意义并能基本遵守规则 5. 不私自拿不属于自己的东西 6. 知道说谎是不对的，知道接受了的任务要努力完成 7. 在提醒下能节约粮食、水、电等 8. 知道在公共场合不远离成人的视线单独活动，知道简单的求助方式	1. 在群体中积极快乐 2. 了解与自己生活有关的不同场所，知道他们与自己生活的关系 3. 了解城市中不同的职业、工作，熟悉身边一起生活、密切相关的人 4. 尊重为大家提供服务的人，珍惜他们的劳动成果 5. 接纳、尊重与自己的生活方式或习惯不同的人 6. 理解规则的意义，能与同伴协商制订游戏和活动规则 7. 爱惜物品，用别人的东西时也知道爱护 8. 爱护身边的环境，注意节约资源

（三）社会归属

表 15　社会归属

小　班	中　班	大　班
1. 知道和自己一起生活的家庭成员及其与自己的关系，体会到自己是家庭的一员 2. 能感受到家庭生活的温暖，爱父母，亲近与信赖长辈 3. 能说出自己家所在街道、小区的名称 4. 认识国旗，知道国歌	1. 喜欢自己所在的幼儿园和班级，积极参加集体活动 2. 知道父母的职业，能体会到父母为养育自己所付出的辛劳 3. 能说出自己家所在地的省、市、县（区）名称，知道当地有代表性的物产或景观 4. 知道自己是中国人，奏国歌、升国旗时能自觉站好	1. 能感受到家乡的发展变化，并为此感到高兴 2. 知道国家一些重大成就，爱祖国，为自己是中国人感到自豪 3. 知道自己的民族，知道中国是一个多民族的大家庭，各民族之间要互相尊重、团结友爱 4. 以客观、公正、开放、包容的态度对待外来文化，感受文化的独特性和多样性

六、习惯与态度

（一）习惯

表 16　习惯

小　班	中　班	大　班
1. 在提醒下，按时睡觉和起床，并能坚持午睡 2. 在成人的帮助下学会按次序穿脱衣服 3. 在引导下，不偏食、不挑食，喜欢吃瓜果、蔬菜等新鲜食品 4. 愿意饮用白开水，不贪喝饮料 5. 不用脏手揉眼睛，连续看电视等不超过 15 分钟 6. 在提醒下，每天早晚刷牙，饭后漱口，饭前便后洗手 7. 与别人讲话时知道眼睛看着对方，说话自然，声音大小适中 8. 能在成人的提醒下使用恰当的礼貌用语 9. 遵守幼儿园活动室和区域内的秩序 10. 能独立完成一些简单的任务 11. 知道由食物产生的垃圾应放进厨余垃圾箱（袋）	1. 每天早晚刷牙，饭前便后洗手，方法基本正确 2. 有独立穿衣服的能力，养成整齐摆放和挂好衣物的习惯，能在成人的帮助下使衣物保持整洁 3. 不偏食、不挑食，不暴饮暴食，喜欢吃瓜果、蔬菜等新鲜食品 4. 常喝白开水，不贪喝饮料 5. 知道保护眼睛，不在光线过强或过暗的地方看书，连续看电视等不超过 20 分钟 6. 别人对自己讲话时能回应，根据场合调节自己说话声音的大小，能主动使用礼貌用语，不说脏话 7. 养成自觉保持班级活动室和幼儿园区域秩序的习惯 8. 独立完成值日任务 9. 能分清日常生活垃圾，并放进相应的垃圾箱	1. 养成每天按时睡觉和起床的习惯 2. 主动保护眼睛，不在光线过强或过暗的地方看书 3. 每天早晚主动刷牙，饭前便后主动洗手，方法正确 4. 巩固独立穿衣服和脱衣服的能力，整齐摆放柜子里的衣物。保持外表的干净整洁，珍爱个人物品 5. 别人讲话时能积极主动地回应，能根据谈话对象和需要调整说话的语气 6. 有在体育活动前帮成人准备器材，活动后收拾好归位的习惯 7. 帮助成人保持班级的秩序，擦拭清洗玩具，整理游戏材料，修理图书，等 8. 形成保持幼儿园区域秩序的能力 9. 认真完成值日生工作 10. 懂得按次序轮流讲话，不随意打断别人，能依据所处情境使用恰当的语言，如在别人难过时会用恰当的语言表示安慰 11. 日常生活中养成垃圾分类的习惯，并能提醒别人

(二) 态度

表 17　态度

小　班	中　班	大　班
1. 在短时间内持续参与一项感兴趣的活动 2. 观察专注于一项任务或活动的其他人 3. 喜欢承担一些小任务 4. 遇到困难时用语言或手势向成人求助 5. 能说出一个想要活动的内容 6. 在帮助下能制订一项计划 7. 为自己的行为或活动成果感到高兴 8. 自己能做的事愿意自己做 9. 珍惜成人的劳动成果 10. 回忆并简单讲述自己做过的或与当前事件密切联系的事情,以及当时用过的材料	1. 在适度的时间内持续参与一项感兴趣的活动 2. 敢于尝试有一定难度的活动和任务 3. 知道接受了的任务要努力完成 4. 遇到问题寻求帮助以解决问题,尝试一两种解决问题的方法 5. 活动中能把所做的事情和计划联系在一起 6. 活动时愿意接受同伴的意见和建议 7. 知道自己的一些优点和长处,并对此感到满意 8. 回忆并讲述自己做过的事情的细节,以及所获得的经验	1. 在长时间内持续参与一项感兴趣的活动 2. 对自己感兴趣的问题能够刨根问底 3. 探索中有所发现时感到兴奋和满足 4. 能随着活动的需要,转换情绪和注意力 5. 愿意为集体做事,为集体的成绩感到高兴 6. 自己的事情自己做,不会的愿意学 7. 主动承担任务,并坚持完成任务 8. 遇到困难能够坚持,或与同伴一起克服,而不轻易求助 9. 做了错事敢于承认,不说谎 10. 能制订一项包括区域、材料、行为和游戏伙伴等较为详细的信息的计划 11. 能在活动中实施自己制订的计划 12. 详细回忆并描述一件或多件自己做过的事情,并能基于前期经验行动